真心实意为用户着想，一定能得到用户的认可和支持；

真心实意为别人着想，一定能得到他人的认可和支持；

坚定不移地走正道、办良企、育人才，一定能得到社会的广泛认可和支持。

——谢元德

盛隆群体老板之路：盛隆文化读本

盛隆电气集团　著

图书在版编目（CIP）数据

盛隆群体老板之路：盛隆文化读本 / 盛隆电气集团 著.
—北京：知识产权出版社，2017.12
　ISBN 978-7-5130-5253-5

　Ⅰ.①盛…　Ⅱ.①盛…　Ⅲ.①电气工业—企业集团—企业文化—中国
Ⅳ.① F426.6

中国版本图书馆 CIP 数据核字（2017）第 270203 号

内容提要

盛隆电气是中国智能用电行业领先的全链条供应商，被誉为中国民营企业生动独特的发展样本。本书以丰富翔实的内部文档、专家评论、媒体报道等，全方位、立体式地记录、呈现和解析了盛隆创业创新的理念、制度、道路、文化及其成功历程。

本书首次公开了盛隆电气从默默无闻到崛起三十多年的运营之道，以及一次又一次创新背后的精彩故事和管理大事件。

本书为中国企业经营者在创业创新、企业文化构建、战略选择、国际化等方面提供了一个可供借鉴的成功范例。

责任编辑：刘晓庆　　　　　　　　　　　　责任出版：刘译文

盛隆群体老板之路：盛隆文化读本
SHENGLONG QUNTI LAOBAN ZHILU SHENGLONG WENHUA DUBEN

盛隆电气集团　著

出版发行：知识产权出版社 有限责任公司	网　　址：http://www.ipph.cn
电　　话：010-82004826	http://www.laichushu.com
社　　址：北京市海淀区气象路 50 号院	邮　　编：100081
责编电话：010-82000860 转 8073	责编邮箱：396961849@qq.com
发行电话：010-82000860 转 8101	发行传真：010-82000893
印　　刷：北京嘉恒彩色印刷有限公司	经　　销：各大网上书店、新华书店及相关专业书店
开　　本：787mm×1000mm　1/16	印　　张：22
版　　次：2017 年 12 月第 1 版	印　　次：2017 年 12 月第 1 次印刷
字　　数：270 千字	定　　价：78.00 元
ISBN 978-7-5130-5253-5	

出版权专有　侵权必究
如有印装质量问题，本社负责调换。

本书是盛隆大学创业学院教学培训的核心教材之一。同时，它的公开出版，也是对热心关注盛隆电气发展的社会各界人士的一个答谢。

盛隆电气历经近四十年的创业创新，形成了具有自身鲜明特色的发展理念、机制、管理及文化体系，在实践中发挥了巨大作用，并得到了当地政府的重视和支持，引起了社会的广泛关注与兴趣。媒体认为，盛隆电气是中国民营企业生动独特的样本。对于这一样本的追寻、解读，十分有意义。本书的公开出版，是对此所做的回应与感谢。

书中重点讲析的"群体老板制"，是盛隆文化体系中最具代表性和典型意义的部分，也是社会十分关注的焦点之一；是在"未来已来"，变化更加多维，不确定性更加复杂的时代环境下，盛隆电气做出的预变应变。他们的答卷文本和实践成果，获得了国内外理论前沿及行业高端的特别赞赏。

与一般的教科书或理论读物有所不同的是，本书没有过多单纯的理论阐述，而是紧密结合盛隆的发展实践，对经济深化改革时期，民营企业的创业创新所经历的多种探索突破，所做的记录、总结、思考和提升。盛隆电气紧随时代、呼应时代、领悟使命、与时俱进。本书内容大多保留了其在企业孕育、诞生、运作过程中的原生态，本真态。文风质朴本色、亦俗亦雅、可读可思，具有很强的实践价值、样本意义。

文化能够影响和改变世界

在市场经济激烈竞争的当下,业内流行一句行话"有实力才有竞争力,有实力才有尊严"。实力分为硬实力和软实力,硬实力包括资金、土地、资源、设备、人才和技术等;软实力就是文化力。前者是有形的,看得见、摸得着,常常被人们所重视,而软实力是只见其影不见其形的,往往被人们所忽视。其实,相比较而言,软实力的作用更大,其影响力是根本的和长远的。

什么是文化?从根本意义上说,文化是人类认识和改造世界的总成就,是人类物质文明、精神文明、政治文明和社会文明的总概括,是人类全部思想和行为的总记录。这样说未免太抽象,具体而言,一切文学、艺术、观念、灵感、意思、学风、校训和制度等都属于文化的范畴。文化之所以称为文化,是因为它像阳光、空气、雨露一样,无时无刻不影响着和改变着人们的命运和生活。人类正面临资源匮乏的危机,很多资源终有一天会枯竭的,但文化资源是永远不会枯竭的,它们将伴随着人类的始终。

对于创业者来说,为什么要学习文化读本?因为文化能够影响和改变世界。这是危言耸听吗?非也。这是无数事实证明了的真理,只是人们没有发现它的伟大力量而已。古希腊哲学家赫拉克利特说:"除却变化,别无永恒之物。"按照进化论的观点,变化有巨大的变化和微观的变化。前者是能够观察得到的,而后者是肉眼看不到的,但这种变化却是无时无刻不在进行着的。正是这些变化才有了五彩缤纷的大千世界。

瑞士达沃斯论坛家喻户晓,它创立于1971年,是一个非政府组织的国际经济活动,可很少有人看得到它的文化影响力。它的创始人是日内瓦大学教授克劳斯·施瓦布。他是教授商业政策的，创立这个论坛的灵感源自一本书。法国经济学家薛利伯撰写了一本书《美国的挑战》，其中分析了欧洲落后的原因不是资源和技术，而是管理。这个观点引起了施瓦布的共鸣，一个创意便在32岁的施瓦布脑中涌现了，"我要为欧洲商业领袖构建一个平台，让他们更好地了解企业管理"。于是，他于1970年创办了"欧洲管理论坛"，1987年更名为"世界经济论坛"（简称达沃斯论坛）。谁也未曾想到这个论坛的影响力如此之大，雷打不动每年1月举办一次年会，迄今已召开了47届年会。每年的年会，都有来自世界各国的总统、总理、王室成员、世界富豪等人物参加，讨论世界经济形势、金融政策，研究应对金融危机的政策等。

文化改变世界的一个典型例子，也是发生在达沃斯论坛上。1988年，希腊与土耳其关于爱琴海岛屿的争端达到白热化的程度，双方开战在即。这时正值达沃斯论坛开会，施瓦布灵机一动，把两位首脑邀请到达沃斯小山上。根据论坛对话而不对抗的精神，两国首脑坦诚对话，结果消除了敌意，签订了《达沃斯和平宣言》，从而避免了一场可怕的战争。

文化改变世界的例子可谓比比皆是，影响最大的莫过于美国硅谷文化。它正在从纵深两个方面影响和改变着世界。硅谷位于旧金山南部狭长的圣塔克拉拉谷地，这里星罗棋布地建成了40余座大小城镇，居住着260万人，十分之一的人从事IT行业。虽然硅谷的人口只占全美国总人口的1%，但GDP却占了全美国的5%，人均产值8.3万美元。硅谷文化几乎是与硅谷的创建相伴而生的。在近半个世纪中，一批又一批的硅谷人营造了硅谷文化。概括地说，硅谷文化是求新求异的文化，是人性、个性、自由发展的文化。极客（geek）本是美国俚语，意为性格古怪的计算机癖，是一批把疯狂想法变成现实的人。极客文化是一种反主流的文化，以做出令人惊异的产品、音乐、电影等为标志，并引领时尚，引领世界新潮流。

硅谷的成功，让美国和世界各地纷纷效仿硅谷，但几乎没有成功的先例。这究竟是什么原因呢？为此，学术界和企业界提出了各种假设，如加州气候好，有斯坦福大学作依靠，风险投资有保障，知识产权有保护等。应当说，这些因素对硅谷的发展和营造硅谷文化都有一定的作用。但是，我认为归根到底它还是在于人的因素。

这里聚集了一批最聪明、最敢于冒险的人。正是他们营造了硅谷文化，而硅谷文化又助力他们登上创业的高峰。

盛隆电气创建于1979年，它从家乡小镇起步，经过30多年的打拼，实现了多次跨越，成为湖北省100强企业。同样地，在发展过程中，盛隆人也营造了盛隆文化，包括盛隆理念、盛隆伦理、盛隆哲学等。在这里，我想特别就具有鲜明盛隆特色的盛隆群体老板体制及智能用电多说几句。

群体老板这一体制对盛隆的跨越发展、超常发展起到了至关重要的作用，受到了社会的广泛关注。它既是盛隆的独特创造，同时又具有深刻的理论依据，体现了某种规律的社会现象。今天，我们处在临智能化的社会。以计算机网络技术为主的通信技术、信息技术、自动控制技术，已经渗透到了生产和生活的各个领域。可以毫不夸张地说，适应智能化则存，不适应智能化则亡。

盛隆电气集团紧跟时代的步伐，积极保持与时俱进，研制和开发出了"智能用电保证20年"的系列新商品、新技术。这些成就是盛隆电气实施"群体老板241"战略的结果。群体老板的概念是盛隆独创的，湖北省市领导多次予以肯定和支持，实践也证明是有效的。从理论上讲，群体老板体制是完全能够成立的。美国人类学巨擘克罗伯有一个理论，认为天才是成批出现的，日本诺贝尔物理学奖获得者汤川秀树论证了这个理论的准确性。既然天才是成批出现的，那么老板也会是成批出现的，这就是群体老板理论的依据。但是，无论是天才或是群体老板，并不可能是任何时候都能够出现的，关键是要大力培育滋生天才或是群体老板的土壤。

我们应当看到，人类社会受智能化的影响，从来没有如此深刻过，其变化的速度更是日新月异。为了迎接智能化的挑战，企业界必须紧密合作，以互利共赢为目标，这样才能使我们的企业成为"苟日新、又日新、日日新"的常青树！

30多年中，我参加了许多盛隆电气的活动，对盛隆的文化氛围有一些亲身的感受。我认为，盛隆的成就和盛隆文化的建设始终离不开一个人，他就是公司董事长谢元德先生。他是一位勤学爱思的企业家，是一位有理想和务实精神的企业家。我曾经说过,盛隆成功的经验就是"梦想不息、创新不止"。实际上,这八个字就是对谢元德董事长的概括。正是他带领广大盛隆人营造了盛隆的文化。希望盛隆文化能够一代一代地传承下去,并不断发扬光大!

借本书出版之际,特写了以上赘言,兹忝为序。

原武汉大学校长　刘道玉

于武昌珞珈山　寒宬斋

2017 年 9 月 19 日

盛隆模式　独树一帜
群体创业　百代之始

我与盛隆电气集团相识，纯属因缘巧合。2016年年底，我从朋友那里听到盛隆电气集团"群体老板"模式的只言片语，异常兴奋。因为这种模式和我在《销售管理》课程中追求的理想销售模式如出一辙。我急切地与盛隆电气集团谢元德先生联系，没想到谢先生欣然应允。我赶在2017年春节前拜访了盛隆电气集团。

我和我的同事下午抵达武汉，企划宣传中心的邢文旭经理热情地给我们介绍了盛隆电气集团的情况，并带我们参观了盛隆大学武汉创业学院和盛隆的生产基地。我瞬间意识到这是一家完全不同于一般企业的公司。

当天晚上，我与谢元德先生访谈了四个小时。在访谈结束后，我第一次为自己是湖北人而感到骄傲，因为湖北出了盛隆这样的企业。同时，我也为自己感到幸运，因为我有机会对盛隆进行案例研究。

湖北作为我的家乡，有九省通衢之称。在1980年之前，其经济地位在全国各省市中可以排进前六位。湖北既有重工业基础，也有轻工基础，在农业方面则是著名的鱼米之乡。其基础设施也非常完善，交通发达，在造船、钢铁、机械、汽车制造、军工等领域处于当时国内领先地位。更重要的是，湖北武汉的大学数量仅次于北京和上海。但至改革开放二十年时，湖北经济却还处于全国中下游水平。至今，湖北真正能够引领潮流的新企业也还不多。我认为，文化因素的影响很重要。有些企业看重实惠，爱走捷径，算小账多，难以成就伟大的事业。而盛隆，则是一个奇迹。如果有一天我们总结中国式管理理论，我相信盛隆模式一定会有一席之地。

盛隆是1979年创立的，那时还叫乡镇企业。1990年，我做乡镇企业研究时，从统计年鉴上知道湖北有两家二级乡镇企业，其中一家叫枣阳开关厂，也就是盛隆的前身。可惜，我当时与之失之交臂，调研了另外一家企业。那家企业虽然曾经风云一时，但现在已经烟消云散。实际上，中国早期著名的乡镇企业如新牟里、明珠商行、大邱庄等，如今还在健康成长的乡镇企业已是凤毛麟角。单从这一点看，我们就要对盛隆电气集团刮目相看。虽然大家都倾慕百年企业，但实际上，历史悠久的企业比新企业更难管理、更难创新，也更难获得持续的成功。而盛隆能够顺利地走到今天，主要归功于盛隆模式。

简单地说，盛隆模式就是将企业的销售功能完全承包给企业的员工。但这种"承包"又不是简单地当甩手掌柜，而是为销售人员提供全方位的服务，确保产品质量，确保成本优势，确保设计方案优化。因此，销售人员才能成为冲锋陷阵的战士，同时又是企业产品决策的指挥员。这实际上使每个销售员成为真正的创业家，也是服务客户的第一责任人，使销售真正成为企业的龙头，使企业真正以市场为导向，真正倾听客户的声音。因为企业的决策者就是销售人员，指挥者也是销售人员。这一模式，极大地激发了销售人员的首创精神，更重要的是提升了销售决策的速度、效率和针对性，因此我称之为最佳的销售模式。

这种销售功能的"承包制"也不是僵化的，盛隆持续对这种"承包"模式不断地进行优化、完善，使之更好地适应了企业的发展和市场环境的变化。目前，公司、处、部三个层次的"群体老板"模式就是盛隆不断优化和完善的产物。

"群体老板"这个名称，听起来有些不雅，但却带着真正的泥土芬芳。在盛隆，老板就是企业家，大老板意味着大责任，大老板要带小老板，小老板要培养新员工，让新员工成为小老板，因此群体老板模式的活力在于老板群体不断地壮大，在于每个老板都有机会不断成长，当然更在于每个老板都能保持持续的创业激情。

在盛隆，老板是有钱人，而这钱是靠他们自己做销售挣来的。它既是一种财富，更是能力的体现，也是对客户成功服务、维护公司信誉和创造顾客价值的体现。因此，这个钱也是一种荣誉、一种责任。这个责任，不仅体现在对客户的服务上，也体现在带领团队共同成长、不断创新方面。

如果我们把老板看成企业家，那么企业家精神的核心，就在于有改变世界的雄心。企业家需要通过产品、服务的创新来改变世界，改变人们的观念、行为方式、消费习惯等。伟大的企业家，当他们离开时，无论我们是否喜欢，也无论他们最终的成败，世界都会因他们的出现而不同。在我看来，正是因为盛隆电气集团群体老板或群体企业家的存在，我们未来的世界才因此而不同。

盛隆模式本身很简单，但内涵丰厚，易学难做。所谓"易学"，就是一看就明白，所谓"难做"，就是很少有企业家有谢元德这样的胸襟，这样的人生境界，以及这样的企业家激情和梦想。同时，这种模式想要发挥作用，还要逐步培养一种群体文化，这种文化就是儒家的文化精髓——"己欲立而立人，己欲达而达人"。这种文化与市场经济对人的基本假设相背离。在湖北这个"聪明人"众多的省份，盛隆能培养出这样的文化，并将这种文化加以贯彻落实，与自己的经营模式环环相扣，的确堪称奇迹。

盛隆模式的传承，关键在于企业家精神的传承。从历史上看，工匠的事业容易传承，但文学家、艺术家、思想家、企业家等创造性的事业难以传承。工匠的事业为何容易传承呢？因为只要传授知识、方法、技艺、习惯，再加上继承者的勤奋就行了。但文学家、艺术家、思想家、企业家需要创造性地发挥，这种创造性因时而变，因势而变，需要天才灵感和机会运气。因此，很少有父子都是文学家、艺术家、思想家的，祖孙三代的更没有。就连孔子这样的教育家、思想家，他的弟子和子孙的成就也非常有限。但工匠有的传几十代，且往往还在不断进步。我们现在提倡工匠精神，做事要精益求精、追求完美，这是改善我们生活品质的必由之路。世界上95%以上的人可能都只能成为工匠——有的是传统工匠，有的是技术工匠，有的是知识工匠。这些工匠对社会很重要，也有很大贡献。但更加能推动社会进步的，使社会与过去不同的是企业家、艺术家、科学家、思想家的创造性工作。日本是工匠精神的典范，日本有上万家百年企业，但现在我们清楚地看到，日本最近20多年经济已经基本停滞了，因为第二次世界大战后日本引以为傲的企业家精神已经日渐衰微，这是中国的前车之鉴。

盛隆电气集团为了有效地传承企业家精神，提出了"241"战略，其目的在于吸引更多的年轻人、更多的合作伙伴进入盛隆的大平台，参与创业创新。只有源源不断的新人进入盛隆群体老板的行列，盛隆的百年辉煌才有可能真正成为现实。

清华大学经济管理学院副教授　宋学宝

2017 年 9 月 2 日

时代特色　盛隆经典
——读《盛隆群体老板之路：盛隆文化读本》有感

盛隆创业，近四十年。
行万里路，攀千重山。
红花朵朵，传奇般般。
一面旗帜，争相点赞。
硬件一流，软件不凡。
为民造福，为国奉献。
最是可贵，文化领先。
文化是帅，文化如天。
不能购买，难于照搬。
有它神沛，缺它心乱。
文化读本，沉沉甸甸。
一卷在手，洋洋大观。
朝奔夕驰，寒锻暑炼。

群智众慧，天包地涵。
汗水凝结，心血浇灌。
时代潮音，东方鼓点；
中国特色，创业真传。
嘉惠社会，栽培学员。
提携来者，礼敬先贤。
开山金匙，传承宝典。
起跑有线，践届弗远。
学文知化，攻坚克难。
懂得盛隆，抒写新篇。
同习共研，一往无前；
同襄共创，辉煌百年！

《中南财经政法大学学报》原主编　屈演文
2017 年 9 月 18 日

拥抱时代　　创造辉煌

1979年5月13日，我和几位伙伴，在湖北枣阳王城镇西门外空场上，搭起一个简易工棚，用红油漆在水泥板上写下两句话："为四化建设出力，为人民造福流汗"，既是标语又是招牌，由此开始了"513联合体"水泥瓦、电线杆制作、电气焊、电机修理等业务。这就是今日盛隆电气的缘起。

让我未曾料到的是，本是一个原始简陋的工棚，竟然被看作一个可怕的怪物，引起一场又一场风波。它被指责为"搞资本主义""黑厂""黑户"，并遭到多次查封。我个人多次被带入公社听训、挨批。许多亲友劝我"算了"，低头，服输，放弃。但我内心却有一份挥之不去、愈挫愈奋的顽强信念：我没有做错什么，这样对我是他们做错了。

我有这个信念，除了对自己所做的事情有底以外，更多的是，看到当时到处都是"大呼隆"的不合理的现象。我认为，这不是社会正常的生产和生活。就这样，我始终没有认错服输。我顶着"黑户""黑厂"的帽子，一直坚持到1982年年底，党的十一届三中全会精神逐步贯彻、落实，"513联合体"和我个人的命运才发生戏剧性的变化。

正因为如此，1983年县里开先进表彰大会，领导指派专人为我写发言稿，说我本着"发家致富的愿望，组织了'513联合体'"。我坚决不同意，差一点打乱了大会计划。领导问我到底想做什么人？我不加思考，脱口而出说："我要做个伟大的人！"1983年1月，县领导带着公社领导登门开座谈会，问我需要领导和政府提供什么帮助。我直截了当地说："我要加入共产党！"我内心的真实想法就是，要做一个能够掌握自己命运，而且能够帮助他人、影响社会的人；我就是希望能够放开手脚，向大家展示出自己是一个有能力"为四化建设出力,为人民造福流汗"、有价值的人。而这个理想只有跟着共产党,参加共产党,才可能实现。

话虽如此说,我对自己为什么能在那种艰难的环境下锲而不舍,有那么一股劲,坚守坚持好几个年头,始终没有动摇放弃,其中深层的原因我并没有在思想上想清楚。这次,聆听习近平总书记的十九大报告时的一句话:"时代是思想之母,实践是理论之源",使我感受到如同电光石火的冲击,茅塞顿开,有一种豁然开朗之感。我的坚守和坚持其实是大时代、大环境所赋予和造就的。我后来的坚持发展,也正是在不断追求、紧随时代发展,努力实践中实现的。

俗话说,时势造英雄。现在,我们迎来了一个以人民为中心、为主体的,真正的人民当家做主的时代。每一个普通的中国人,都可以奋发有为、大展宏图、担当大任、追逐梦想并实现理想。同时,这更是一个中国企业和企业家可以大有作为的时代。我深切体会到,从为国为民、完善自我出发,努力领悟时代精神,认清时代、知行合一、刻苦实践,能够帮助人们产生并追求梦想,形成理论、思想、信仰,从而获取深厚强大的精神力量。所以当有人把我的事业追求定位为发家致富时,我一口回绝。我本能地感到,仅仅是追求这一点,我绝对不会有那么大的恒心和毅力,去承受那么多年的艰难。正是要做一个于国于民有用的人,呼应时代召唤的强烈思想信念支撑了我。

现在我们出版这本书,其目的就是要让盛隆的员工充分认识到盛隆的今天是党的中国特色社会主义道路、理论、制度、文化培育造就的;是具有深厚历史渊源的优秀传统文化与社会主义核心价值观的有机融合。在我的思想理念形成、发展的过程中,时代的推动,党的教育引导是重要的外部力量;父母自小教育熏陶、耳濡目染的优秀传统文化则是重要的内部根基。儿时母亲讲的范曾助人等儒家教育故事,让我树立了"帮助别人就是成全自己,成功他人定能实现自我"的价值观。父亲科学繁育蜂群等多种生产的实践经历,则教会了我很多自然科学知识,使我逐步懂得,凡事需要了解规律、遵循天性、顺乎自然。此外,我还得到有关社会人群和谐相处、合理组织的丰富启示,并初步培养了我的科学社会观、组织观和以创新实践为主的方法论。这些成为后来创立群体老板体制的思想萌芽和初衷。我从自己的切身经历中认识到，中国特色社会主义道路、理论、制度、文化，就是不忘本来，吸收外来精华，面向未来。它具有深厚的历史根基，强大的生命活力。我们一定要增强四个自信，不忘初衷、传承弘扬、继续前进。我们要把本书作为盛隆大学创业学院培训、建设群体老板队伍的基本教材，教育并鼓励一代代创业者，坚定地沿着党所指引的道路前进。

同时，本书的出版，也是让社会进一步了解盛隆是坚持中国特色社会主义道路的一个民企发展样本。盛隆的发展成果证明了这一道路的正确及其力量。这本书命名为《盛隆群体老板之路：盛隆文化读本》，是因为我们觉得群体老板不仅仅是一种企业经营制度或模式；同时，它也是一种社会组织形式，是中国特色社会主义道路探索的一部分。几十年来，我们的指导思想一直不仅仅是以企业利益为目标的。我们的根本目标一直是人，是社会。我们一直致力于培养人、帮助人、造就人、成功人；服务社会、奉献社会、推进社会。我们一直是在国家、社会的大局、大环境下考虑、经营和发展企业的。我们的企业与国家、社会和人民血脉相连，息息相通。它是我们以中国特色社会主义理论为指导，力图建立一种温馨和谐、富有活力，能有效地实现人们对美好生活的追求和向往的社会组织的积极探索。这种探索已经取得了阶段性成功。我们希望盛隆能为中国特色社会主义企业建设、和谐美好的中国社会建设，提供参考和借鉴，贡献一分力量。

中国大踏步地走向世界，并日益走向世界大舞台的中央，为中国企业走向世界开辟了广阔的道路。世界好，中国才好；中国好，世界更好。世界人民对中国文化、中国智慧和中国方案的兴趣日益浓厚。《盛隆群体老板之路：盛隆文化读本》展现的不仅仅是中国民营企业发展的一个独特样本，更是中国亿万企业在中国特色社会主义指引下，站起来、富起来、强起来的一个具有代表性的时代缩影，是中国特色社会主义新时代宏伟画卷的一幅生动而鲜明的插图。它对于世界了解中国、认识中国提供了一份新的案例。现在，盛隆电气已在世界几十个国家和地区开展业务，并在巴黎创办了盛隆大学创业学院分院，在其他国家的分院也正在积极筹办中。我们在出版本书中文版之后，也将出版它的英文版和法文版。其目的就是追随国家进一步扩大改革开放的脚步，深入开展国际经济文化交流与合作；在继续虚心学习国内外先进科技文化的同时，使盛隆精神、文化，以及中国创业创新的企业管理理念、制度，随着站在科技高端的盛隆智能化电气产品，走向海外、走向世界。希望我们所做的这一切能够为弘扬中国特色社会主义道路、制度、文化和理论，做出一份盛隆人的贡献；为"一带一路"的倡议，为人类命运共同体的壮丽宏图添砖加瓦。

伟大的时代，必有伟大的企业；强大的中国，必有强大的企业。我们中国企业家面临着当今世界少有的天时、地利和人和，并恰逢当今世界少有的发展机遇；可谓天高地广、前景无限。我们盛隆人，一定要认真学习领会习近平总书记关于新时代中国特色社会主义的思想，紧跟时代、拥抱时代；紧跟党和人民，不忘初心，肩负使命，咬定青山不放松，撸起袖子加油干；为实现百年辉煌的盛隆梦，为实现中华民族伟大复兴的中国梦，努力走在前列，创造更加灿烂和美好的未来！

盛隆电气集团董事长 谢元德

2017年9月9日

目 录

001　第一章　群体老板

002　1.1　盛隆电气的历史与发展
005　1.2　企业"共建共享"的"群体老板模式"
008　1.3　追寻中国版"林肯电气"——复旦 EMBA 学员参访盛隆
022　1.4　"群体老板制"是盛隆人共同的需要
026　1.5　两任省委书记签批"盛隆群体老板模式",周先旺副省长赴盛隆电气调研
040　1.6　省委书记指示建"老板工厂"
042　1.7　企业所有制和管理形式的探索

051　第二章　两个第一

052　2.1　刘道玉校长:希望盛创院成为全国人才的孵化器
054　2.2　少一点虚荣心,多一点求实精神
056　2.3　盛隆电气能为百万江城学子做些什么
066　2.4　"两个第一"的担当
070　2.5　一个老百姓的"一、二、三"

073　第三章　四百战略

074　3.1　立志"两为",使我的人生攻坚克难,道路越走越宽
　　　　　投入"双创",让青年学子志存高远,展翅翱翔
081　3.2　企业家精神、供给侧改革与盛隆"群体老板241"

| 087 | 3.3 | 紧跟习近平总书记的步伐布局雄安新区 |
| 089 | 3.4 | 盛隆大平台，创业大舞台 |

099　第四章　一个新商品

100	4.1	盛隆电气"智能用电，保证20年"新商品发布会在西安交通大学召开
109	4.2	在盛隆电气"智能用电，保证20年"新商品发布会上的致辞
114	4.3	创新迈向智能用电新时代——盛隆电气：智能用电，保证20年
117	4.4	湖北卫视《湖北新闻》头条报道盛隆电气"智能用电，保证20年"新商品
119	4.5	盛隆独创"241"，大道、大业、大舞台
125	4.6	盛隆电气智能用电（2017）博览会

135　第五章　盛隆文化基本

136	5.1	校　训
137	5.2	十大代表性文化
144	5.3	从昨天、今天、明天看盛隆文化读本
148	5.4	领悟使命，呼应时代
151	5.5	盛隆电气：一个值得奋斗一生的地方
156	5.6	董事长谢元德谈《杰克·韦尔奇自传》
165	5.7	基本制度文件——独有的精神财富
167	5.8	企业是成员命运共同体，"四盛"是公司发展"传家宝"

175　第六章　立德树人

| 176 | 6.1 | 刘道玉、谢元德回答武汉大学学生提问 |
| 179 | 6.2 | "我要加入共产党！"——董事长谢元德回答武汉大学硕士生、博士生提问 |

190	6.3	为国为民最长远，帮助青年最喜欢
202	6.4	王城镇竞智学校 110 周年校庆

213　第七章　科技创新

214	7.1	打造技术领先的盛隆品牌
217	7.2	关于公司创新的几点看法
221	7.3	科技的盛隆，服务的盛隆
223	7.4	盛隆电气：技术创新建设大品牌

229　第八章　往世界走

230	8.1	预变应变——盛隆独创"群体老板241"战略
240	8.2	第八届动态竞争国际论坛上的盛隆电气
257	8.3	盛隆电气：与电气巨头的世界对话
262	8.4	中国强，盛隆强——把中国文化输送到巴黎
277	8.5	往高处走，往世界走

291　第九章　走向新时代

292	9.1	展望百年盛隆工程聚焦三大项目建设
302	9.2	精心实施百年蓝图，迈向电气智能时代
314	9.3	盛隆电气：做一家受人尊敬的百年企业
318	9.4	中国民营经济的生动独特样本
320	9.5	定义美好，走向未来

第一章
群体老板

1.1 盛隆电气的历史与发展

宋学宝　曹珊珊

（摘自清华经管学院中国工商管理案例中心："群体老板"共创盛隆电气）

一、创业

1978 年，党的十一届三中全会后，中国改革开放的序幕刚刚拉开。就在这一年，年仅 28 岁的谢元德，意识到中国经济改革将给非公有制经济提供更宽广的舞台。1979 年 3 月，工商行政管理总局提出恢复和发展个体经济。1979 年 5 月 13 日，谢元德在枣阳王城镇西门外一块空地里，与几个伙伴一起搭建起了一个简陋的工棚，挂起了全省第一家农村联合体企业——"513 公司"的招牌，从事小型农机具维修、气焊、水泥瓦制作等业务。

大家在工棚旁竖起一块水泥板，写下"为四化建设出力，为人民造福流汗"的口号，作为团队的奋斗宗旨。513 公司自成立开始，做的就是社会需要的、生产队需要的、老百姓需要的事。由于改革开放初期政策配套还不完善，谢元德的 513 公司在枣阳当地常常受到公社的打压，坚信自己做的是正确而有益之事的谢元德越挫越勇，坚持不懈，直到三年后，他办厂的举动逐渐被认可，公司才得以办理了正规的营业执照。

1984 年,513 公司与交通部长江航运管理局合资创办了鄂北电气遥控设备厂（后更名为"枣阳市开关厂"）。借此机会，513 公司也迁至枣阳市，并于 1986 年更名为盛隆公司，"盛隆"二字借用了家乡圣龙山的谐音。此时的盛隆公司开展了建筑业、运输业、工业的相关业务，谢元德思量再三，认为工业才是公司未来的发展方向。1985 年，谢元德提出"巩固提高建筑业，补充完善运输业，培养人才发展工业"的口号。也是从这一年开始，谢元德尝试公开招聘学生、培养人才。那时，有很多没有考上大学的落榜高中生，谢元德通过严格的考试，把一批优秀的年轻人招聘进来，进行培训，以适应工作需求。

二、业务发展

盛隆的业务在不断地发展和完善。盛隆最初从事的是配电设备相关业务，我国在改革开放之前，此类业务遵循的是苏联标准；改革开放后，ABB、施耐德、西门子等国际巨头进入国门并快速占领了中国市场，相较于国产配电设备，这些外资品牌的产品更轻、更薄、能耗低，因此有一定的价格优势。但这些品牌由于体量太大，刚进入中国时不够接地气，服务也跟不上。在这样的情况下，当时的盛隆，采取了向国际巨头学本领的策略，逐步成为这三大品牌的授权生产商。例如，获得授权生产 ABB 配电柜产品，主要的元器件均为 ABB 品牌，附件可以由盛隆自己生产或对外采购。但根据不同客户的需求，盛隆会在产品的开关数量、回路、集控、管理等方面做出差异化的设计。这种合作方式，帮助盛隆开拓了市场，同时盛隆也向外资品牌学到了先进的设计理念。

盛隆的主营业务也逐渐聚焦，开始专注于电气行业。随着电力智能化的发展，盛隆一定程度上实现了"弯道超车"。通过自主创新，盛隆不再像功能化时代那样跟随外资品牌，而是超越外资品牌，引领着电气智能化技术的发展。

1991 年，刚刚创建的武汉东湖新技术产业开发区被国务院批准为首批国家级高新技术产业开发区。两年后，盛隆电气落户关东科技工业园首批建成的两栋大楼，也标志着盛隆正式进入了武汉市场。1999 年，盛隆电气北京研究所成立，盛隆正式进驻北京市场。此后，盛隆电气的业务领域延伸至供电系统，拥有了电力工程资质。由于我国各个省市地区的供电局标准不同，盛隆电气可根据客户的不同需求，为其提供专属化的配电工程解决方案。1999 年之后的 8 年间，盛隆电气不断南下、东进、西扩：2004 年进驻东莞，2007 年进驻上海，2008 年扎营重庆，并先后在武汉、北京、上海、重庆、东莞（于 2014 年 8 月 8 日成立广州公司，"南大营"由东莞改为广州）建立"五大营"。

2012 年，党的十八大提出了"中国从制造业大国向制造业强国转变"的目标，而武汉一直是我国高新制造业的优势地区。早在 2011 年 2 月 22 日，盛隆电气集团武汉公司就已入驻武汉东湖高新区财富工业园内四万平方米的巨型厂房。

盛隆电气致力于成为电气制造业的领军企业，在智能配电及分布式微电网技术领域一直处于国内领先地位。在智能电网领域，盛隆电气获得了 50 多项国家专利和软件著作权。2015 年，盛隆电气获得国家工信部一级服务商资格，并参与了国家标准的制定。盛隆电气集团武汉公司从 2012 年起连续五年当选武汉百强企业、2016 年当选湖北省百强企业。随着国家"一带一路"倡议的提出，盛隆的业务延伸至周边国家。目前，盛隆在全球 50 多个国家均有销售和服务网络。

1.2 企业"共建共享"的"群体老板模式"

李健（摘自《新华每日电讯》2017年8月17日第7版）

盛隆电气集团简称"盛隆电气"，总部位于武汉国家创新示范区，是我国电力电气制造行业的领军企业之一。这几年，在经济整体下行压力较大的情况下，实体经济中有不少企业的日子不好过。但是，盛隆电气却一枝独秀，营业收入年增长率一直保持在高位。为什么在经济增长放缓的大环境下，这家企业仍能够逆势上扬，始终保持强劲的发展势头，大把、大把地拿到订单？在"盛隆电气现象"的背后，到底有什么样的奥秘？董事长谢元德回答："主要是因为盛隆有一个独特的'群体老板模式'，它极大地调动了企业员工的积极性。"

群体老板模式的主要做法是，鼓励企业员工人人创业当"老板"，积极营造环境，帮助有本事、想干事的员工创业，努力使他们在盛隆电气这个大平台上，通过自己的奋斗，逐步成长为领军人才，共同参与企业治理，共同分享企业的发展成果。在这个制度的设计者、董事长谢元德的心目中，"盛隆电气不但要成为一个制造优质产品的企业，还应该成为一个培养企业家的平台，一个支持大众创业的生态系统"。按照这个模式，在盛隆电气，当创业者淘到"第一桶金"、在个人账户上有属于自己的100万元人民币后，就可以申请注册三级创业公司，任经理，当"小老板"，能够招兵买马，在财务上享有自主权。经理个人账户达到300万元人民币后，可以申请成立二级创业公司，任总经理，当"中老板"。总经理个人账户达1000万元人民币后，可以申请成立一级创业公司，任总裁，当"大老板"。

群体老板模式受到盛隆电气员工的普遍欢迎和认可，在集团内部引发了创业潮。正如谢元德所说："由于这个制度既发挥了公有经济和民营经济的长处，又摒弃了二者的短处，所以它能够在最大程度上实现公平和效率的统一，激发员工的积极性和创造力。"据我们调查，截至2016年年底，盛隆电气通过这种模式已经孵化出"老板"400多名。这400多名"老板"，如同400多台发动机，为盛隆电气这列火车的飞奔，提供了强大而持久的驱动力。

在群体老板模式的背后，我们可以看到农民家庭联产承包责任制的影子。曾经当过人民公社社员的谢元德深知，改革开放以来，中国农村之所以出现天翻地覆的变化，关键是确立了一种新的分配制度，明确了"交足国家的，留够集体的，剩下都是自己的"。与家庭联产承包责任制相似，盛隆电气的"小老板""中老板""大老板"们，每年也只要按照协议，向上一级部门交足应该上缴的服务费，留够创业团队用于持续发展的准备金，剩下的钱就都归自己。因此，在这里，几乎每个人都有使不完的劲儿。

群体老板模式鼓励一部分人通过诚实劳动先富起来，倡导先富带后富，最终实现共同富裕，与我们党在社会主义初级阶段的政策高度契合。在盛隆电气，我们经常可以看到这样的情景，在"立人己立，达人己达"的企业文化熏陶下，一些创业者在自己成为"老板"后，又积极地帮助他人通过创业成为"老板"。以集团副董事长、第一批个人账户过千万元的谢清伦为例，她在经过"三级跳"，成为一个有数百名员工的营销公司的"大老板"后，又热情地帮助部下李洪英等人创业，使他们也陆续成为"大老板"。同样地，李洪英成为个人账户过千万元的"大老板"后，又继承谢清伦的传统，积极提携其他员工。现在，李洪英带出来的新"老板"也已经超过了20人。经过一茬又一茬的接力，盛隆电气的"老板"队伍像滚雪球一样，越滚越大。

群体老板模式使盛隆电气的员工从"打工者"变成了"创业者"，打破了阶层固化，使每一个人通过努力都有可能实现自己的创业梦。在其他企业，营销人员的薪酬大多是采取"工资＋提成"的模式。虽然按照这种薪酬模式，营销人员挣的钱可能也不少，但是，他们普遍缺乏一种做主人的感受，总觉得自己还是个"打工者"。而在盛隆电气，群体老板模式使这些营销人员从"打工者"变成了"创业者"，真正变成了企业的主人。群体老板模式点燃了企业员工的创业激情。在这里,你只要有本事,能拿到足够多的订单,就能注册自己的创业公司,成为说话算数的"老板"。

群体老板模式为一些来自社会底层的普通人开辟了上升通道,使他们得以有机会从"草根"变身"老板"。这种情况在盛隆电气比比皆是。例如,农村青年李涛,当年从襄阳老河口来参加应聘时,穷得连住旅馆的钱都付不起。后来,是群体老板模式彻底改变了他的人生轨迹。这个小伙子进厂后由于学习努力、工作勤奋、肯干也能干,现在已经成为盛隆电气广州公司负责海外营销的总经理,他不仅在城里安了家、买了车、购了房,过上了幸福生活,而且还有了自己的一番事业。再如,来自湖北枣阳农村的女青年谢清伦,也是一个在群体老板模式下凤凰涅槃、从"草根"变身"老板"的典型。现在,她不仅领衔一个年销售额接近8亿元人民币的大公司,而且是盛隆电气集团的副董事长、党委副书记。

群体老板模式不但增强了盛隆电气员工的凝聚力,促进了企业的快速成长,而且提高了企业对优秀人才的吸引力,产生了巨大的"磁石效应"。不少知识分子和大学生争相到这里建功立业。国家"千人计划"专家郗涛博士2011年从新加坡回国后,先是在武汉一所著名大学任教,两年前,当他得知这里有一个"群体老板"模式后,便毅然决定加盟盛隆。工程师韩文原来在一家世界500强企业任职,之前在媒体上看到关于群体老板模式的报道后,便立刻辞了外企工作,投奔盛隆。现在,他已担任了盛隆智慧能源研究院的院长。为了促进大众创业、万众创新,扩大"群体老板"的后备军,作为群体老板模式的延伸,盛隆电气去年还成立了盛隆创业学院和盛隆众创空间。

群体老板模式通过变革生产关系,解放了生产力,促进了企业的高速发展。现在,盛隆电气旗下已经有22个子公司和工厂,2个研究院,业务遍布国内所有省、市及海外50多个国家和地区。他们不仅成功参与了京沪高铁、南水北调、首都机场等多个国家重大工程项目,拿到很多订单,而且积极进军"一带一路"倡议所涉及沿线国家,现已成为苏丹新港、斯里兰卡汉班托塔机场等海外重大合作项目的设备供应商。

作者简介:李健,武汉大学经管学院教授、博士生导师,曾任科技部高新技术产业司司长、武汉大学党委书记,主要研究领域为新兴产业和企业管理。

1.3 追寻中国版"林肯电气"
——复旦 EMBA 学员参访盛隆

谢岚（明哲学堂助教）（节选自《第八届动态竞争国际论坛会议材料》）

谁是盛隆？

一家没有一分钱银行贷款的企业；

企业内部有大大小小 400 多个老板，他们拥有独立的财权、人事权和决策权；

员工能挣一个亿，公司也只是收承包费，剩下的都是他自己的；

工作才两年多的年轻人，就能成立部门，独当一面；

所有岗位都公开竞聘，不论资排辈；

1979 年成立至今，资产一直在增长，经历过 2003 年的 SARS、2008 年的金融危机，它却毫发无损。

这样一家中国企业，你好奇吗？

和我们一起来看看吧。

像飞机工厂那么大的车间。

一眼望过去，全是一列列铅灰色的"大家伙"——低压电柜、电容柜、进线柜……裸露的，正在组装的，用木架箱包装好的，等待着工人来，等待着叉车来。

一端，红黑色的进口车床正在切料；另一端，却写着四个硕大的字——"盛隆大学"。

刷成绿色的车间地面还有路名呢：一条"延安路"，一条"圆梦路"。在一家工厂里，"延安"意味着什么？"梦"又是什么呢？

或许是因为空间庞大，穿着灰色制服的员工看起来人数不多，零散地分布在电柜附近。

事实上，"这里有800多人呢。"周红芳笑着说，"以前，这里是另外一家企业的厂房，而我们在隔壁。后来，他们没做起来，我们倒是发展得越来越大，就搬到这里来了。"

周红芳是我在复旦EMBA2015春季班的学友。2017年6月8日，另外两位学友孟祥旺、曹中华，还有我，来到武汉。在周红芳的"地陪"下，我们拜访了她服务21年的公司——盛隆电气集团，并和集团创始人、董事长谢元德先生有了一番深入的访谈。

这也是明哲学堂成立以来，自然而然形成的一种学习方式：走出教室，去有意思的学友企业参访，在"一线"体察、交流、碰撞，让学习接地气。

一、"老师，我们小组有家企业，和林肯电气非常相似！"

参访盛隆，这机缘是如何发生的？

还得回到2016年12月16日的下午，复旦EMBA2015春季班的课堂。

这天是明哲老师选修课"动态竞争与可持续发展"授课的第三天，开始进行他最喜欢的案例讨论——林肯电气。

林肯电气，全球最大的弧焊产品制造商，是美国一家百年老店，不但活得久，而且令人惊讶的是，至今还活得很好。

林肯电气始建于 1895 年。哥哥约翰·林肯是一个技术天才，从加工肉的机器，到电钻机、矿井门启动设备、电弧灯，五花八门，他获得了五十多项发明专利。而弟弟詹姆斯·林肯则在管理和行政上创造了卓越有效的公司文化和制度。

"我们不是一家行销企业，我们不是一家研发企业，我们也不是一家服务企业。我们是一家制造企业，而且我们相信我们是世界上最出色的制造企业。"一百多年来，林肯电气的策略简单而不可动摇：可以比竞争对手以更低的成本制造出更高品质的产品，使顾客受惠。

该公司最有代表性、也最独特的制度包括三部分内容。

第一，大部分工作采取计件工资制。

第二，年终奖可以等于或者超过个人全年工资收入。（公司认为，奖金并不是礼物，而是源于每位员工当年对公司的贡献，是对有效率的运营所取得的成果的分享。）

第三，所有工人都有聘用保障，不会被解雇。

看起来矛盾吧？第一条制度，强调的是人与人的竞争，但第三条制度却同时给员工提供了一个"铁饭碗"。

怎么回事？

这套体系源自于詹姆斯·林肯的思想，源于他对于人有一种理解和相信：在合适的环境下，每个人都会成功。"每个人在某些方面隐藏着发展的潜能，问题是很少有人能意识到这一点，更鲜有人会自己给自己施加压力。那么潜在的能力也就始终隐藏着，毫无用处……竞争是个严厉的监工，它对于任何希望成长的人来说是绝对必要的，无论他是工人、使用者、分销商，还是老板。"

工资计件制外化了詹姆斯·林肯的信念，而看起来和"竞争"对立的"终身雇佣制"，却是对计件工资制一个有力的补充。这项制度保证员工不被辞退，并保证员工被持续雇佣（公司自从 1951 年施行该计划以来，从未辞退过员工）。"如果没有这样一个保证，员工由于害怕失去工作，很有可能抵制生产能力和效率的提高。"

林肯电气的三项关键制度，体现了一种竞争观。充分、公平的竞争，能最大限度地激发人的潜力，但竞争的目的，不是优胜劣汰、你死我活，而是为了更好地合作，去完成和精进一项共同的事业。

"你们都知道我喜欢拆字玩嘛。我经常想写一篇文章，重新阐释'竞争'的本意。"在林肯电气的案例讨论上，明哲老师经常会在黑板上写下"竞争"的英文单词"compete"，玩英文拆字，"从拉丁词源上看，com 是'一起'，pete 是'目标'，所以竞争不应该是一个零和游戏，而是大家一起朝目标努力。"

"美国最保守的军火商做波音飞机引擎，他们都认为林肯电气是资本主义最佳的形式。我在中国给央企讲课，用同样的案例，他们说这是社会主义最好的企业。几年前，我在广州有一场泛太平洋地区的演讲，当时一个犹太企业家就跟我讲，他跟踪这家企业跟踪了二十年，始终觉得它是一个犹太公司。"明哲老师说，"有效平衡内部的竞争和合作，平衡了社会福利与个人创业，与员工分享利润和企业的股权，并且提供超过市场水平的薪酬，提供内部晋升和终生雇佣。其实，林肯电气体现的就是王道的精神，彼此之间让利，以德服人、以仁服人，而非以力服人。"

从最初旁听、访问老师，再到后来跟课，几年间，我观察到一个有意思的变化：EMBA 学友对林肯电气的探讨，越来越感兴趣，越来越活跃。我还清楚地记得，2012 年第一次旁听老师的课，谈到林肯电气时，同学们的集体反应是"不太相信"：这个年代了，怎么可能还有计件制？这样一家企业还能活到现在吗？而在 2016 年年底复旦这个班级里，大家不但讨论得热烈、有深度，而且还冒出了一个"意外收获"。

"我们小组讨论这个案例的时候非常幸运，发现了一家跟林肯电气非常相似的中国本土公司，而且就是我们同学周红芳所在的公司。"课堂上，陆习标说，"她所在的公司目前一年有 50 亿元人民币的销售额，而且稳定增长。不了解这个行业的人不知道，在中国，有 50 亿元人民币销售额的规模，而且每年持续增长，还一点都不打广告，非常难得。我们小组发现，他们公司的机制非常好，所以一定要请周红芳讲。"

周红芳走上讲台来，干脆、利落，声音中透着一些兴奋。

"我们公司在很多方面和林肯电气有些相似。盛隆电气1979年成立,从一开始就实行计件制。在生产管理这方面,公司从设计一直到最终产品,包括服务,都采取项目制和计件制。所有的岗位都是公开竞争,把薪水定出来,公布出来,整个公司的人都可以去应聘。不管是刚进来的新人还是老员工,我们公司用人不论资排辈。我们的销售模式是'群体老板制'。在利润分配上,公司只收取承包费,做到收支平衡就行了,真正的利润全部留给创业的老板们。你怎么把这个项目执行好,你怎么为客户服务好,这块利润交给你这个营销老板,你自己去全权支配。"

周红芳拿起手边的一瓶矿泉水,打了一个比方说:"比如说这瓶水,去掉所有的成本(包括交给公司的承包费),赚了5块钱,那5块钱都是归营销老板支配的。我们公司没有天花板,假如一支营销队伍能挣一个亿,那么公司也只收承包费,剩下的都是你自己的,是你这个营销团队的。你有能力,做多大都行,上不封顶,你可以把资源和人才用到极致。"

一个营销团队,业绩做到一亿元,公司也只收承包费?

盛隆的"群体老板制"在课堂上激发了热烈的讨论,同学们纷纷提出了种种疑问。

公司只收成本费,那它靠什么赚钱?它如何发展?

公司研发的投入,谁来出?如何保证?

公司内部,会不会出现恶性竞争、相互抢单的事情?

其他部门,比如研发、生产、后勤、行政,也实行"群体老板制"吗?

销售收入高,会不会引起公司内部人员队伍的不稳定,而出现人人都想去当老板的问题呢?

……

课堂上分享时间有限,无法充分回答同学们的问题,也不能充分展示这家和林肯电气很相似的中国企业。于是,就有了6月8日的这趟学友参访,去武汉盛隆电气集团的总部探个究竟。

二、才来公司一年多的年轻人，也能当老板

在飞机工厂那么大的车间里，沿着绿色的"圆梦路"往前走，尽头是一面照片墙，贴着一组员工照片，有些是"80后"，有些是"85后"，还有些面孔特别年轻的"90后"。此外，这里也有四五十岁的中年人。这面照片墙上写着一行字：百名"千万订单英雄榜"。

周红芳介绍，盛隆"以销定产"。也就是说，产品的种类和数量是根据销售订单来确定的，拿到了订单，才会开工。因此可以说，销售人员是这家企业的"发动机"。

"照片上的这些人，是去年业绩做到千万的销售人员。"周红芳说。

盛隆的"销售精英"和其他企业有个最大的区别。在很多公司，销售人员只是销售人员，最多只是在提成、分红比例上有多有少。但在盛隆，这些销售精英可以是名副其实的老板。

周红芳自己，就是盛隆群体老板中的一员。

"2002年，我去北京筹建工厂，协助集团的全国布局。到2007年，北京的工厂走上了正轨。当时，我也在思考，接下来，我该如何发展？我在公司工作11年了，各个岗位也都干过，再向上走，也就是当老板。于是2007年4月，我就向公司提出了去上海开发市场，带出一支面向上海的营销团队。"

作为这个团队的负责人，周红芳拥有什么？变成"周总"后，她没有了底薪。公司给她提供了一笔资金，至于如何组建团队、如何开拓市场、营运成本多少、在哪里办公……这些大大小小的问题，统统由她自己解决，公司概不过问。换言之，周红芳注册成立了一家盛隆的子公司，享有独立的财权、人事权和决策权。

在照片墙上，还有一张特别年轻的面孔——26岁的小伙子常亮亮。他在2016年年初才进入公司。可没过多久，常亮亮就成了老板——他邀请了两位资深员工（一位从事商务，一位从事技术）组建了一个新的项目团队。三人相互配合，集团给予平台支持。花了半年时间，他们靠着初生牛犊不怕虎的劲头儿，拿下了中央直属机关单位

4100万元的订单。小伙子透露,这个订单让他工作第一年就"年薪百万"。

"那什么样的人能当老板?谁想当都能当吗?"孟祥旺、曹中华问道。

在盛隆,有本蓝白相间的《盛隆电气集团基本制度文件》。其中,"二号制度"是"盛隆电气集团营销部门注册、层级、财务管理制度",它对"群体老板"的制度做了清晰扼要的规定。

如果个人账户达到100万元人民币,就有条件申请注册营销部,任部门经理,有资格招收本部门人员;如果经理个人账户达到300万元人民币,就有条件申请注册营销处,任处总经理,有资格下设营销部;如果总经理个人账户达1000万元人民币,就有条件申请注册创业公司,任公司总裁,有资格下设营销处。每年五月进行年检,若注册资金不足,要被降级或清算、销户。

在这里,营销部、营销处和创业公司,统称"营销部门",就是从小到大的销售团队,其负责人就是"老板"。那么这些不同层级的组织、老板之间的经济关系是什么样的呢?

该制度规定:不论营销部门大小,个人和部门负责人(即老板)的经济关系,由双方事先签订文字约定,交财务、人事和市场部门办备案。

营销部每年向上级交纳6万元。营销处每年向上级交纳7.5万元。创业公司向上级交纳15万元。上级部门对下级部门的亏损负全责。

周红芳说,她的"级别"是创业公司,在通常情况下,不论业绩如何,她每年只需要每年向集团公司交纳15万元的"承包费"。

像她这样的老板,盛隆有20多个。而全公司,大大小小的老板有400多个。

"其实我觉得,与其说是'承包费',还不如说是'平台费'。"周红芳说,"因为公司的目的,不是要把营销利润拿过来,(集团)公司更像是一个平台,收支平衡就可以,真正的利润留给老板们,让他们继续去发展和壮大。"

"但公司哪里来的钱投入研发、行政、后勤等企业的其他部门呢?尤其是研发,需要很多资金的投入。"孟祥旺和曹中华继续问道。

这里，周红芳透露了盛隆的一个与众不同之处：一家 5000 多人的公司，居然没有一分钱的银行贷款。据我们了解，盛隆有自己的"资金池"，颇像一家"企业银行"。其资金主要是由各个老板们的承包费、注册资金等构成。这些钱，除了维持公司的运转，还会向想创业的员工提供"信用贷款"，为有能力、有想法的年轻人的创业解决资金难题。比如，2013 年，25 岁大学毕业没多久的肖云，吃苦能干，想在智能电力的领域创业，公司相关部门对她进行了长达两个月的考察，最终决定为其贷款 60 万元。仅一年时间，肖云的营销部门就已拿下多个项目，实现了盈利。

"那在盛隆内部，你们如何避免恶性竞争？碰到抢订单、'挖墙脚'这样的事情，怎么办？"

"这个问题，也是通过制度设计逐步完善的。比如说，我们有'项目保护制'，谁先做这个项目，谁家公司（指销售部门）备案，这个项目就授权给谁。如果有人不知道，撞车了，回来一查，这个项目确确实实有备案，那么其他人就有可能会退出。另外，我们还发明了'竞拍制'。比如说，我想做武汉市场，他也想做武汉市场，那不能说我们两个打架。那我们就竞拍，我保证这个市场一年要拿多少订单。竞拍之后，去做这个市场的人，要事先向公司支付一笔保证金，从你子公司的账上划到集团公司账上。但是最后，如果这个市场你做不了怎么办呢？那么你要受处罚，要交罚金，（这块市场）第二年拿出来再拍。

当然，我们内部也有合作。一个项目，你想做，我也想做，那我毛遂自荐，跟你谈合作，谈利益分配，公司不参与。我们两个谈完了，先签个协议，往公司一交，这个项目公司就给我们两个人来共同做。"

来到盛隆参访时，有个年轻的文员接待我们，在公司展厅为我们介绍盛隆的发展经历、拳头产品等。她二十岁出头，才来盛隆不久，目前是企划部的文员。她告诉我，她打算从这个岗位开始，逐步把行政、生产、质检等流程都干一遍，等自己成熟了，也要像照片墙上的同事们一样，自己当老板。

看着她红扑扑的面孔，我们笑了起来。在这家企业，至少年轻人无须藏着、掖着，可以大胆地说出自己的进取心，不用担心"嘴上没毛、办事不牢"的刻板教条，更无须谨小慎微地候着前辈退休、在权力缝隙的漫漫光阴中，耗损自己的活力和事业心。

三、工作才两年多的年轻姑娘，成立了自己的部门

不要误会，以为在盛隆只有销售人员才有机会当老板。

更确切地说，在这里，"群体老板"是一种意识，也是一种相应的机制——在盛隆，只要你想做某件事，愿意全权为某个项目负责，你就有机会当"老板"，独立组建团队，独立核算，自负盈亏。

盛隆武汉工厂的二楼和一楼是完全不同的风格。浅棕色的藤椅、亚麻桌布、书架、飘散着咖啡的香味，有点像是一个朴素的咖啡馆和图书馆的混合体，时不时地有三两人走进来，坐下，轻声交谈。

因为第二天要和谢元德董事长见面相谈，2017年6月8日，我们见到了盛隆企划中心宣传部部长、二十多岁的小伙子邢文旭。

我们注意到，邢文旭递过来的名片上还有另外一个头衔：盛隆大学众创空间总经理。原来，他就是这间"咖啡馆和图书馆混合体"的负责人。"盛隆鼓励内部创业，而'众创空间'就是我们团队的项目。"他笑着说，"这里怎么营运，能不能盈利，都由团队负责。"

黄振宁，另一位盛隆的年轻员工，看着白皙、斯文，却很能闯。2015年3月，她加入盛隆519光谷建设部，从办公室文员和预算专员做起，随后参与了多个项目的送电工作和结算审计。2016年，黄振宁开始参与国外业务，而到了2017年，她就在分管老总的支持下正式成立了部门，专门对口和拓展海外业务。2017年3月，她还参加了盛隆"先行领军人才"竞选大会，发表了竞选演说，希望自己能领军拓展孟加拉国首都达卡。

在武汉工厂车间里，我们还有些意外地发现：不是生产电气设备的吗？怎么停放着好大一片"小黄车"？这也是盛隆最近上马的一个独立创业项目，由一位年轻的盛隆员工领衔负责。

"在盛隆，自己在为自己做事，人人都可以当老板。公司大大小小的老板有400多个。"周红芳说，看到邢文旭、黄振宁这样的"后辈"，她会感觉亲切，因为她在盛隆的21年，就是这样过来的。

"我是1996年6月进入盛隆电气的，这么多年下来，给我感触最深的就是董事长对年轻人的重视程度，他给年轻人很多的机会，绝不论资排辈。只要你勤奋，愿意做事，公司就会支持你、帮助你。"

"盛隆电气是一家民营企业，我1996年进公司，在车间干了近5个月。后来，采购部缺人，我就被调过去了。还不到一个多月，就派我出差，去哈尔滨的阿城采购继电器。那时，阿城很偏，交通很不方便，天气也很冷。我也胆大，无知无畏地就去了。没想到，董事长总拿这个事儿表扬我，说得我都不好意思了。在那个年代，又是民营企业，像采购/财务这样的岗位一般都是公司领导自己的亲戚、朋友在做，而我们董事长不那么干，他顶着压力，敢于把我这样的年轻人放在关键岗位上。我记得1997年年底，公司实施'定岗定薪，竞争上岗'，我在那个时候就发现，这是一家与众不同的企业，就下定决心要好好干。我记得那时候我的工资底薪是800元，超额完成任务后还有奖金，拿到手的钱能到1200元左右。我的工资高过了在国企里工作了快30年的父亲！对一个才进入社会不久的学生来说，这是一个很大的鼓舞。父母因此也很放心。

"在采购部干了不到两年，我就被提拔为采购部部长。当时提拔我，很多销售老板都不同意，让一个小丫头来做这个岗位，太不合适了。他们认为，应该让一个资历深厚的男采购员来做。但是在董事长的大力支持下，我做了，并且做得很好。

"2002年年底，我离开武汉，去北京准备建工厂，当时真是很难！可董事长交代我一件事：技术部的大学生要全部留住，一个也不能放走。我们董事长，就是要给勤奋、有抱负的年轻人机会，特别是对有知识、想干一番事业的大学生，那是当宝贝看的!

"群体老板制是盛隆电气独创的一种企业机制，不仅用在销售上，而且公司的各个部门都用。技术也罢，售后也罢，都是竞争上岗，上一道工序是下一道工序的老板。哪个采购人员（或团队），既能够以低价格、低成本，以最快的方式，按时、按质量、按数量把东西采购回来，你的口碑和信誉都很好，我们就把这个单子给你。我们公司员工有（每月）拿一两万的，也有拿几千的，允许这种现象存在，这就是一种完全的竞争机制。设计师也是一样。你设计出来的产品让客户满意，服务让客户满意，我就把这单交给你。在企业内部，是完全的市场化。

"董事长说，群体老板制不仅仅是制度，而且最重要的是一个思想上的定位。思想定位不一样，你的行为也会不一样。你进公司后不是为别人干，而是为自己干。你要去思考怎么样才能干好，是主动地在工作，而不是被动地工作。"周红芳说。

这样的企业文化和机制，会给实际的生存与发展带来什么？让我们来看一组数据：

盛隆电气1979年在湖北省襄阳市枣阳县成立，最早是7个人，现在有22个子公司，2个研究所，1个设计院，5000多名员工。

1996年年底，盛隆的销售额是1400多万元人民币。2003年年底，其销售额是1亿元人民币。2010年销售业绩达到10亿元人民币。2016年的业绩达到了60亿元人民币。这几年公司增速超过了40%。也就是说，这些年来，无论外部环境如何变化，2003年的SARS也罢，2008年度金融风暴也好，都没有影响盛隆业务的增长。

此外，企业没有一分钱的银行贷款。

四、"你就不是个兵，你就是个领导"

晚上，盛隆的两位老板——张总和伍总请我们吃饭，大家边吃边聊。他们五十多岁,从20世纪80年代初就进入公司工作,已经干了三十多年。

外面的人听说盛隆的"群体老板制",会感到很好奇,问题一串串,也有不少同行来学习,最后学不成的。不过,在这两位盛隆"老将"看来,群体老板制是件稀松平常的事。

"群体老板制这个东西,那得追溯到很早很早以前了。"张总抿了口酒,和缓地说道,"我是1982年进的盛隆,那时候就有了'群体老板',只是不叫'群体老板',叫'项目经理'。"

"那会儿,还没有老板、董事长的叫法。只要是领头干事的,那都叫经理。"伍总补充道,"那会儿,董事长就跟大家说:'你就不是个兵,你就是个领导,你就是经理。我们就是要培养经理。'"

如果对中国改革开放的历史略有了解,就会知道,20世纪80年代初,市场经济刚刚萌发,非议很多,压力很大。在那样的时代氛围中,能提出"培养经理"这样的"经营理念",着实是很超前的。

"我们盛隆怎么会进入电气领域呢?因为早年我们是做开关的。不过更早的时候,也不是做开关的,而是建筑业,其实就是盖房子的。"张总说起了盛隆的历史。

"过去在我们那里(湖北襄阳市枣阳县王城镇),要么你就做木工,要么你就做瓦工。我们董事长呢,那会儿三十岁不到,又是瓦工,又是木工,多功能,是村里的能人。他是个撑头的(湖北方言,即带头的),几个人在一起给别人盖房子,赚钱。

"1979年以前,不叫什么集体(经济),还是生产队呢。盖房子属于搞副业,挣工分。这就是初期的团队了,大概有七个人。

"我是1982年才去的,就跟他们学手艺,学瓦匠。瓦匠不是烧瓦,是砌墙、抹灰,就是现在人说的泥水工。

"那会儿,我中专没考上,招工又没资源,当兵也不是没当上吗?当兵体检的时候,人家说我有鼻炎。所有出去的门道都被堵死了,我就学个手艺呗。

"后来我就发现,我们经理(即现在的董事长谢元德)人年轻,可他想的跟别人想的不一样。第一,师傅们独立,做事、赚钱,都是独立的。第二,他非常注重文化程度好一点的人。所有人基本上都是高中毕业,最次也是初中毕业(在当时,高中毕业已经是文化程度很不错的了)。这一部分人以后慢慢地就做了项目经理,一边干活,一边学习。

"那会儿刚刚改革开放,培训的机会很少,董事长就把我们送到学校去培训,还送了一个人到南京去学习。他的思想的确是很超前。

"再一个,我们公司从开始到现在,老板有一个理念,那就是所有的事是你自己要做的,不是别人强加给你的。一直就是这样,所有的岗位,必须是竞聘,你必须愿意干。

"我们原来盖房子,也是这样。比如说我去当施工员,我去当技术员,都是我愿意做的,必须是我愿意做的,没有说'小张,你明天去做啥做啥',根本不是这样子。我们就是通过全员竞聘的形式,让大家都可以做自己想做的事儿。

"再一个,我们公司从过去到现在,不存在说谁解聘谁,因为我们公司内部竞争很激烈。比如说,我们现在做销售,对不对?你没有底薪,你什么都没有。如果不踏踏实实地跑,不踏踏实实地做,拿不到订单,那么你吃饭就成困难。你没饭吃的话,怎么办?那你只有自己炒自己了。我们这里表面上看着风平浪静,实际上竞争还是非常激烈的。

"你看,我十多年前长江泵站上的项目,包括那些高架设备,他(指客户)现在什么时候给我打电话,我什么时候还替他服务。为什么?因为我给他服务,所以这个客户就会一直保持着,也许他下次还会再找我。在我们公司,没有任何人催你,客户说哪个东西坏了,打电话打到公司,没有推诿扯皮的。我们公司不存在这个问题。

"1993 年,公司从进武汉的时候,我们的业务员一个星期能穿破一双皮鞋。那个时候交通也不发达,也不可能说买车,经济条件也不允许,那就是跑吧。就是一个单位接着一个单位跑呗。说一句最简单的话,就是看着那电线杆,一家一家进去,就是这样跑出来的。

"后来,公司又进北京。你说盛隆,在北京有谁知道你盛隆是干什么的?一个项目一个项目地跑,一个项目一个项目地做。看到一个塔吊,业务员就进去了,看到一个塔吊,业务员就进去了……就是这样,一步一步走过来的。现在你在北京这个行业里随便问一个,谁不知道盛隆是干什么的?

"我们肯定和有些单位做业务选的'线'不一样。别人想的可能都是从上往下做,找资源,从上往下压,对不对?我们则是从下往上做。就找下面的电工啊、工程师,这是其一。做完了,我们质量好,服务也好,那做了第一次,接着就会做第二次、第三次……这样,慢慢就把所有的业务都拓展开来了。

"我们的观念完全是直接打市场,做市场,确确实实是个老板。你财务自由,公司为你提供支持和服务。我接了项目,需要设计院院长的支持,他就会来;财务老总跟着我去收钱……所以,我们不存在论资排辈。你在公司干了35年,但是假如你没有订单,那么你照样也没饭吃。"

张总这番话,透露了盛隆的一个大秘密,一个比起"群体老板制"来更为基础性的理念和关键制度:全员竞聘。它打破了论资排辈、看不见的天花板;更重要的是,它有效地解决了一个问题——员工的自我驱动力。无论为钱、为名,还是为抱负,"我做的事,是我自己想做的"。

1.4 "群体老板制"是盛隆人共同的需要

活动名称：创业导师高校行——走进湖北大学
活动时间：2017 年 4 月 11 日
活动地点：湖北大学会展中心思睿厅

同学一：您之前提到贵公司人人当老板的一个模式，我知道这个展开来讲的话肯定是一个非常复杂的问题，您能否比较简短地给我们讲一下这是怎样一种模式？因为它对同学们而言可能还是一种比较陌生的模式。

谢元德董事长：一两句话确实说不太清楚。办企业各有各的目的，我作为这个企业的创办者、发起者、领导者，我的需要是什么，我在思考我的需要，我在创办这个企业之后，我也在关注每个人的需要，要建立反映大家共同需要的制度。一个组织，如果你只关注你的需要，那么你就做不了这个组织的领导人。你只有关心这个组织所有成员的需要，你才能做这个组织的领导人。实际上，人都有需要，要自己当家做主，自己只想做自己的事情，自己想实现自己的一些价值。这个确实很难统一。个人和集体怎么达到统一？达不到一致那就要统治。要领导大家，说透明一点就是要把大家统住。你要有这个能力、有这个本事、有这个手段把大家统住。我觉得人与人是平等的，不应该把自己的意志强加到别人身上。所以我思考来思考去，我们的需要一定要跟我们这个组织所有人的需要达成一个很好的契合。我们"群体老板"这个构思实际上就是尊重每个人。怎么尊重每个人？就是让他的思想能够和这个组织的思想达成一致。所以我们从创业不久，就在组织体制这方面下了很大的功夫：怎么能够考虑到大家的需要，和我们所做的事情能够结合得更好。当然，这样做了之后，发现有时候也有问题，有时候效果也很好。效果体现在他自己想做的事情，和别人要他去做的事情，最后达到的效果完全不同。那肯定是自己想做的事情达到的效果更好，别人强加给他做的事情那肯定效果要差很多。随着企业的发展我们也在探索，这几十年间，我自己思考我在做什么，我们整个公司都在做什么，就是做我们大家共同的需要，在里面去找到一个结合点。这个结合点就是以人为本，人人平等，尊重每一个人，鼓励每一个人，关心每一个人，引导每一个人。我们摸索了几十年，逐步摸索出现在这个"群体老板制"。它得到了绝大多数盛隆人的认可，至少得到在这里干的人的认可，他不认可也不会在这里干。在我们公司非常的自由，你想进来就进来，想出去就出去。

通过几十年探索出来的群体老板制，实际上对我们公司来讲不是一个简单地规划，而是已经在大家骨子里，就是这样一种制度，就该这样去干。现在我们越干越好，大家也都很认可，群体老板制让大家的积极性得到了充分的发挥。刚才有一个人问陈海元她收获了什么，我认为她收获了在一种组织里面有了她自己。她的题目就是《不一样的盛隆，成就了不一样的我》。实际上，盛隆在做一件很大的事情。一般来说，一个组织做一件很大的事情，每个人在里面都很渺小。但是在盛隆就不是这样，大家一起来做很大的事情，每个人都很重要，都很伟大。在我们公司，真正能够体现自己有本事就是有本事，你努力了就是努力了。你很有本事，但是不努力，别人也帮不了你；你有本事，也努力的话，谁也挡不住你。这个群体跟个体、集体，三个都叫"体"，我们这个叫法很好地把个体和集体加起来，形成了一个比较优化的群体。

我们的"群体老板制"到底有什么好处？现在不管是国有企业也好，上市公司也好，还是跨国企业也好，当然这都是很先进的企业，我们不能说我们超过了这些公司，我们只能说我们是在做一种探索。老板也好，我们自己也好，在我们公司我们怎么来定位，我们定位你是一个老板。年轻人到我们公司，我们都定位是准老板，不是打工的，你将来能不能做成是你的事，你来了就是创业的，创业创新就是准老板，就给你这样一个定位，你就要朝着做老板这个方向去努力。现在我们行业的国际品牌做得最牛的，当然他们有很多的优势，那我们的优势体现在什么地方？我们的优势就体现在我们有老板思想，我们有一大群老板。跨国公司他们不是，我们也经常和他们的领导人在一起交流，他们就是打工，再高的领导他们也是持打工思想，尤其是外国品牌，他们地位再高，给自己的定位也是打工。在我们公司，你的地位再低，我们都给你定位是老板。定位是老板还是打工者，就这么两个词，但是区别太大了。所以我们所有的人，都要拿老板定位，将自己的能力用到极致，不断地学习。为什么建议陈海元来讲？因为她讲得更接地气，她能够把我们公司的东西体现得更清楚一点。像那些国际大品牌，再高的职务都听安排，都是上级安排任务、执行任务、进行考核、提拔干部、加工资，这是一种激励。但是我们都是靠自己去争取，我们没有那么多人有权力去随便提拔干部，你能不能升，一切都是靠你自己，靠成绩说话。所以你没有任何局限，你不能等也不能靠，你自己有多大的能力就做多大的事情，可以无限地发挥。现在国际品牌都非常认可我们公司的人，我们公司每个人都很行，他们的人也很优秀。但市场发生变化的时候，他们会受到很多局限，总的来讲，在我们的这个体制下，国际品牌很多高管纷纷在朝我们走近。他们都是拿着很高的工资，年薪六七十万元，开始到我们这里来一分钱都没有。刚才陈海元也说，她原来不在我们公司，在其他公司职位也做得很高，待遇也很好，但是不能满足她未来的需要，不能满足这个年龄的需要了，这个年龄要自由、要发展、要更好的空间能够体现自己。

我们这个"群体老板制"到底是什么样的？我们没办法一下子解释清楚。总的来讲，这种体制在我们公司体现出人的变化，定位是个老板，还是定位一个打工者，就是这个怎么定位会影响他一生。在我们公司，很多人干了几年之后有钱了，很多人都说他获得的是他想都没想到的，甚至是不敢想的。我们公司的第二代都曾经找到了很好的工作，如电信等，后来干不好，还是到盛隆来。到盛隆来的区别是什么？来盛隆不是求安逸的，不是听别人指挥的，你一定要能指挥别人，你要有本事。谢谢。

对有关"群体老板制"的思考

"群体老板制"是盛隆电气历经数十年探索、实践和积累而形成的一种科学的独特的公司制度。其基本内容：在公司统一的大政方针指导下，每一位有志创业的员工，都可以通过个人努力和公司大平台的帮助，通过层层吸纳、培养、提携新人，不断扩大团队规模、提升团队层级的途径，从准老板做到小老板，逐步升至中老板、大老板，直至担当董事长。众多老板在公司总的体制下，形成既紧密联系又高度自主和独立的老板群体，并共同贯彻公司的大政方针，为实现公司科学发展的战略目标，凝心聚力，协调一致地共同奋斗。

这一体制的基本特点如下。

第一，它力求汲取公有制经济和民营经济两者之长，而摒弃其短，开创一种新的产权形式及公司法人治理机制。即既要举旗帜，办良企，走正道，做奉献；又要有动力，有活力，效益高，能永续。

第二，这一机制产生的时代环境是中国伟大的改革开放大潮，理论基础是中国特色社会主义理论，其实践基础是盛隆文化、管理模式及多年的创业实践三者长期的探索结合。盛隆的十大代表性文化就是这种结合的鲜明体现。例如，"盛世同襄盛举，隆情共创隆图"的盛隆理念，"追求卓越，奉献社会"的文化目标，"帮助别人就是成全自己，成功他人定能实现自我"的盛隆哲学，无不蕴含了群体老板的生发基因和成长元素。其中的盛隆理念，更是简要而明确地表述了盛隆群体老板制的要义："统分结合，个体为基；统分共利，集强个益。大中含小，小中寓大；合中有分，分中有合。统而不僵，分而不散"。把企业、集体（团队）和个人三者利益关系有机地、紧密地、融洽地结合起来。

第三，这一体制的显性目标是推动企业科学发展，实现做大做强。其本质意义是大众创业、万众创新。其核心价值在于育人、立人。

由于这是一个无先例可循的崭新事物，我们对它的探索、认识，还一直在进行中，一直在路上。它虽不是完美无缺、完善成熟的，但我们坚信它应天时、接地利、聚人和，现在已经显示出朝气蓬勃的生命活力，它的未来必将更加美好，前景不可限量。

1.5 两任省委书记签批"盛隆群体老板模式",周先旺副省长赴盛隆电气调研

省委书记李鸿忠签批"盛隆大学武汉创业学院"

2015年4月18日,时任省委书记李鸿忠对盛隆大学武汉创业学院进行批示。4月20日,时任副省长许克振进行批示。4月29日,省经信委牵头,组织省教育厅、省人社厅等相关处室(单位)负责人到盛隆调研,共同研究"盛隆大学武汉创业学院"办学规划,并提出指导意见。

2015年7月2日,省经信委向省政府督查室提交《省经信委关于政企共建盛隆大学创业学院有关具体事项办理情况的复函》。复函表示,将从资质认定及校名批准、助推盛隆与华科大校企合作、经费支持、学院基础设施建设四个方面对盛隆大学创业学院进行支持与跟踪服务。副省长许克振批示:"请转告给盛隆公司,请经信委继续关注各部门落实情况,若有必要专题研究一次。"

省委书记蒋超良签批盛隆电气"群体老板模式"

2017年6月2日,武汉大学原党委书记李健写信给省委书记蒋超良,提交了关于盛隆电气"群体老板制"的调查报告。6月6日,省委书记蒋超良签批了李健书记《群体老板制——我省民营企业家的一个创造》的报告。6月9日,副省长周先旺批示:"盛隆电气不仅生产优质产品,更是培养优秀企业家的平台,其作法值得推广,请祺扬同志研酌推广办法"。10月24日,副省长周先旺赴盛隆电气集团调研。

周先旺勉励盛隆电气：百尺竿头更进一步

2017年10月24日，副省长周先旺同志赴盛隆电气集团调研，要求深入学习贯彻党的十九大精神，在加快发展实体经济、提高供给体系质量中要志向高远、勇立潮头，百尺竿头、更进一步。

周先旺在盛隆电气生产车间观看了企业研发的新产品、新技术，听取了企业负责人关于企业生产及群体老板制等方面的情况介绍，与企业负责人及员工代表进行了座谈。周先旺对盛隆电气的发展成绩和群体老板制表示充分肯定。他强调，党的十九大要求把发展经济的着力点放在实体经济上，包括盛隆电气在内的工业企业要始终保持发展实体经济、振兴中国制造的大情怀。面对市场经济条件下新材料、新技术快速发展的实际情况，既要保持发展定力，更要增强危机意识；既要开拓国内

副省长周先旺同志赴盛隆电气调研

市场，更要凭企业的优势和实力融入"一带一路"、走向国际市场。要重视加强企业研发人才队伍建设，始终保持企业创新发展的强劲动力，以更好的业绩、更强的实力、更活的机制在激烈的市场竞争中保持优势、勇立潮头。

周先旺同志指出，盛隆电气董事长谢元德先生探索实行的群体老板制很有意义，值得深入研究、继续完善。周先旺强调，服务实体经济是各级政府的重要职责。各级政府及其职能部门要营造环境、创造条件，帮助企业解决研发生产中的困难和问题，服务企业创新发展、做大做强。

盛隆电气集团副董事长、创业一公司总裁谢清伦发言

尊敬的周先旺副省长、尊敬的各位领导：

非常难得给省长汇报工作，刚才董事长给省长介绍了第一代创业和第四代创业老板们的经历。实际上，每次听了我都有不同感受。我觉得我是盛隆成长的一个缩影。今天我简单介绍一下自己的经历。

我是第一批参加公司创业活动的。当时，董事长提出了当创业老板的想法，我是首批响应这个活动的，而且做了几十年。2003年，在华中开董事会时，提出了培养30个百万富翁的目标；2008年、2009年，提出培养100个创业团队的计划。现在"四百战略"吸引、吸纳和培养了具有国际视野的创业家。这个阶段我们一直在做这个事情。

盛隆电气集团副董事长、创业一公司总裁谢清伦发言

在盛隆，董事长是我的老师，企业文化吸引了我们。很荣幸，我在高校开始学习，接触到大家，特别是武汉大学的校友都非常好。参加校友会，通过社会上的影响，我发现盛隆文化的先进性、群体老板的声名非常旺，我们乐此不疲，将坚持做下去。

前段时间哈佛大学校长说："教育的目标是确保学生能辨别'有人在胡说八道'"。还有，我们北大光华管理学院的院长也讲了"定义美好的能力和建设美好的愿力"。我想无论在高校也好，在企业也罢，我们展示的是一种建设美好生活的愿景。

盛隆文化、群体老板在理论上有一种很高的定位。前一段时间，创业导师走进西安交大，李平18岁跟了我，是我培养的，现在独立成立了公司，开发西安市场。她走进西安交大做演讲，演讲的效果很好，演讲内容包含她培养团队，在短时间让年轻人致富的历程，近500人听了演讲，包括本科生、硕士生、博士生。在互动环节，我们讲了四点：盛隆有年轻人依靠自己能力创造财富的平台；盛隆有让年轻人成长、成功和成才的平台；盛隆电气在行业有改变用户的东西，推动了整个行业的进步；在西安交大我们求贤若渴。

我们现在要迈向国际，这个品牌的影响力与我们的目标还有些差距，所以我们求贤若渴，我们希望更多的年轻人加入盛隆，中国的智能电网要像总理推行高铁技术那样，走向世界。

在盛隆有成功标准：第一，对国家有贡献；第二，对他人有帮助；第三，有享受物质和荣誉的资源，荣誉和付出相匹配。

我自己今天想说一句话，我很乐意继续做这个群体老板，现在培养一代、二代、三代、四代老板，也许将来培养五代、六代，未来培养100个团队，一个团队都有一个亿的规模。我很享受这样的过程。

盛隆电气集团创业三公司总裁周明旺发言

尊敬的周先旺副省长、尊敬的各位领导：

周省长来了，我倍感高兴，周省长肯定会记住我的名字。

创业三公司团队现有600人，平均年龄34岁，本科及以上学历的有220人；公司下设武汉创业公司、重庆分公司、宜昌分公司、成都分公司、第三工厂、企划宣传工作部、"四百战略"工作部、新能源事业部、技术部、商务部、采购部、人事部、行政部、财务部。

2003年成立的武汉创业公司，下设22个市场部。2008年成立的重庆公司，下设16个市场部；2015年成立宜昌公司；2016年成立成都公司。

盛隆电气集团创业三公司总裁周明旺发言

"四百战略"工作部的主要工作是对接文华学院/武汉职业技术学院，为创业三公司储备人才，同时也是为在校大学生提供创业平台。执行与四川晟嘉电气的战略合作、开拓四川市场。

新能源事业部，主要任务是承接以光伏发电为主导的新能源项目，我们今年实现了1.8亿元人民币的有效订单，全年预计能实现2.5亿元的产值。

三公司总订单今年已超过6亿元，全年能实现8亿元产值。

党的十九大胜利召开了，习近平总书记的报告让我们深受鼓舞，我们集团的同创共赢的发展理念，与政府的倡导（大众创业、万众创新，武汉留住百万大学生工程）高度契合，我们信心百倍。我们群体老板一定与党中央、省委省政府、集团党委保持高度一致，用勤劳的双手，为湖北经济发展添砖加瓦，奉献社会，报效祖国。我计划未来五到十年，创业三公司员工将达到一万人，实现产值一百亿。

谢谢周省长，谢谢各位领导！

周明旺刚开始发言，周先旺副省长就问周明旺："现在有什么困难？"周明旺答："没什么困难。"谢元德董事长说："周总，你还没听明白，周省长是来支持、帮助我们的，是来帮助我们解决问题和困难的。你哪儿没有困难呢？你赶紧好好想一下有什么困难，你下面的发言什么都不用说了。"

盛隆电气集团北京创业二公司总裁李洪英发言

尊敬的周先旺副省长、尊敬的各位领导：

今天非常高兴作为群体老板代表参加座谈。先允许我用3~4分钟的时间做一个个人经历总结。我就是在什么都没有的时候，遇见了谢清伦总裁、遇见了谢董事长、遇见了盛隆，这是我人生最大的幸运。

然后，我用了六年的时间，从毕业生到助理到总经理，又用六年的时间到公司总裁，实现了初步创业的成功。这就是群体老板、盛隆大创业平台和盛隆文化对我

盛隆电气集团北京创业二公司总裁李洪英发言

的熏陶和影响,所以我在这里既代表我自己——已经成功的老板,也代表更多走在成功路上的创业青年说:"我认可盛隆的群体老板制。"这也是董事长非常提倡的,他给所有有理想、有抱负的青年,给我们最普通的人一个创业成功的机会,在我看来,这是非常了不起的。

我经常对我的团队说:"你想从盛隆得到什么?你又能为盛隆做些什么?"就像当初的我一样,我需要这样一份工作,这工作多苦、多难都没关系,只要这个工作通过我自己的努力能够得到我梦想的东西就可以了。盛隆就是这样一个帮你实现梦想的平台。在盛隆,不问出身不问资历,只问前程。只要你肯努力,只要你有梦想、有抱负,那么一切都皆有可能。正是因为这样,有理想、有抱负的青年纷纷走进来。而在这里,当你取得成绩,盛隆的分配机制会把大头给你,给你莫高的荣誉,也支持你、认可你，从平台上让你当老板，让你带团队，一切就都有了。

首先，盛隆对我最大的价值，不仅仅让我拥有了梦想中的美好生活，带给我的更多的是一种改变，让我从一个没有太大抱负和理想的人变得更加有抱负和理想，有了一项毕生追求的事业；让我敢于去做，实现我的梦想，让更多的人需要我。所以在我眼里，盛隆的群体老板制就是给了我们最普通的人一个机会。

其次，盛隆文化是独特的，也是有魔力的。我经常告诉我的客户，盛隆文化不是口号，也不是形式，是一代代的盛隆人经过了近40年的艰苦奋斗实践出来的真知。它指引了我们所有的盛隆人，更改变着我们。它已深入我们的骨髓，也融入到了我们的血液中。所以我经常对客户说："我们是电力行业的专家，我们能够提供成套的电力解决方案。我们不仅仅简单地卖产品，我们产品里面含有盛隆文化。"所以这十几年来，盛隆文化对我的影响是它让我的世界观、价值观更正确，让我更有梦想、更有追求，这是我真正最大的改变。这是盛隆文化的魔力。

再次是我自己总结的一个盛隆说法。在盛隆，跟着走就可以。现在是一个大众创业、万众创新的时代，盛隆是一个创业的平台。在盛隆，创业是比较独特的、比较幸福的，因为我们不论是创业个人还是创业团队，从来不用为我们的创业产品、创业思维、创业商业模式，甚至创业资金而烦恼。因为这里有非常完善的创业平台，有很好的创业导师，有科学的分配机制，有强大的盛隆文化，更有最智慧的领路人和引导者——谢董事长。

其实，很多人也问过我，说你们这种模式，老板培养了你们，就不怕你们单飞了吗？我是打都打不走的人。这里有这么多有智慧的人，我为什么还要单飞？多操心啊！在盛隆，跟着走就可以。

最后还有一点，盛隆电气从1979年开始，就具备了对群体老板制的制度自信。从根本上我们是自信的，能比较准确和提前地踩到这个时代的节拍。正因为我们从创办之初就提出了"为四化建设出力，为人民造福流汗，为国分忧为民解愁"的宗旨，不忘初心，时刻思考年轻人需要什么，大家需要什么，国家需要什么。正因为这样，我们公司才打造出独一无二的群体老板制、最好的创业平台。习总书记也讲了,"时代是思想之母,实践是理论之源。"我相信,在谢总的英明领导下,在政府的关爱和关心下,我们始终坚信盛隆伦理,用盛隆思想作为指导,在盛隆这个平台上,我们会实现一个更灿烂的明天,那么我们的中国梦、盛隆梦、洪英梦,都可能实现,谢谢大家!

东湖高新区管委会总工程师冯立发言

我们尽力解决一些问题,但是有时候也是能力达不到,也希望谢董事长包涵。关于盛隆这个企业的文化和企业的机制,我觉得确实是值得去推广的。我们的个别

东湖高新区管委会总工程师冯立发言

民营企业现在出现了唯利是图的现象，真正有情怀、有正确价值观的企业还是太少。我们说百年企业，其实它就是一个文化的传承，一个价值观的传承，并不是说产品的传承，产品是一定会变化的，但是价值观可以永存。就像我们自己的传统文化一代代传承过来一样，这是你改不掉的，这是在血脉里的东西，所以我觉得这个应该是我们做企业应该有的。我们以前讲这种东西的企业特别少，大家都是哪里赚钱就往哪里走，但是开发区能有像这样的一个企业，我觉得还是很了不起的。

我们会做好服务。

李高产博士发言

2012年，当时看到东湖高新区的一个内刊《今日光谷》，里面有篇文章谈到盛

李高产博士发言

隆。其中有一句话让我记忆深刻，"立人己立，达人己达"。盛隆正是在用这种哲学管理企业。我是学经济的，亚当·斯密《道德情操论》一书中，讲的正是人只有利他才能更好地利己。这个企业引起了我很大的兴趣，于是便有了采访这家企业的冲动。

之后，我就与时任高新区宣传部的副部长曾玉梅联系（曾玉梅曾经是我的同事），然后对接到盛隆这边，向谢总采访、学习。接触之后，我对盛隆的群体老板制非常认同。当时，中央还没有提出"大众创业、万众创新"，所以谢总的理念还是走在时代前头的。回过头来看，我想谈谈对谢总的一些认识。

第一，我觉得他既有救世愿望、社会情怀，还有国际视野。救世愿望是说他总心里想着别人，总想帮助别人成功。社会情怀是说谢总他心里总装着大爱，总想让这个社会变得更美好。国际视野是说他总能站在世界范围内看待自己的企业在行业中的位置，以及在国内和国际上的地位，不膨胀自己也不压缩自己。

第二，我觉得他是一个有道德的企业家。我们经常讲道德，其实对道德到底是什么并不是太清楚。在我看来，道是方法和规律，德是分享。也就是说自己富了还能带动大家一起致富，就是有道德的企业家。这也是谢总一直讲的"立人己立，达人己达"。其实，这也是孔子《论语》里讲的一句话："己欲立而立人，己欲达而达人"。我觉得，谢总是把中国的传统文化在企业中进行了现代化的实践和应用。

我本科是学管理的，一直学的都是西方管理学，经过这么多年的工作和实践，我发现中国的管理智慧和哲学也是很先进的，只不过我们没有把它发扬出来。刚才谢总介绍"有遗爱有遗德在民的人，其实就是神"。我非常认同这句话，因为我们都知道，日本的松下幸之助，就是被誉为"商业之神"，这有异曲同工之妙。

第三，中国正处于从追赶到追回的阶段，我觉得谢总的国际视野是从追赶到追回的角度来讲的。近代以来，中国经济曾落后于西方发达国家，所以一直都在追赶别的国家。现在到了一个追回的阶段了，我们现在使用的手机是华为，不再认为可口可乐和肯德基是好的食品，也不再认为西方的东西就是最先进的，包括盛隆的智能柜已经领先于世界500强公司。中国人越来越有自信，不管是道路自信、文化自信、理论自信，还是制度自信，甚至企业经营文化的自信，并开始不断地把中国文化的哲学、管理的哲学和经济的哲学慢慢地运用到自身上，这其中也包括华为的管理，都有复兴中国文化的一些东西。当然，盛隆做的比较突出，就是把中国的传统文化在商业上得到应用和体现，这在国内也是很少有的，就是用传统哲学来管理企业。

第四，是关于"人性化、力量大、持久性"，这个看起来可能像20世纪五六十年代时候的标语，但实际上非常有内在逻辑。首先，通人性，因为你只有通人性，满足别人的需求，甚至创造条件去满足别人的需求，别人才会跟着你干。这是一种人本管理方式。其次，你满足了别人，别人愿意跟着你，所以人多力量大，企业发展就有多个发动机，而不仅仅谢总一个"发动机"。所以，谢总常说他不用操心企业的发展，有很多人在替他操心。最后，持久性，因为力量大，大家都有动力去做，所以企业发展才能持久。

这是谢总跟我们分享的几个观点。其实，按照我的理解，就是我们的方向和目标是对的，有"立人己立，达人己达"这样一种救世愿望，一种社会抱负，一种社会情怀。这是普遍真理，所以可以跨越时空，几千年前《论语》里孔子的思想一直到现在仍然在起作用，说明"你帮助别人成功自己就能成功，帮助别人发达自己就能发达"是可以跨越时空的。

另外，方法也是对的，群体老板体制也是符合中国传统文化的，中国有句话"财散人聚，财聚人散"。实际上，用现在时髦的词来说，它就是一种分享经济。我认为，这个群体老板制就是中国传统文化的一种体现。说到机制，盛隆整个公司都弥漫着一种信任的文化和帮助的机制。

此外，这种信任文化，还有一个故事——米兰大教堂的故事。据谢总讲，米兰大教堂历时五个世纪才建成，后人相信前人的设计图是正确的，前人也相信后人一定能按照这个设计图建下去，这体现的是一种信任文化和信任的传递。看上去，它是一座建筑，实际上更是一种文化载体。整个公司还有一种以帮助别人成功为快乐的文化。这种帮助同事，帮助员工的文化，又传送到企业外部，成为了帮助客户，帮助供应商，帮助一切与企业发展有相关利益的人。

总之，方向对了，方法对了，条件和机制也健全了，企业发展就是自然而然的了，我觉得方向、方法和条件这三个因素构成了整个盛隆的发展根基。

1.6　省委书记指示建"老板工厂"
时任湖北省委书记李鸿忠在座谈会上对盛隆大学培养老板给予充分肯定

2015年4月15日,时任湖北省委书记李鸿忠在东湖高新区调研高端装备制造业发展情况。在随后召开的座谈会上,李书记认真听取了盛隆电气的汇报,对盛隆的发展给予表扬,并就公司目前的规模、盛隆大学的性质、培养老板的用途等问题提问。李书记对盛隆大学培养老板产生了浓厚的兴趣。他表示,企业大多不缺少技术人才和一般人才,而是很需要领军人物。然后,他明确指示,政府可与盛隆合作,建立一个"老板工厂",一年固定给武汉培养500个大小老板。

参加座谈会的领导还有湖北省委常委、武汉市委书记阮成发,湖北省委常委、湖北省委秘书长傅德辉,湖北省副省长许克振,武汉市委副书记、市长万勇,湖北省委副秘书长、湖北省委政研室(省改革办)主任赵凌云,湖北省政府副秘书长陈新武,湖北省发改委主任李乐成,湖北省经信委主任欧阳万坤,湖北省科技厅党组书记、副厅长王东风,湖北省财政厅厅长王文童,湖北省商务厅厅长卢焱群,湖北省国防科工办副主任程锦华,武汉市委常委、东湖高新区党工委书记胡立山,武汉市东湖高新区管委会主任张文彤等。

李鸿忠书记与谢洪潮总裁对话摘选

鸿忠书记:你们现在培养的老板是自用呢,还是作为产品向社会提供?

谢洪潮:我们的产品?

鸿忠书记:不是,我是比喻。你们不是培养这个老板吗?这个老板是自用呢?

还是向社会提供呢?

谢洪潮:自用。

鸿忠书记:都是自用?

谢洪潮:比如说我们的研发机制,每一个产品研发组实际上就是一个创业公司。当然他可以充分利用公司这样的用户群、这样的市场、这样的资金、这样的技术,所以大大地提高了他成功的效率。如果他创业成功了,他就是一个子公司,就是这种广泛的子公司的发展机制。我们这样的一种创业体制去年在新华社得到推广,把我们作为民营企业的样本。这是我们最独特的地方。其实,我们在政府提出创业创新之前,我们公司不仅仅是一个企业,更像是一个创业平台。

鸿忠书记:盛隆大学是民办的大学呢,还是……

谢元德:我们自己提出的一个概念,我们自己的定位,我们的定位不光是企业,还是大学。我们给工厂定位是建设中国电气开关行业现代化的第一车间,打造盛隆大学培养现代企业人才第一课堂。

李鸿忠书记明确指示政府与盛隆合作建立"老板工厂"

李鸿忠书记:涉及创业的问题,我觉得盛隆这个模式,如果我们愿意合作,可以和政府合作。在推动创业方面,给我们组织一个产品,就是老板。我们现在很需要老板,很需要领军人才。技术人才不少,一般人才也不少,但是我们需要领军人才。我们合作培养,建立一个"老板工厂",一年固定给武汉培养500个大小老板。这都是很好的模式,我们和企业合作,我们会做好服务。

1.7　企业所有制和管理形式的探索
在"枣开"武汉厂推行"定岗定薪，竞争上岗"全员表决大会上的讲话
谢元德　1997年12月16日

今天，我想讲以下两个问题，与大家共同探讨。因为时间比较匆忙，没有很好地准备和很好地推敲，有错的地方，请大家提出来，以便改正。

一、"枣开"武汉厂属于谁？

二、"枣开"武汉厂下一步该怎么做？

盛隆电气（枣开武汉厂）是在东湖高新区关东工业园第一家投产的企业

一、"枣开"武汉厂属于谁

"枣开"武汉厂属于谁呢？

我可以肯定地说，从公司法来说是属于股东的，而实质上是属于本厂全体员工所有的。

为什么这样说呢？因为企业所有权与一般物品的所有权不同，一般物品的所有权体现得很明显，是谁的很清楚，谁想怎么办就能够怎么办，如家用电器等。企业所有权很抽象，体现得就不是那么明显了。不是哪个人想怎么办就能够怎么办，这个问题相当复杂，这个问题也相当大，这个问题大到是人类一直在讨论、探索的大课题，也是我国改革中很难的一个问题，是全世界到目前为止尚未能很好解决的问题。

为什么说我们这个厂从法律上讲属于股东呢？因为我们是根据公司法建立了现代企业制度，所以说从法律的角度就属于股东。

为什么又说这个企业实质上是属于全体员工的呢？这种说法不是有矛盾吗？没有。因为前面已讲过，企业所有制很复杂，要从几个方面来看这个问题，否则就不全面、不正确。说这个企业实质上是全体员工的是从受益的角度说的，要看这个企业是谁在受益；企业的好坏对谁的影响大？谁在操作它？名誉上的所有是虚的，从中得到的利益是实的。

今天讨论这个问题，要想讲清楚这个问题，我认为这既是一个经济问题，又是一个政治问题。为什么这样说呢？经济问题是个利益问题。政治问题是关系到我们大家在企业中的地位的问题。也就是说，我们大家都是打工仔，还是企业的主人？我们人与人之间是平等的还是不平等？是老板与雇员的关系，还是同志与同志之间的关系？

我们大家如何看这个问题，不是听我说是什么关系就是什么关系，这个问题要从公司的18年历史来看。社会上总有人说这个企业是我的，实际上这个企业是我们的，从法律上讲是这样的，从受益的角度来讲也是这样。也就是无论从经济上，还是从政治上看，都说明全体员工是企业的主人。我对企业的贡献可以说是比较大的，但是受益不一定是最多的。从操作上来讲，我对企业的决策是有一定的原则性和约束性的，不是什么都能说了算数。凡是我说了算数的都是企业的需要，是大多数盛隆人的利益的需要，是我对企业、对盛隆人负责。从另外一个方面也可以说我这些话经过实践，证明是有道理、有价值的。得到大家的认同，得到大家的支持，时间一长得到大家的信任和尊重。由于大家对我的信任和尊重，反作用力又使我有了新的压力和动力，更使我感到，我说话要谨慎，三思而后言。对大家有利的话要多说，对大家有利的事要多做，对大家有利的话不光要说，而且还要说了算数。

再从另一个角度来看。18年来，我没有在哪一个场所，对哪一个人表现出我是"老板"，你是我的"雇员"。18年来，我认为我与每一个同志都是平等的。我对待企业的每一个人都像对待兄弟姐妹一般，对待年轻人像对待自己的儿女一样。我这个说法是从利益角度上讲的，也就是说，我不是想从大家身上榨取什么，而是总想为大家做点什么。从我的所得上看，经济上只得到我所创造的那一份。从工作条件和生活水平上看，我一直很注意自我控制，自我约束，没有过分地追求待遇。条件总的来说基本和大家保持了一致，有些差距也没有超过合理界限和工作的必需。

以上说了这么多，也可能有人要问，你个人与这个企业到底是什么关系？企业与其他同志到底又是什么关系？将来又会发生什么变化？

要把这个问题说得比较清楚的话，就要从三个方面来说。一是从法律上说，我是股东，这个企业有我的一份；二是从实质受益方面来说，我是企业的一位领导人，也是实质上的受益者；三是从我对这个厂子的态度来说，我是把这个企业完全看成我自己的家一样。

第二个问题，这个企业与各位的关系。一是从法律上讲，是股东的同志就和我与企业的关系一样；不是股东的暂时有差别。但是，他若明天想变成股东，明天就可以实现，企业就有他的份。二是从受益上来说，只要参与了厂子的经营管理工作和生产，有了成果就是受益者。三是从对厂子的态度来说，我认为都应该把企业看成自己的家，这个厂是我的，是我们的。

不是有很多企业提倡员工爱厂如家吗？是否光口头上提倡就能达到那种效果呢？不是的。正因为如此，所以许多国家都在探讨有效的办法，特别是寻求用一种合乎实际的所有制形式，实现使企业员工爱厂如家的目标。尤其是我们国家近十几年在这个方面下了很大的功夫。

原来认为公有化程度越高越先进，所以出现了理发店也是全民所有制的现象。几十年的实践证明，不是公有化程度越高，就越能发展生产力，就越能调动群众积极性。那么公有制不行，是不是私有制行呢？其实世界上搞私有制的国家也很多，有些国家搞得不错，但还是有很多国家搞的不行。近十几年国家做了很多种形式的研究、实验，这次党的十五大把这个问题给初步解决了。就是按照邓小平理论："三个有利于"，哪种形式最能调动大家的积极性，也可以说哪种形式能让企业员工爱厂如家，尽自己最大的努力去建设它，能出好产品、有效益，对国家有贡献，大家干得开心，哪种形式就先进，国家就提倡哪种形式。

我们这个企业的所有制，至少可以说在我国目前是先进，这一点在党的十五大报告中可以得到证明。党的十五大报告对股份合作制给予了高度评价。称之为"改革中的新事物"。我们企业的所有制，就是这种股份合作制。那么，其优越性何在呢？简单一点说，就是股份合作制既承认钱的作用，即"股份"的作用，又承认人的作用，即"合作"的作用，就是说这个企业不光是股东说了算，必须有这个企业的员工一起说了算。就是人加钱合在一起才能算，这就是改革中我们正在探索的有中国特色的社会主义。前面为什么说我们的所有制是当今世界先进水平呢？就是它既保留了社会主义制度的精华，又吸纳了资本主义的精华，所以说在当今社会就是先进的。

当然，目前并不是尽善尽美，但是，只要我们按照这种思路做下去，经过大家的再努力，我们的企业管理形式，未来一定会达到社会一流水平。

二、"枣开"武汉厂下一步该怎么做

前面第一个问题讲了我们厂的性质和管理形式是比较先进的。我们厂属于同行业最具竞争力的厂,那么下一步我们该怎么做呢?

这个问题我想从人性方面说起。我国从古代对人的研究就有两种说法,一种学派说"人之初,性本善",另一种学派说"人之初,性本恶"。性善派解释社会出现恶人,是因为受到环境的影响而变恶。性恶派解释社会上还是好人多的现象也是说受到环境影响而变善。这两种说法谁更科学我们不去管它,但是两种学说有一个共同点,就是说人的先天性并不十分重要,后天性比先天性更重要,大家都知道"孟母三迁"这个故事,说的是"近墨者黑,近朱者赤"的道理。总而言之,创造一个良好环境非常重要。这是我国对人研究得出的结论。

再说外国人对人的研究。美国管理学家和心理学家从管理的角度研究人,也有两种说法,一种说法是人天生勤奋,另一种说法是人天生懒惰。由于对人的看法完全不同,所以出现了两种完全不同的管理理论。第一种办法从理论上讲叫 X 理论,第二种办法叫 Y 理论。直到 20 世纪 70 年代又有人提出:人的本身由于受各种生理因素的影响是非常复杂的,在不同的情况下,人们会有不同的需要和动机。有时候,即使在相同的情况下,对于同一事物,也会表现出不同的需要和感情。因此,X 理论并非一无是处,Y 理论也并非万能,应该针对不同情况,选择和交替使用 X 理论和 Y 理论。后来日本人把这种理论称之为 Z 理论。这种理论的实质是提倡将个人、组织、工作三者之间进行最佳配合。

古今中外对人的研究结果表明,一个企业要使个人的天资、才能得到充分发挥不是一件容易事,孙中山说过:"人能尽其才则百事兴。"企业要发达兴旺,就要使每位员工"人能尽其才,才能尽其用"。人是最高级的、也是最复杂的动物,现在科学已经这么发达,但怎么也没有发明出比人更先进的东西,现在什么机器人、机器手比比皆是,但无论什么手,怎么也比不上人的手那么灵活。所以如果在人群中,在一个组织中都能做到人尽其才,也就是说在一个组织中人人都能发挥天资、才智不是很容易的事。中国是这样,外国也是这样。但是虽然不容易,还是有办法,如中国的理论要有一个良好的环境，外国的理论要有一个科学的办法。如果我们想把企业建设得更好，就必须做到以下三点。

第一，通过定岗、定薪、竞争上岗，建立起良好的企业环境，制定出科学的管理制度，创造出公开、公平、公正的竞争机制，形成良好循环的竞争气氛。逐步使企业的形态和个人的需求达到最佳配合，激发出全员强烈的胜任动机，使每个人都能够有机会和条件发挥各自的才能。实现孙中山的话："人能尽其才则百事兴"。

第二，每个同志都要树立"公利至上，先公后私，私在其中"的人生观。

我很小的时候听我妈给我讲过一个故事。大概意思是，从前，有一个人名叫范曾。他为人勤劳、善良，热心帮助别人。乡邻们都很喜欢他，也爱找他帮忙。别人找他帮忙，他从不拒绝，总是认真负责把别人的事情做好。他经常帮别人，结果自己的田地荒了，家里空了，没有吃的，也没有穿的，只有去要饭。冬天来了，没有棉衣过冬怎么办？就讨米。讨米凑够了一升就可以去卖，卖了米凑钱做棉衣。可是，每当他凑够一升米准备第二天去街上卖时，总会少了两合（十合为一升）。连续多次都是这样。他感到很奇怪，也不服气。他决定晚上不睡觉守着看看究竟是怎么回事。这一天到了半夜，果然看见一只白色老鼠来偷吃米。他纵身上前就把这只老鼠抓住了。奇怪的是，这只老鼠竟然说起话来："你命里只有八合米，走遍天下不满升。"他问："为什么？"老鼠说："你要去很远的地方'问天'"。范曾想，不管路有多远，也要跟老天问清楚，便出发了。一天，他正走着，碰到一个员外。员外问他到哪里去，他就如实告诉了员外。员外便请他帮忙问一下，他女儿18岁了怎么还不会说话，他答应了。走着走着，范曾走到了一条河边。一个鲤鱼精问范曾到哪里去，他说到远方问天。鲤鱼精也请他帮忙问一下，它已经修炼了一千年怎么还不能上天，他也答应了。他继续向前走，走到一所道观，碰着一个道士，问范曾到哪里去。范曾又如实相告。道士请他帮忙问一下，自己修炼了一千多年怎么还成不了仙，他又答应了。他走呀，走呀，不知道走了多远路程，经历了千辛万苦，终于到达了目的地。抬头一看，崖上刻着几个大字"问三不问四"。意思是，一个人最多只能问三件事情。范曾一向以别人的事情为重，他只问了别人委托的三件事，自己的问题提也没提就回来了。返回到道观,他告诉道士,上天说你的道观左边一缸金,右边一缸银,挖出来了你就可以成仙了。道士忙叫范曾帮忙一起挖,他就帮道士把金银挖出来了。接着,他又走到了河边,告诉鲤鱼精:"上天说你口里有一颗避风珠,抠出来就能升天了。"鲤鱼精说:"那你快快帮我抠出来吧。"他就帮它抠出来了。他继续往回走,走到员外家不远时,员外的女儿冲着他喊:"范曾回来了,范曾回来了。"员外问范曾帮忙问的结果。范曾说:"你女儿见到她的丈夫就会说话了。"这样一来,范曾意外地得到了金银、珠宝和媳妇。他千辛万苦去见老天,只为别人解难,自己的事提也没提一句,可是他的问题却全解决了。这个民间流传的故事,反映了一个朴素但又深刻的道理:多做善事,乐于助人,最终自己也不会吃亏,帮别人实际就是帮自己。这个故事对我的思想观念的形成,起到很大的影响作用。就拿为人处世来说吧,有人认为人与人之间的关系只是一种相互利用的关系,也有人认为人与人之间是一种相互帮助的关系。这两种说法在做事中表现是不明显的,但是在各自的思想里是清楚的。如果大家都按照人与人之间只是一种相互利用的关系行事,那么这个社会就很可怕;反之,如果助人为乐相互帮助成为全社会的风气,那么这个社会就会更加美好。对社会是如此,对一个企业,更是这样。我个人的思想观念是建立在人与人之间是相互帮助的基础上,所以在盛隆公司开始就出现了"四为"的企业宗旨(即为四化建设,为人民造福,为国家分忧,为群众解愁)。我们这"四为"做好了,这个企业也就成功了。如果下一步"四为"做得更好,我们的企业肯定会有更大的发展。十年前,我曾经把这"四为"总结成我们公司的经营之道。古人说得好:"得道者多助,失道者寡助。"早晚只为自己打算而能够成就大业的人,从古到今就没有听说过。所以说,我们应该牢牢树立先把"枣开"武汉厂建设好之后,大家才能在其中受益的思想观念。

第三,每个同志都要培养勤奋精神。对于"勤奋"二字,古今中外有大成就的名人都留下了名言。如唐朝大文学家韩愈在他的文章里写过,"业精于勤荒于嬉,行成与思毁于随"。郭沫若说过:"形成天才的决定因素是勤奋"。鲁迅也说过:"哪里有天才,我只是把别人喝咖啡的工夫都用在工作上了。"伟大的发明家爱迪生说:"天才是百分之一的灵感加百分之九十九的汗水。"日本儿童早期教育家木村久一也说过:

"所谓天才人物指的就是具有毅力的人，勤奋的人，入迷的人和忘我的人。"这些名人说的主要都是勤奋出天才，勤奋出成果，他们的成功经验主要是勤奋。

我深信这些名言，我也按照名人所指引的路在走，虽然我没有取得大成就，但已品尝到小成功的喜悦。我这样一个曾经是生产队长都不屑一顾的低微者，现在能与省委书记同坐一席，可以自由地发表自己的见解和意见，并能得到尊重和赞赏；由王城镇一名普通农民，变为武汉市科技工业园区的盛隆集团公司总经理；由一位在乡村连耕读中学都没有上成的人，变成坐在我国最高学府——北京大学的教室里，听著名教授讲课的行政管理研究生。最值得我高兴的是，走出北大考场，同学们都竖起大拇指连声说："老谢真棒！"我从自己切身经历中体会到，有一分耕耘，才有一分收获。成功之路并无投机取巧的捷径。既要方向正确，又要勤奋刻苦，不懈奋斗努力。

希望大家一定要培养勤奋精神，勤奋是个人的需要，勤奋是企业的需要，勤奋也是社会的需要。勤奋出质量，勤奋出效益，勤奋出成果，勤奋还出快乐。

有人可能会这样认为："你是遇到改革开放的好时机，我们现在再怎么勤奋也赶不上你呀。"此话差矣，现代社会变化非常之快。党的十五大报告中指出，现代社会的变化是前人难以想象的。比如我们创办公司的那个年代，国家提的口号是"实现四个现代化"，但如果现在还只说"实现四个现代化"，那就很不够了。再从科技发展来看，有关资料表明，近 50 年发展的新科技占整个科学技术的 90%。这个 90% 里的 80% 又是近十年发展的，将来肯定会发展得更快。由于科学技术的发展，将会改变整个社会的面貌，计算机的出现已经说明了这一点。随着科技的发展和社会的变化，必然会给勤奋的人带来发展机会。发展机会是每个时期都会有的，但机会只属于既有雄心壮志又埋头苦干的有心人。

再从盛隆公司对人才的需求来讲。盛隆公司最大的失误是办砖厂。其原因主要是还没有合格的厂长就办厂。到目前最大的成功是办枣开武汉厂，成功的经验主要是先有合格的厂长后办厂，所以成功。大家不要担心本事大了无用武之地。我们出现了一个合格厂长就能办一个厂，出现了十个厂长就可以办十个厂，出现了一百个厂长也就能够办一百个厂，出一千个厂长也自然就能办起一千个厂。这不是天方夜谭，ABB 公司现在就有 1300 家子公司。

这里面有个敢想敢干的问题，有一个目标高低的问题，拿破仑有句名言："不想当将军的士兵，不是好士兵"。人就要敢想敢干，你想都不敢想那就别谈干了。既没有想又没有干，那么从哪里来成果？盛隆集团从小到大，从弱到强，本身也是既敢想又敢干，一步步发展起来的。我们的产品质量与过去相比已经有了很大的提高，但是如果我们不把标准再提高，那么我们厂能够成为同行业中最具有竞争力的厂吗？我们当初在王城办厂，后来在枣阳办厂，现在在武汉办厂，将来准备到北京去办厂。这一切来自我们一个比一个高的目标，这一切来自我们脚踏实地地干，这一切来自我们的勤奋。所以希望大家要培养勤奋精神。

以上就"枣开"武汉厂下一步的工作，讲了三个方面，即建立良好的企业环境，树立正确的人生观，发扬勤奋实干的精神。这三个方面如果再加以归纳，可以概括为一个企业的文化或企业精神的问题。企业要上质量、上档次，必须要有一个好的企业文化和企业精神。它包括我们的思想信仰、人生追求和精神境界。现代管理科学认为，社会越发展，它的竞争也就越来越表现为科学、文化的竞争。物质可以变精神，精神也能变物质。企业环境、个人追求和勤奋精神，看起来是虚的，但是可以变为工作的动力、创造的活力，变为好的质量、好的服务、好的效益；变为企业新的目标、新的面貌。我们要像重视设备、工艺、原材料、营销、经济效益等"硬件"那样，重视企业文化、企业精神这些"软件"的开发，努力营造一个团结、协调、奋斗、创造温馨美好的精神家园。

所以，我认为"枣开"武汉厂下一步就应该按照以上三个方面走下去，这样做下去。我希望大家这样走下去、做下去，我也要求大家一定要这样走下去，这样做下去。

倘若大家按照这三个方面走下去，做下去，"枣开"武汉厂不要多长时间，一定会是大家干事业最理想的天地，生活最美好的乐园。

谢谢大家！

第二章
两个第一

2.1 刘道玉校长：希望盛创院成为全国人才的孵化器

——刘道玉校长在盛创院❶开学典礼上的讲话

活动时间：2016 年 6 月 18 日

活动地点：武汉盛创院

活动内容：盛隆大学武汉创业学院开学典礼

盛隆大学武汉创业学院开学典礼

---

❶ 盛创院即盛隆大学创业学院的简称。

各位来宾，各位老师，各位学员：

受盛隆电气集团董事长的委托，我现在正式宣布：盛隆大学武汉创业学院正式开学！

本来一所学校的开学典礼和毕业典礼就像春夏秋冬一样周而复始，没有什么新奇的，但是我觉得，盛隆大学武汉创业学院的开学非同寻常。它象征着盛隆电气集团事业的新发展，象征着一所与众不同的新型教育机构的诞生，象征着一批有为的青年将在盛隆大学武汉创业学院成为成功的企业家。20年以前，我曾经向东湖新技术开发区建议，建立一所以孵化人才为重点的武汉创新创业学院，这个计划未被采纳，但我今天在盛隆大学武汉创业学院看到了希望！希望武汉创业学院成为武汉地区乃至全国"双创"人才的"孵化器"，培养出盛隆电气所需要的，武汉地区所需要的，乃至全国所需要的创造性人才、成功的企业家。谢谢！

刘道玉，1933年11月生，湖北省枣阳市人，著名教育家、化学家、社会活动家。1977年，出任国家教育部党组成员兼高教司司长，参与策划了恢复全国统一高考的倡议，还亲自主持了一系列的重要会议，为全国高等教育拨乱反正做出了重要的贡献。1981年被任命为武汉大学第19任校长，被媒体宣传为新中国培养的第一位大学校长，也是全国重点大学最年轻的校长，被誉为"武汉大学的蔡元培"。

刘道玉先生致辞

2.2　少一点虚荣心　多一点求实精神
——谢元德董事长在盛创院开学典礼上的即兴演讲

活动时间：2016 年 6 月 18 日

活动地点：武汉盛创院

活动内容：盛隆大学武汉创业学院开学典礼

    这次开学典礼本来没有安排我讲话，但是活动进行到这里，我跟大家一样很兴奋，还是想跟大家说几句。今天早上我们去接刘校长，在车上，在大会开始之前，刘校长就给我们上了课，很受启发，我想跟大家一起分享。在交谈中，刘校长认为，现在的大学，应该少一点虚荣心，多一点求实精神。就这两句话，给我很大的触动。我没有想大学虚不虚，实不实，这不是我想的事。我就自然联想到我们这个公司，我们这个大学，是不是虚荣，是不是求实。我思考了一下，感到我们所做的符合刘校长所说的这两点。今天这个开学典礼也是按照这两点做的。这次开学典礼，没有让媒体来，原来安排添加的一些内容最后也全部取消。所以今天单纯是一个盛隆大学武汉创业学院的开学典礼，重头戏是听刘校长讲课。我们没有刻意的虚荣心。

    再一个，今天早晨，我们在场的很多学院领导，都是一大早在刘校长的门前等着，为什么这么做？——尊师。不管我们是什么样的学校，首先得尊师。我们凭什么能请到刘校长这么著名的教育家出任我们的校长？刘校长了解我们，我们没有太多的虚荣心，我们一直是比较求实的，靠的就是刘校长主张的这种精神。

    我们一直得到刘校长的指导、帮助、支持和鼓励。他了解我们，我们不是来炒作的，我们也不是要这个大名人、这个大师来给我们撑门面的。刘校长是很多地方都请不动的，很多很高级的地方请他他都不去。盛隆大学武汉创业学院请他出任校长，他就担任了。我要表达什么意思呢？我们到底要办一个什么样的大学？我们这个大学到底有什么特点？在开学典礼没有开始之前，刘校长首先就给了我们一个明确的指导。虽然不是直接说我们，但让我们更加明确、强化了这样一个理念：这个大学要少一点虚荣心，多一点求实精神。我想这个理念，应该成为我们大学的一个基本的指导思想。

许多人看到"盛隆大学武汉创业学院"会不解，这不是公司吗，怎么搞个大学呢？这种说法可能很普遍，包括我们自己很多人也纳闷，我们明明是一个公司，一个工厂，为什么叫大学？

我们这个建筑，我们这个地方，在武汉市处于非常核心的位置。这是光谷的核心地段。这一带的建设，三年会大变样，成为非常现代化、非常繁华、寸土寸金的黄金商业区。在这么具有商业潜力、商机无限的一个巨型建筑上，我们打了几个教育性招牌——除了东面我们打了一个"盛隆电气集团"外，北面还打了一个"盛隆大学武汉创业学院"，北面的西边又打了一个"盛隆大学众创空间"；另外，还在上面分别写了一句话，即"建设中国电气开关行业现代化的第一车间，打造盛隆大学培养现代企业人才第一课堂"。这是什么意思？就是表明，我们具有不同于一般的特殊定位——我们是公司，是工厂，更是大学。我们是工厂，但绝不仅仅是个单纯的、一般的工厂；我们是大学，又不是一所寻常的、普通的大学。

大学是干什么的？大学是要学习、要提升、要深造、要出人才的地方。我们叫工厂也好，叫大学也好，重点是我们在做什么。我们重视人的教育、培养、造就，重视学习。不管我们叫什么，我们所做的事情就是要能够帮助年轻人成长、成才和成功，这是我们真正要实现的目的。谢谢！

2.3 盛隆电气能为百万江城学子做些什么

活动名称：创业导师高校行——走进武汉大学
活动时间：2017年2月23日
活动地点：武汉大学经管学院报告厅
讲演嘉宾：谢元德董事长

报告活动现场

尊敬的刘校长，尊敬的李书记，各位嘉宾，各位领导，亲爱的同学们，大家下午好。我今天讲的是"盛隆电气能为百万江城学子做些什么"，有三个内容：我的创业体验；两个第一；四百战略。

第一，我的创业体验

2009 年，在我们盛隆电气创办 30 周年的时候，写出来一个《盛隆之歌》。在我们公司有这么一句话，唱《盛隆之歌》的时候，头皮麻不麻？如果头皮麻的话，他成果就大；如果不麻的话，他的成果可能就小一些。这句话是怎么产生的呢？我们公司的王总（王昌宝）有一次对我说："老总，我一唱《盛隆之歌》头皮就发麻。"我说："你这是来电。"现在，越来越多的人说，一唱《盛隆之歌》头皮就发麻。当然不是谁唱都发麻，有的人麻，有的人不麻。这个歌，谁写的并不重要，但它是盛隆人几十年做出来的。歌词中的每句话，盛隆人都有感觉。《盛隆之歌》是我们企业十大文化之一。作为企业文化，它不是学来的，而是在实践中自然而然形成的。这支歌哪一句歌词对某个盛隆人来讲更有感触，那就是这位盛隆人的一句话。

《盛隆之歌》开头一句："五月花开红"，是说我们公司是 1979 年 5 月 13 日成立的。"盛世有盛隆"这句代表国家改革开放的政策。"艰苦奋斗三十载，穿过多少雨和风"，这是我们的一个经历。"真心圆你一个梦，真情帮你去成功"，我们的公司文化，就是一个帮创文化。"盛隆是家园，盛隆是天空，有爱有家更有梦，有苦有乐有成功"，这是广大盛隆人的体验，也是我的体验，这个体验不断地鼓励大家去创业。"诚信攀越百年峰"，这是我们未来靠什么才能够百年不倒，靠"诚信"两个字。怎么才能够发展？就是科学发展，就是"科学发展强盛隆"。"水迢迢，山重重，盛隆沃土出英雄"，我们过去走过的路是很曲折的，将来要走的路仍然还是很曲折的，但是这个曲折的环境也是一片出英雄的沃土。在曲折和挫折当中，能够锻炼人，锻炼人的本事。近期宣传中国工农红军长征比较多，我在想毛主席为什么那么有本事，我的看法就是他的经历太曲折了，遇到的困难太多了。长征那个时期太艰苦、太困难了，所以激发了他的智慧。他没学过军事，却成为大军事家，这是在实践当中磨炼出来的。"豪迈走向大时代，为国为民争先锋"，这是我们公司的宗旨。1979年，公司做了一个牌子，上面写着"为四化建设出力，为人民造福流汗"。我们这个为国为民的宗旨坚持了37年不动摇。"我拼搏，我光荣，众人划桨破浪东，百年辉煌我盛隆"。

我对企业文化的重视，最早是受到松下幸之助所撰写的《经营管理全集》（1992年9月春风文艺出版社出版）一书的启发。这本书是繁体字的，是20世纪80年代末90年代初由中国台湾人翻译出版的。书里有句话，是一个标题："选用看国旗流泪的人"。当然，作为松下电器的创始人松下幸之助，他读书虽然不多，但是他确确实实建立了一个"松下文化"。他很重视中国的文化，他的很多东西都是与中国文化有关的。他的用人标准就是选用看国旗流泪的人，也就是爱国的人。所以这个时候我就更坚定地认为企业文化是很重要的。

2015年年底，在京西宾馆开会。会议上我们讨论未来的路怎么走，到底建立一个什么样的公司，最后我们设计了一个百年工程图。在这个百年工程图里，有个图形是桩基，桩基内有9个字："走正道，办良企，育人才"。这个百年工程图强调了走正道，办良企，育人才，受尊重。

2016年年底至2017年年初，我们在武汉开庆功会。在这次庆功会上，我有一个讲话，主标题是"精心实施百年蓝图，迈向电气智能时代"。最后的结束语有这样一段话："以上讲的三个部分用简单的语言归纳，第一，百年蓝图是什么；第二，百年传承传什么；第三，我们当下怎么做。希望大家要真懂盛隆，千万不要错传盛隆。一定要把握好今天盛隆的大好机遇，团结一致，齐心协力，共同建设一个更加强大，更加美好，受人尊敬的盛隆。"

这就是我几十年的创业体验。《盛隆之歌》中有一句歌词是"有苦有乐有成功"。我们的成功是什么？我们的成功就是有了现在这样一个盛隆电气集团公司。这个公司到现在我仍然是董事长，还是我在领导这个公司。我领导这个公司很轻松、很简单，抓住"三字经"就行了。我的"三字经"就是"正、好、帮"。正，是要求所有的人做人做事正；好，是对别人好，尤其是我们高层管理干部对别人好就行了，就这么简单，这是我几十年的感悟；帮，是帮助别人。这就是我讲的第一点，就是这么一个体验。

第二，两个第一

"两个第一"是我们以育人为本。这"两个第一"有三句话："盛隆电气超常发展的动车双轨；青年学子创业起飞的基础和平台；筑梦、圆梦的梦工场。"

到底"两个第一"是什么呢？就是"建设中国电气开关行业现代化的第一车间，打造盛隆大学培养现代企业人才的第一课堂"。

在我们基本制度文件里有这样一段话："我们要把我们的公司，包括车间，建设

武汉大学经济与管理学院"移动课堂"师生走进盛隆

盛隆十大代表性文化，创业导师手模等

创业导师与盛隆大学创业学院刘道玉校长在开学典礼上与参会代表合影

成真正意义上的盛隆大学,是培养老板的大学,培养董事长的大学。当上总经理相当于获得硕士学位,当上总裁、董事长相当于盛隆大学授予的博士学位。当然,这只是一个比喻。这是一个目标,是一个任务,就是要把工厂、车间作为第一堂课,作为学校来建设,把培养优秀人才和高级人才作为重要职责和重要任务。"这个《盛隆电气集团基本制度文件》是我们公司唯一的一本制度,我们就称它为公司的"宪法"。我们几十年就这么一个小本本,就靠着这个小本本。这里面有十大代表性文化,有三条制度。

我们盛隆大学武汉创业学院设置了七个课点,相应设计了七门课程,想创业的"双创"学子,就在七个课点转一圈感受一下,都会很有帮助。

第一个课点是立达厅,课程是"校训"。人首先要立,要自立、自强,所以我们第一个课点、第一个课程就是要能立起来。怎么才能立得起来呢?要帮人,要树立帮人思想。我们的校训就是"立人己立,达人己达"。

第二个课点是同创厅,课程是"市场空间与方向"。同创厅陈列的是我们自主研发的产品。盛隆电气倡导的就是创——创造、创新,几十年都在创。创业也是创,一直到现在都还在创。再一个是发展方向,如智能配电、智能产品、新能源等。创业怎么创?你没有创新就搞创业,成功率可能低一些。创新与创业密切相关。

第三个课点是盛隆讲堂,课程是"时代潮音"。我们这个讲堂经常要开展各种各样的活动,有各种各样的声音,更要有新的时代到来的声音。

第四个课点是见习实习区,课程是"盛隆工厂大观"。我们的车间里有两条大道:一条是延安路,一条是圆梦路。延安路是什么意思呢?就是走正道;圆梦路就是育人才。在见习实习区里,我们的展牌一面写的是延安路,另一面写的是圆梦路。在圆梦路上,是已经成功的老板带新人;在延安路上,是刚刚进车间的新学员。从延安路走到圆梦路,就是从第一个课点、第二个课点、第三个课点,一直走到第四个课点。

第五个课点是道玉课堂。这是 2016 年 6 月 18 日刘校长亲自为我们的学员授课的地方，授课之后，我们将这个课堂定名为"道玉课堂"。在这个课堂上，刘校长给我们讲了怎样学习，所以我们把课程定为"学习学"。

第六个课点称为老板课堂，课程是"商海弄潮百家谈"。在这里，我们现在的成功老板讲他们的实战经验。

第七个课点是思翔空间。思翔，是"思想"的谐音。翔，也就是飞翔。这个课程定为"成功之门"，走进成功之门，二楼就是咖啡厅、阅览室等，通过学习之后再去思考。

我们七个课点就是以不同的学习方式、不同的学习内容组织大家学习，学习的收获大家都能直接感受到。我们在办学之后把导师们讲授的东西编写成了一本教材，我也看了，认为非常好。因为导师们讲的东西都是实战的经验，一听就能明白，在这个环境下就能鼓励人。过去没有想，是没有这个环境；而在这个环境下，你就要开始想，到底怎么做，你再听一听就明白该怎么做了。当然，最后还是要靠做。

第三，四百战略

什么叫"四百战略"？就是"网通百城、携手百企、链接百校、创建百团。""四百战略"到底做什么？怎么做？当然这个很宽泛。原来，"产、学、研"提了20多年了，"政、产、学、研、用"也有很多年了。"大众创业，万众创新"也是国家战略，跟"政、产、学、研、用"紧密结合，融为一体。我们要做的是什么？是创造，创造智能新市场。我这几十年完全认同这种说法，市场就是创造的。当然，我们不是无边际地创造，也不是局限，我们还是有个方向。我们的方向仍然是三句话的理念：让一度电创造更多的GDP，让智能用电使幸福生活更幸福，让智慧能源使美丽中国更美丽。这是我们"四百战略"的一个方向。我们的"四百战略"与"政、产、学、研、用"，与"大众创业，万众创新"是融会贯通的。

"四百战略"与"双创学子"有什么关系？盛隆电气的"四百战略"，是盛隆电气引领经济新常态,开拓发展新方位的新布局,也是助推"双创学子"走向成功的"快车道",是"双创学子"更好的机遇,更多的选择,更大的舞台,更优越的条件。也就是说,"四百战略"为"双创学子"现在就提供机遇,提供一个大舞台,现在就可以走上一条"快车道"。

星期天有一个活动,就是我们的"四百战略"要发动一次"百团大战"。"百团大战"要选先行领军,要召开先行领军竞选大会。我们要对公司的全体员工、在校大学生、社会青年,公开竞选先行领军的人。选领军人牵头组建一个小团队,到国内外某一个城市做前期市场考察,寻找同行厂家做收购、合资和合作的前期工作;宣传盛隆电气在该城市的投资发展计划,做联络、组织和建设的前期工作。先行领军的参选条件:有理想,有抱负,有目标,有措施。这个要求不是很高,只要你是一个有理想、有抱负的青年,是要去延安路。打一个比喻,盛隆就像过去的延安一样,有理想、有抱负的青年纷纷奔向延安。有理想、有抱负的青年纷纷走进盛隆,盛隆就一定会兴旺发展,我们到底该怎么做?我们的工作目标到底是什么?我们要做到对有理想、有抱负的青年有吸引力,这样盛隆电气才能百年不倒。所以这个活动不管是谁都可以参选,也要求平等竞选。选上之后,用两周时间到一个城市去开展这些工作。当然你要是做得好,你可以选择在那边发展,继续在那边做下去。如果你只是这一次性的也是可以的。实际上,我们这样做就是培养年轻人,给年轻人机会。现在我们已经把有些人派出去了,他们做得很高兴,别人也非常羡慕。这项工作在你人生经历当中非常有价值,是开发性工作,当然也有难度。世界这么大,你想去看看,我们给大家提供这个机会。你想到哪个城市去看看,你就去看看,你不用出钱,还有工资,当然前提是你要完成任务。实际上,我们这样做有多个作用:对市场的调查,开发市场,给年轻人学习和锻炼的机会,盛创院到外面去上课,到国外去上课等。

前面讲了三点,做个结论:盛隆电气要发挥盛隆哲学的力量。盛隆哲学到底是什么?"帮助别人就是成全自己,成功他人定能实现自我",这就是我们的盛隆哲学。我们有十大代表性文化,我们的宗旨"为国为民"是第一大代表性文化,盛隆哲学是第十大代表性文化。我们说盛隆哲学有力量。它怎么会有力量？究竟有多大的力量？我用《富国论》《三字经》《盛隆哲学》做了一个比较。习总书记说要有文化自信，前面我也讲了，松下幸之助作为日本人，他的满脑子都是中国文化，用中国文化创办了松下电器，也发展了松下电器。松下电器虽然现在没有苹果的品牌响亮，但在几十年前，松下电器就是日本的一张名片，可以走遍全世界。1992年，我在新加坡，当地导游有这样一句话让我印象很深。那位导游说："我们非常恨日本人，但家用电器只买日本货。"日本货其中就包括松下电器。松下幸之助的本事是怎么来的？它来源于中国的文化，中国的传统文化。所以习总书记说文化自信，我非常认同。所谓《三字经》是什么意思？"人之初，性本善，性相近，习相远……"过去教育从认字开始就学这个，实际上这是哲学，小孩认字的课本就是哲学书。当然，《国富论》是经济学，经济学也是以哲学为基础的。所以我们的《盛隆哲学》，拿到这里一起来点一下，说明我们盛隆哲学有力量。

盛隆电气到底能为"双创学子"做些什么呢？第一件事：到盛创院学习见习，为创业打基础。第二件事就是参与"百团大战"。"四百战略"对我们来讲，也就是盛隆电气的第四次创业。之所以称其为第四次创业，因为我们的发展经历了几个阶段。第一次创业是1979年5月13日在枣阳王城创立；第二次创业是1999年5月在北京人民大会堂召开新闻发布会，成立北京研究所，开发北京市场；第三次创业是2007年上海会议决定"五营三角连环阵"的市场战略，在全国市场布局，并为迈出国门试深浅；第四次创业是2017年1月提出"四百战略"。我们提出第四次创业，"双创学子"就可以参与"四百战略"，为国家做贡献，帮助他人，实现自我。

我们的盛隆哲学能使人成功。盛隆哲学为什么这么厉害？在我们公司，是不是人的思想觉悟一开始都这么高？不一定，但是在我们公司这样一个环境、这样一个制度下，觉悟都逐步得到了提升。邓小平同志曾经说过这样一句话："好的制度能让坏人干不了坏事，不好的制度能让好人变坏。"我们公司有个好的制度，好的文化，人都是逐步在提升，所以我为什么说《三字经》。今天我带了《三字经》，希望没读过《三字经》的读一读《三字经》；我也带了《国富论》，没读过《国富论》的人也读一读《国富论》，并将两本书比较一下。今天，我也带了我们的基本制度文件《盛隆哲学》，希望大家给予指点。《盛隆哲学》里有这样一段话："西方的经济理论认为，市场经济的参与者，是主观为自己，客观为他人。这种理论助长了市场经济的负面作用。而中国优秀传统文化中'立人己立，达人己达'的理论，包含科学的道理，具有人性的力量，体现了民族的美德，能使社会更加温暖和谐，激发人们的凝聚力、创造力。盛隆把这一理论作为企业哲学，取得了巨大的成功。它同时也证明，盛隆文化既有时代的先进性，又有优秀的传统性和广泛的群众性，因而它必然具有深厚的生命根基，旺盛的生机活力。"

由于个人水平有限，以上所讲内容有不当之处，敬请批评指正。谢谢！

2.4 "两个第一"的担当

谢元德

（编者按：2015年4月8日，董事长谢元德在武汉第二工厂以"'两个第一'的担当"为主题对工厂员工进行培训，1000多人与会。本文系"'两个第一'的担当"原文的摘要。）

培训现场

第一讲　为什么提出"两个第一"

我们的"传家宝"所要传承的是什么？

是为国为民的担当，是追求卓越、奉献社会的志向。人要立志，企业更要立志。

志不强者智不达。——墨翟

非学无以广才，非志无以成学。——诸葛亮

"两个第一"：建设中国电气开关行业现代化的第一车间，打造盛隆大学培养现代企业人才第一课堂。

这是盛隆电气向全社会明志。

武汉工厂不单是工厂，还是培养优秀人才乃至高级人才的大学。盛隆大学既是教学相长、传道授业的课堂，又是理论联系实际，亲身参加实践，以实践检验理论、创新、发展理论的工厂。工厂不仅能生产优质产品，更要培养优秀人才。

"两个第一"是盛隆的特色道路、核心实力和发展旗帜。

第二讲　组织建设是实现"两个第一"的基础——班、部、厂三级组织

科学设计组织建设。建设一个科学合理的先进组织系统，有利于各方面的易知易行，协调运作。

科学合理、易知易行是我们盛隆文化的目标。先进的组织机构能够促进员工在每一个工作日创造更多，收获更多。

要探索班长、部长、厂长的职责、职能和报酬。做一个什么样的领导者和管理者？是领着大家干，还是管着大家干？怎样领导、怎样管理才会产生更好的效率和效果？

建立先进的组织体系，有利于全员培训、全员提高，为大家的学习进步创造有

利的条件。从新学员到班长、从班长到部长、从部长到厂长，有一个上升的阶梯，使每个人都有学习和锻炼的机会、上升的机会和发展的空间。

更重要的是，身份的改变，不仅是行政职务让大家学习和锻炼，更有各种技术职称、职务，还有教育职称、职务。让大家明确自己的岗位身份、角色定位，在工作中更加尽职尽责，在社会上更有荣誉和尊严。在我们工厂，将来只有这三种身份。

第三讲　正确对待纪律和自由是实现"两个第一"的原则

纪律的重要性

一个组织的纪律怎么样，以及一个组织的作风如何，既关系到组织的形象，也关系到组织的兴衰存亡。如果一个组织纪律松懈、精神面貌差，那么这就是它衰败的象征。

相反，如果管理规范、纪律严明、令行禁止、组织意识强，那么这个组织就能做大、做强。因此，加强纪律和作风建设意义重大。毛主席曾说："加强纪律性，革命无不胜。"这个道理大家都明白，重要的是，大家要坚守这个原则。

第四讲　选拔德才兼备的干部是实现"两个第一"的决定因素

干部的重要性

毛主席说过："正确的路线确定之后，干部就是决定的因素。"

德才兼备

司马光说，是故才德全尽，谓之圣人；才德兼亡，谓之愚人；德胜才，谓之君子；才胜德，谓之小人。

德才兼备、以德为先，作为我们选拔干部的准则。

第五讲　盛隆厂规

盛隆电气不允许有落后的干部。

以上内容可以归纳为五个要点：立志、修炼、组织、纪律、干部。

我们提出的"两个第一"与李克强总理提出的"大众创业、万众创新"完全吻合。目前，我们正处于内部条件与外部环境最有利的时期，我相信大家能够统一认识，更相信大家有能力把握机遇。

"建设中国电气开关行业现代化的第一车间；打造盛隆大学培养现代企业人才第一课堂"这一具有重大战略意义的目标一定能够实现！

2.5 一个老百姓的"一、二、三"

——董事长谢元德在 2013 年盛隆电气集团年终总结表彰大会上的讲话

各位同事！大家 2014 年新年好！

2013 年已经过去，农历马年新年即将到来。在这辞旧迎新的时刻，无论团体或个人，常常都要对过去一年的工作、生活进行回顾，并对新的一年做出分析、展望，发扬成绩，克服不足，迈出新的步伐，创造更好的业绩。毛主席曾说过："我是靠总结经验吃饭的。"因为通过总结可以分析对错，找出不足，提炼经验，把握规律，明确方向，提高自觉，增加智慧，大大提高自己的能力和工作效率。这是理论与实践相结合，从实践当中学习、提高的最好方法。所以岁末年头，我们公司的每一个部门、每一名职工，都要把做好总结当做一项重要工作。

怎样才能把总结做好？我的体会：一是要抓住重点，二是要简单明了，三是要易记易行。总结不是平常做文章，而是为了指导自己的思想和行动。一定要明确、简要、易行。要从每一个部门、每个人的实际出发，抓住最有针对性、最关键的问题，进行简明扼要的分析归纳。总结了就能记在心里，一看就清楚明白，随时随地能指导贯彻于行动。这才是好的总结。

为了与大家共同交流，我愿把我最近总结的两个"一、二、三"，在这里与大家做一个分享。

所谓的"一、二、三"，是对盛隆和我个人三十多年的一个总结。

"一、二、三"中的"一"，是指"一个老百姓"。这是我对自己这几十年身份、心态和追求的一个定位。尽管现在我身上的各种头衔、帽子、荣誉和光环不少，但我始终明白、始终明确把自己定位为"一个老百姓"。以一个老百姓的平常心、平和心来看待自己的成绩、业绩和荣誉。知己、知足、知感恩、知敬畏；不贪、不惑、不妄想、不迷失。无妄一身轻，感恩万事乐。

"一、二、三"中的"二"，是指"两个关键词"，就是"信任""关爱"。对社会、国家、企业和职工，都要用这两个关键词作指导，体现信任和关爱精神。这是我们的盛隆伦理道德，是我们创建和谐盛隆的根本，建设兴旺盛隆的基因。

"一、二、三"中的"三"，是指"认真做好三件事"。一是群体老板制，二是"一体三委"制，三是盛隆文化制。这个"一、二、三"基本概括归纳了我在盛隆三十多年所经历的道路历程，我的追求与奋斗。

另外一句话是一个"三二一"。这是我对新的一年，以及今后一个长时期工作计划的展望和纲领。其中"三"，是指"三大战略"：包括我们"双一流"的工厂战略，英雄团队、优秀人才战略，全面创新升级战略。其中"二"，是指"两项重要任务"，就是内抓团结，外创口碑。其中"一"，是指"一条基本原则"：办良企，走正道。

这样两句话的总结，通过"一个一、二、三"和"一个三、二、一"，我就把握住了盛隆的过去、现在与未来的脉络与纲领，明确了建设发展盛隆的基本经验和规律；并且能够做到，时时都明确、牢记，事事都能联系、对号，处处都能贯彻、实施，达到提纲挈领、纲举目张、以少胜多的效果。我希望我的这一点经验和体会能给大家一些启发和借鉴，把我们各部门、岗位及个人的总结做好。努力提高联系实际、分析事物、总结经验、把握规律的能力，总结一次，提高一步。

第三章
四百战略

3.1 立志"两为",
使我的人生攻坚克难,道路越走越宽
投入"双创",
让青年学子志存高远,展翅翱翔

活动名称:盛隆电气、武汉大学经济与管理学院(简称经管学院)学生创业实践基地签约暨揭牌仪式
活动时间:2017年6月14日
活动地点:武汉大学经济与管理学院教工之家
讲演嘉宾:谢元德董事长

很高兴又来到武汉大学经管学院,上次来的时候媒体给了个身份——高校行创业导师。刚才校长和几位校领导说,今天是我被学校聘为创业导师的第一堂课,我很高兴,也很荣幸。刚来时,我见到三位熟悉的同学,我问他们今天这个活动是不是他们倡导的,他们说他们只是参与。有的同学今天是第一次见面交流,有的同学是第二次,还有一些同学是第三次交流。要说是导师讲课谈不上,只是互相交流一下信息和思想。

我把主题定为——立志"两为",使我的人生攻坚克难,道路越走越宽;投入"双创",让青年学子志存高远,展翅翱翔。下面有四个小题。一是初心:渴望做事,向往"两为",做一个堂堂正正的人。二是情怀:孟母的伟大,长辈的传承,给予我一个教育梦。刚才张哲同学问我,他说我一直对学生的创业和发展这么热心,为什么要这样做?为什么您特别关注学生的创业、学生的发展?我说:"我一会儿讲的内容就回答你这个问题。"三是创业:强国、强企、强盛隆,有苦、有乐、有成功。四是

谢元德董事长认真听取武汉大学经管学院研究生发展需要

寄语：志存高远，脚踏实地，投身"双创"，展翅翱翔。

第一，渴望做事，向往"两为"。我们在 1979 年 5 月 13 日开始创业的时候，在一块水泥板上面刻上了这样两句话：为四化建设出力，为人民造福流汗。最初，这个"两为"是我们创业时候的一个方向。我们到底要干什么？在当时那样的条件下就打出了这个牌子，后来在企业发展的过程中将其定成了一个宗旨。为什么又把它叫"传家宝"？在 1986 年公司成立 7 周年的大会上，我有一段讲话，其中就把它定义为"传家宝"，要求一代一代地传下去。1992 年，我们创办《盛隆之声》，在发刊词上有这样一段话："盛隆的创业并不是依靠雄厚的资金和先进的设备。盛隆的成就不仅是一排排楼房、一排排机器，盛隆的目标也不仅仅限于产品的生产、技术的提高，比这些更为重要的是盛隆精神的培养和盛隆宗旨的发扬。过去我们靠它创业，今天我们靠它发展，未来我们靠它攀登。"这些合起来作为一个"传家宝"。我们是这样说的，一直也是坚持这样做的。我们前不久去法国访问施耐德，互换礼物，我们就把这个"传家宝"送给他们了。他们赠送给我们《中法建交五十周年纪念册》和施耐德的一本书。2014 年，公司成立 35 周年的时候，我们在雁栖湖开会，真正把这些话定位为"传家宝"，并加了这样一段话："四盛四保传家宝，中国盛隆大旗红。乡村起步沃土丰，一无所有身不空。"当时，我们一无所有，靠什么来支撑？就是靠我们提出来的"为国为民"。2017 年，我们访问法国施耐德总部时，施耐德法国总裁迎接我们致欢迎辞后，我们一起照相。照完相之后，我说："12 年前我们也访问了施耐德。当时，我们 40 个人里有 39 个人都和接待的人照了相，就是我没照。"别人都很奇怪，为什么我没拍照。因为我在等，等将来有机会正式访问施耐德，以贵宾的身份，跟他们的总裁一起拍照。这次，我们访问施耐德公司也体现了施耐德对我们的尊重，我们在那里也表现得很自信，这个力量是靠国家给的。"四盛四宝通大道，为国为民力无穷。三十五年修正果，群体老板建奇功。传承弘扬传家宝，中国盛隆百年红。"就是走正道、办良企，达到保平安、保健康、保幸福、保光荣。坚持这样去做，这些东西是都可以保的。

第一部分讲初心，渴望做事，那时候就是想做事，向往"两为"，做一个堂堂正正的人。38 年前，我们是这样想的，现在 38 年后不忘初心，方得始终。我们这次在施耐德公司，它是著名的国际品牌，给我们的待遇证明我们还是很有尊严的，我们自己也是很有成就感的。

第二部分讲情怀，实际上过去我从来没有讲过情怀，这次我为什么用情怀？上次我在华科讲了之后，学生向我提问："你在创业初期的时候遇到过困难没有？创业初期你遇到很困难的时候还讲不讲情怀呢？"我是什么情怀？我对什么最看重？我对"孟母三迁"最看重。孟母对小孩子成长的关心我认为非常重要。长辈的传承，给予我一个教育梦。刚才，张哲问我为什么热心地来做这些事情。因为我从小就形成了这样一个教育梦，也是我的情怀。我做了几十年，我做上瘾了。我为什么对这个感触这么深？是因为我妈妈。我小时候她是这么教育我的，帮助别人就是成全自己，成功他人定能实现自我。经过几十年的实践总结，我把这两句话定为盛隆哲学。

我爷爷留学日本，参加了王城竞智学校的建设。竞智学校今年建校110周年，比清华还早。父母、家族的儒家传统观念给予了我毕生的影响。我一直把我爷爷视为楷模，引以为骄傲。在我童年和青少年的艰难环境中，爷爷成为我的精神支柱，支撑我挺过了道道难关。我自己有这样的体会，在这样的年龄时很需要人帮助，所以我这几十年都很关注人。我1998年参加省人大代表大会的时候，《湖北经济报》记者采访我发表的文章，大标题就是《关注人、尊重人、重视人》。我担任了15年的省人大代表，我当时在襄阳代表团，省主要领导来我们代表团时，几届的团长总是让我发言，因为我每次发言不是上报纸，就是上大会简报。有一次，我对蒋祝平省长的《政府工作报告》提出了修改建议，得到了蒋省长的批示，他在大会上接受了我的建议，修改了《政府工作报告》。省政府政研室还给我寄来感谢信，后来我被评了一个优秀人大代表。

上周五，上海复旦大学EMBA的学员从上海专程来武汉，跟我有一个访谈交流。在交流中，他们讲到陈明哲教授向他所有的学生都问过的一个问题：自己感到最满意的一件事情是什么？他们问我这个问题时，我是这样回答的："我对自己最满意的一件事就是选择和坚持关注年轻人的成长、成才和成功。所以说做上瘾了，因为这是圆了我的梦。"

第三部分讲创业，到底创什么业，达到什么效果？我认为我们创业达到的效果就是强国、强企、强盛隆。创业体验就是我们《盛隆之歌》的歌词：有苦、有乐、有成功。我认为我们最有价值的是群体老板制度，企业在机制上是个创新，全世界只有我们独创了群体老板制。当然，也是因为只有中国走的是有中国特色的社会主义道路。武汉大学前党委书记李健同志，昨天晚上给我打电话说，听说我明天又要去武汉大学演讲，建议我把省委书记蒋超良签批李健书记写的有关盛隆电气群体老板报告这件事情介绍一下。他觉得这个很光荣、很有价值。我们这个群体老板制已被清华大学经管学院的教授写成了教材案例。

1994年，我们在洪山礼堂召开官产学研讨会，邀请了全国各地的专家学者参会。当时，国家提出产学研一体化。我们从那个时候开始走这条道路，在产学研一体化方面一直在探索。现在，我们能提出"四百战略"，可以说是多年探索积累的结果。在我眼中，我们国家现在的人才分布极不平衡，大量需要人才的地方没人去，人才已经过剩的地方大家又都去挤。刚跟几位同学交流的时候，我就问大家的去向，他们多数人都去了证券、银行。这些地方的收入很可观，一去就拿到20多万，大家都朝那里去，现在那里已经有点拥挤了。国家提倡"大众创业，万众创新"有很大的空间，还有一个就是民营经济，民营经济最缺高级人才。我们针对这个现象提出了"四百战略"，找到了解决这个现象的办法。

上次回答华中科技大学学生的问题，有学生问起过去创业的一些困难。我觉得遇到的困难讲了没有多大意义，时代不一样困难也不同，做的也不是相同的事情，包括在公司内部我也很少讲曲折和困难，这个意义不大。那次那位同学向我提出了质疑，她对情怀是不认可的，我认为这个很危险，我发现学生们确实不知道该怎么办。她表达了应少讲情怀，多做实事。但不谈情怀就没有方向，你都不管是做什么就去做，那是很危险的。创业初期，你一定要想清楚你要去做什么，你们是高级知识分子、国家的栋梁，更要想清楚要什么、该做什么。一定要想清楚，不然当你遇到了困难时，这个坎是过不去的。说心里话，我认为我最成功的经验就是认定为国为民。这样想，路就会越走越宽，就会有无比强大的力量，永远都有事做，而且做出的成绩会越来越大，这一点非常重要。上次我来，武汉大学给我留下了非常好的印象。有个同学问如何把立德树人贯穿到创业当中去，也给我留下了很深的印象。

第四部分讲寄语，志存高远、脚踏实地、投身"双创"、展翅翱翔。只给同学们讲一些寄语，我认为太空洞。这既是我给同学们的寄语，也是给我们公司还有我自己的寄语。刚才同学们说很迷茫，问我社会上人才的需求在哪里。我今天想说，我们需要100名研究生。我们的"四百战略"下一步会有100个组合，我们一个组合里有1个学生进来。不管你有多大的学问、多大的本事、多大的能量都能用得上。在这里，你成长、成才、成功了，盛隆也发展了，国家也进步了。我们正准备到西安交通大学去开会，去开推进"四百战略"及商业模式创新经验交流会。我们的"四百战略"，就是 23 年前我们在洪山礼堂召开的官产学研讨会的具体行动；是国家很早提出来的产学研一体化战略，结合"大众创业、万众创新"的新战略，加上我们几十年创造积累的各种条件的新成果。上次我们创业学院邀请李健书记讲课，他是政产学研用促进会的副会长，"政产学研用"其中的"政"和"用"都是他提出来的。他去了我们那里之后，发现我们二十多年前就在做这个事情，他感到很吃惊。

为什么要把访问施耐德公司的视频放给大家看一下，是想让大家了解我们这个行业的现状。为什么我说强大的中国必有强大的企业？现在中国强大起来了，像华为这样的企业就超过了外国的企业。中国自己的产品慢慢被大家接受和认可，这就是一个时机。强大的中国带动企业强大，强大的企业支撑国家更加强大，这是一个良性循环。我们的"四百战略"和新的商业模式，完全在行业上改变了过去的模式，可以和国际品牌展开深度合作，我们也不怕竞争。他们过去赚钱太容易了，他们这

董事长谢元德与武汉大学经济与管理学院学生合影

些年赚到了钱，我们这些年很苦，但是我们打造了一支接地气的队伍，我们赚到了人才和市场。我们的"四百战略"需要人才，今天我非常愿意和同学们在一起交流。这次在保定，我鼓励李昭然说："你有带领1000人的能力，你也有雄安新区庞大的市场机遇，更重要的是你的知识、你的才能可以发挥，你的理想抱负都能得到实现。"最后归纳一句话，盛隆电气的"四百战略"欢迎武汉大学学子！谢谢！

3.2 企业家精神、供给侧改革与盛隆"群体老板241"（第一部分摘要）

活动时间：2017年10月17日
活动地点：湖北省委党校
讲演嘉宾：湖北省委党校、湖北省行政学院兼职教授谢元德先生

    13亿国人殷切期盼，全世界聚焦瞩目的，具有重大历史丰碑意义的党的十九大就要隆重召开了。在这样一个具有经典意义的历史时刻，我们聚集一堂，共同领会党的理论、道路、制度和文化，非常有意义，非常难得。

特殊的时刻、特殊的交流、特殊的感受

一、我对企业家精神的认识和对供给侧改革的理解

《中共中央　国务院关于营造企业家健康成长环境弘扬优秀企业家精神更好发挥企业家作用的意见》内容如下：

（一）总体要求；

（二）营造依法保护企业家合法权益的法治环境；

（三）营造促进企业家公平竞争诚信经营的市场环境；

（四）营造尊重和激励企业家干事创业的社会氛围；

（五）弘扬企业家爱国敬业遵纪守法艰苦奋斗的精神；

（六）弘扬企业家创新发展专注品质追求卓越的精神；

（七）弘扬企业家履行责任敢于担当服务社会的精神；

（八）加强对企业家优质高效务实服务；

（九）加强优秀企业家培育；

（十）加强党对企业家队伍建设的领导；

我对中央文件的几点理解如下。

1. 规格特别高

由中共中央和国务院联合颁发，专门针对企业家，这是第一次。文件名称长，全称多达 34 个字，内容之详尽也是少见的。内容丰富，十大项，39 条。非常清晰、全面和详尽。

2. 充分表达了党和国家对企业家的殷切期望、重大嘱托

国家建设、发展社会主义市场经济已经几十年，企业家已经是一个重要的群体。为什么到现在中央以如此高的规格提出企业家精神呢？我认为这说明了五点。

第一，我国市场经济和企业家队伍已经有了极大的发展，现在才有基础和条件提出这个问题。

第二，这是科技进入新时代，我国社会发展进入新时期、经济进入新常态的迫切需要。

第三，这是针对我国企业家队伍的现状提出的培元固本、强身健体的灵丹妙药。

第四，我国社会对企业家的需求高，但供给不足，质和量都不适应。加强企业家队伍、企业家精神建设，也是一种供给侧改革。

第五，这一重要文件的颁布，表明企业家队伍建设、企业家精神培育，已提到党和国家的重要议事日程，成为一项重要工作任务。

3. 我所理解的当代企业家精神，必须包含和体现以下三个方面

第一，时代精神。要认识时代精神和大潮流。如人类命运共同体、"一带一路"、改革创新、科技竞争和中国崛起。

第二，中国精神。树立践行社会主义核心价值观。

第三，中国企业家自身要有中国企业家的精气神。要有社会公德、职业道德、人文美德。

以上几点，归结到一点，就是习近平总书记指出的："人们对美好生活的向往就是我们的奋斗目标。"这是党和国家的召唤，也是时代和人民的召唤。能够身体力行地响应、实践，把召唤化为企业家实实在在的行动，就是一种优秀的企业家精神。

文件指示的企业家精神建设方向，实际上也反映了企业家精神现存的不足和欠缺。它包括爱国敬业、遵纪守法、艰苦奋斗精神；创新发展、专注品质、追求卓越精神；履行责任，敢于担当，服务社会的精神。

就我自己的体验观察，我觉得以下三点有一定的普遍性。

第一，对企业的大方向，对政治性关注不够。"在商言商"，似乎与讲政治关系不那么大。

董事长与参会人员沟通交流

第二，在义利关系上取舍把握不够大气，易于失准。

第三，人文修养、综合素质不够。而只要这些方面不能提升，展现的就只是一个企业主形象或者仅仅是个生意人、买卖人，达不到企业家或优秀的企业家的层次。

中央在这个时候提出培育、弘扬企业家精神，一方面是对企业家的肯定、保护和鼓励；另一方面是明确提出要求、教育和引导。

4. 高度重视供给侧结构性改革

习近平总书记指出："我国经济发展面临的问题，主要方面在供给侧。需求变了，供给的产品却没有变，质量、服务跟不上。"

供给侧改革的根本目的是提高社会生产力水平，落实好以人民为中心的发展思想。供给侧结构性改革的根本，是使我国供给能力更好满足广大人民日益增长、不断升级和个性化的物质文化和生态环境需要，从而实现社会主义生产目的。供给侧结构性改革是一场深刻的自我革命，要让改革始终沿着正确的方向前进，必须牢固树立科学的发展理念。

5. 我对供给侧改革的理解

盛隆从自身的实践发展中，切身体会到习近平总书记的指示非常符合中国电气行业的发展实践，切中要害。正是这样一种现状成为我们突破供给侧结构不合理，实行改革创新的动力。也因此才有了我们的"四百战略"和"一个新商品"，形成了盛隆"群体老板241"这样一整套的创新体系。我们深切领会到供给侧结构性改革是企业创新发展的大好机遇。我们一定要按照创新、协调、绿色、开放、共享五大发展理念，"三去一降一补"指导各项工作。

附：学员刘朝发言

刚才，谢董事长从企业家精神的解读着眼，介绍了对供给侧改革的独到见解，以预变、应变的理念，介绍了盛隆电气集团群体老板体制的创新实践，并对创新企业文化、建立新型政企关系等提出了很好的建议，还和大家进行了热烈的交流互动。我个人体会：盛隆电气集团站在科技创新的前沿，引领了智能用电行业先锋；站在思想和体制创新的前沿，独创了盛隆群体老板培养模式，形成了一种机制、体现了一种思想、沉淀了一种精神。这种精神就是谢董事长38年来一直践行的中国企业家精神。这种精神秉承了对人的生存与发展这一人类根本问题的关注与考量，体现了为国为民的深厚情怀，契合大众创业、万众创新的时代潮流，符合新民营经济的发展方向，必将在社会主义市场经济改革创新的大潮中焕发出持久不息的生机与活力。祝愿董事长领导的盛隆电气集团事业更加兴盛、发展更加兴隆！

最后，让我们再次用热烈的掌声，对谢董事长的精彩授课及董事长团队的辛苦工作表示衷心感谢！

（刘朝：湖北省委党校、省行政学院 2017 年秋季县处级干部进修二班宣传委员、宜昌市夷陵区委常委、组织部长、统战部长。）

3.3 紧跟习近平总书记的步伐布局雄安新区

"坚决听习总书记的话,引领经济新常态,从京西宾馆出发,开辟百年盛隆工程的新阶段",是谢元德董事长在京西宾馆会议上提出的开启百年盛隆工程图的三把金钥匙之一。2017 年年初,习近平总书记实地考察雄安新区安新县和白洋淀后,集团董事长谢元德先后带领团队前往安新县和白洋淀,紧跟习近平总书记的步伐,布局雄安新区。

盛隆电气布局雄安新区

盛隆考察团赴雄安新区安新县政府

2017年2月23日，习近平总书记专程到河北省安新县实地察看规划雄安新区核心区概貌，并主持召开座谈会。当天，习近平总书记专程前往白洋淀，并强调在未来规划建设中，白洋淀的景色只会变得更美，淀水更加清澈，湖面更加开阔。

2017年4月1日，新华通讯社受权发布：中共中央、国务院决定设立河北雄安新区。消息一出，犹如平地春雷，响彻大江南北。紧跟党中央和习总书记的步伐，2017年6月5-6日，2017年8月20-21日，谢元德董事长两次带领盛隆考察团，前往河北保定雄安新区，布局盛隆电气雄安总部。

今日白洋淀　明日智慧城

3.4 盛隆大平台，创业大舞台

活动名称：创业导师高校行——走进华中科技大学
活动时间：2017年3月16日
活动地点：华中科技大学经济学院学术报告厅
讲演嘉宾：谢元德董事长

尊敬的刘教授，尊敬的各位领导，亲爱的同学们，下午好！

很荣幸以创业导师的身份跟同学们交流我的创业体验。首先，请允许我引用毛主席在苏联接见中国留学生时说的一段话："世界是你们的，也是我们的，但归根结底是你们的。你们青年人朝气蓬勃，正在光明时期，好像早晨八九点钟的太阳。希望寄托在你们身上。"大家知道昨天李克强总理会见中外记者，某个记者提问："'大众创业，万众创新'是否继续？"总理回答："让人民群众创业创新的热情持久不衰。"对这个创业创新，我认为是年轻人的一种理想，一种抱负、一种责任和一种担当。创业创新不是谁能教得会的，创业创新靠自己去创。尽管我有三十多年的创业经历，但是我也只能跟大家交流一些这方面的观点，供参考。虽然创业创新不是教会的，但在创业当中寻求一些帮助，也是有益的。

我今天要讲的，刚才主持人也讲了，叫做"盛隆大平台，创业大舞台"。这是一个主标题，还有一个副标题就是"欢迎'双创学子'来盛隆电气创业做老板"。我将几十年总结的经验跟大家分享，其实就是一个观点：人与人之间的关系。大家经常讲"用人之道"，但在我的思想里，只有去帮人，没有用人。这就是说，人不是被某一个人用的。以我的体验，在创业当中，尤其是做企业，人与人之间是一种相互帮助的关系，不是一种相互利用的关系。就是企业与企业打交道也是相互帮助，不是一种相互利用。下面分三个部分来讲。

一、盛隆哲学帮你创业成功

（一）盛隆哲学缘起

我们公司的文化之一就是"帮助别人就是成全自己，成功他人定能实现自我"。在我们公司，绝大多数人都非常认同这一点，人与人之间的关系是相互帮助。因此，几十年之后，我也总结了一个"三字经"。我对我们公司的高管管理工作的要求很简单，就是对人好就行了，所以"三字经"里面有一个"好"字，就是对别人好；三字经里有一个"正"，我们整个公司倡导一个"正"，走正道，自己做人、做事要正；第三个字就是"帮"，这也是盛隆哲学：帮助别人就是成全自己，成功他人定能实现自我。我这个思想源自我妈妈的教育。小时候听妈妈讲故事，讲了很多蕴含有这些道理的故事。后来，在我创业的经历当中，很多事情证明，有这样一个思想能使路越走越宽。我就把《国富论》《三字经》《论语》拿到一起做了一个比较。《国富论》大家都知道已问世240多年了，仍然在全世界还有影响。但是我对它不是完全认同，因为它的思想基础是利己。中国的传统文化教育人要善良，《三字经》："人之初，性本善。性相近，习相远。"人的本质是善良的，善自然是帮助别人才是善，自私自利的不叫善，首先想到自己那就不叫善。尤其是孔子在《论语》里说："立人己立，达人己达。"后来，习近平总书记又提出来文化自信。于是，我们就更坚定地认为《盛隆哲学》有价值，所以今天我跟大家分享几十年来我们总结的经验。用什么样的思想基础去创业成功率比较高？那就是"盛隆哲学"。

（二）坚定不移地走有中国特色的社会主义道路

因为在中国创业，在中国做事情，我们走的是有中国特色的社会主义道路，所以我们公司建立了群体老板制。我们的体制从开始创业到现在，有一个形成的过程。一个是我前面说的，我对《国富论》提出的观点不完全认同。过去的计划经济，不能调动大家的积极性，而市场经济也是有弊端的。所以一开始我们就摸索了一个办法，建立这样一个体制。在1984年的时候，这个体制就得到了新华社记者、《焦裕禄》的作者周原的肯定。他听了我的汇报之后，给了三句话的评价："走的是社会

周原夫人陈健女士会上接受央视主持人陈伟鸿的采访

主义道路，用的是资本主义管理方式，有一个企业家的气派。"当时，他是代表中央书记处政策研究室，以这种身份到襄阳地区去调研，是襄阳的市委书记、副书记陪着一起找我去汇报。我汇报完了之后，他给了这个评价，所以我这几十年一直在理解，一直按照他的肯定去做，一直在按照过去这种模式继续走了几十年。

（三）群体老板体制、一体三委制度、盛隆文化

我们建立了一个群体老板体制，一体三委制度，以及盛隆文化。这总体是我们的一个模式，这个模式得到了时任湖北省委书记李鸿忠的肯定。2015年4月15日，省委李鸿忠书记在光谷调研，我们向他汇报了盛隆电气的模式，李书记当即给予了肯定，并说："涉及创业的问题，我觉得盛隆这个模式很不错。如果愿意，我们合作，和政府合作。在推动创业方面，给我们组织一个产品，就是老板。我们现在很需要老板，很需要领军人物。技术人才不少，一般人才也不少，但是我们需要领军人物。

我们合作培养，建立一个'老板工厂'，一年固定给武汉培养 500 个大小老板。这都是很好的模式，我们和企业合作，我们做好服务。"李鸿忠书记的这些话又给了我们信心和力量，使我们更加坚定地按照这个道路往前走下去。

我们这个群体老板体制是怎么产生的呢？我们公司给员工定位不是打工，也不是就业，来了之后都是一个具有创业思想的准老板。因为开始没有老板，所以都是具有创业思想的准老板。在我们的基本制度文件上写有这样几句话："具有创业思想的准老板，经过努力成为小老板，小老板成长为大老板，大老板帮带小老板，小老板帮带具有创业思想的准老板，如此生生不息。"所以说，在我们公司几十年，已经有好几轮了，就这样继续发展。

我们这些老板到底怎么去创业？我们是盛隆大平台，创业大舞台，到底有一些什么具体做法？当然，这也是在得到了李鸿忠书记的肯定之后，我们又不断提高的。我们盛隆电气很早就办起了盛隆大学——一个企业型大学；我们很早就提出了"两个第一"，即"建设中国电气开关行业现代化的第一车间；打造盛隆大学培养现代企业人才第一课堂"。这个武汉创业学院，是得到李书记的认可和肯定之后，最后经政府审批，我们才真正打出一个牌子："盛隆大学武汉创业学院"，简称"盛创院"。在我们工厂打出了这样一个牌子，在工厂里面，我们给成功的老板定位为创业导师，对具有创业思想的年轻人给予一些指导，给一些投资，给一些帮助，就是这样一代一代的延续。

二、世界（市场）那么大，带着宝图闯天下

（一）走正道、办良企、育人才、受尊重

这个百年工程图是我们于 2015 年年底、2016 年年初在京西宾馆召开的一个会议上提出来的，我们对未来的发展做了一个蓝图设计，就是我们未来的路怎么走，这个"宝图"就是指我们的百年工程图。当然，还有几句话，我们这个百年工程图比较核心，下面设计的"桩基"，是"走正道，办良企，育人才"。后来，我们也提

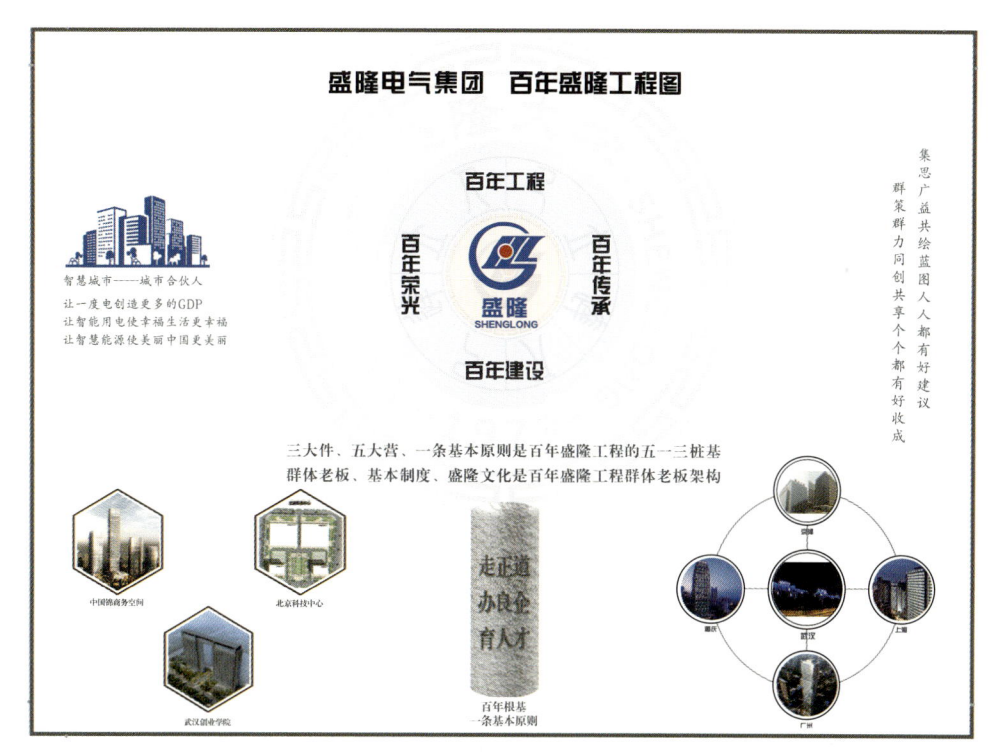

盛隆电气集团 百年盛隆工程图

百年盛隆工程图（一）

出了企业的目标，就是除了走正道、办良企、育人才，还要受尊重，得到社会的认可，这是给企业提出了一个很高的要求。这个图的左上角有三句话：让一度电创造更多的GDP，让智能用电使幸福生活更幸福，让智慧能源使美丽中国更美丽。第一句话是节能，第二句是指智能，第三句是指环保。这是我们要做的事情，当然这个是主业，不是其他的事情不做，像我们现在在做共享单车，OFO跟我们合作，这个不局限我们做什么，但这毕竟是我们的主业。这个图的下面是我们过去的布局，就是"五大营""三大件"，包括百年工程、百年建设、百年传承和百年荣光。传承我们也反复地讲，到底传什么，承什么？传承的不单是物质的，更是一种精神的。

这个百年工程图的另一半有前面三句话和后面三句话。前面三句话定义为"掌握三把金钥匙，开启百年工程图"，所以这些"宝图"就是宝之所在的地方。第一句话是好好学习毛泽东思想，为人民服务；第二句话是深刻理解邓小平理论，实践是检验真理的唯一标准；第三句话是坚决听习总书记的话，引领经济新常态，从京西宾馆出发，开辟百年盛隆工程的新阶段。这三句话我们认为很重要，这个要把握好方向，路朝着什么方向走去。下面还有三句话：第一句话，深刻理解互联网思维、互联网+，以及大众创业、万众创新的新时代。这一点我在公司里反复地讲：一个新的时代来临，像我们这个年龄的人过去都知道一句话——三十年河东，三十年河西。你能不能看到新的时代来临？你要看到这个时代的来临了，如果抓住这个机遇，你就有很大的空间；如果没有看到新的时代的来临，再过多少年之后，你很可能就会落后很远了。第二句话，你理解的有多少，你的空间就有多大。这句话也是我几十年总结的。你对这个社会理解得越多，你的空间就越大，你理解得越少，你的空

掌握三把金钥匙，开启百年工程图

- 好好学习毛泽东思想：为人民服务
- 深刻理解邓小平理论：实践是检验真理的唯一标准
- 坚决听习总书记的话，引领经济新常态，从京西宾馆出发，开辟百年盛隆工程的新阶段

发现自己的亮点，发射自己的光彩

- 深刻理解互联网思维、互联网+、大众创业万众创新的新时代！
- 你理解的有多少，你的空间就有多大！
- 不要小瞧自己，大胆发现自己的亮点，勇于发射自己的光彩，你将会取得的成绩连你自己都不敢相信！

—— 谢元德
百年盛隆工程蓝图论证会议
京西宾馆 2015.12.30-12.31

世界(市场)那么大，带着"宝图"闯天下

百年盛隆工程图（二）

间就越小，尤其是年轻人。第三句话，不要小瞧自己，大胆发现自己的亮点，勇于绽放自己的光彩，你将会取得连你自己都不敢相信的成绩。这在我们公司有很多很多这样的实例。刚才我说的话，创业不是教的，但是有些思想观念的交流，是有帮助的。人往往不认为自己有多么大的潜质，有多么大的本事。在没有开发出来之前，往往会小瞧自己。在我们公司，互相鼓励的文化氛围是非常浓厚的，所以现在我们公司很多人、很多成功的老板，都是感觉到超乎了自己的想象，过去连想都没敢想的事情，现在都实现了。

（二）四百战略

2017年1月，我们提出了第四次创业。第四次创业就是"四百战略"，第四次创业的具体行动就是先行领军竞选大会。刚才，我在跟刘教授交谈的时候，刘教授提出盛隆能给高校的学生带来什么福利这样一个问题，我就请教刘教授什么叫福利。他说，你拿钱给15个贫困的学生到上海去看一看，这就叫福利。我说，如果这叫福利的话，还不止15个，还不仅仅去上海。我非常感谢刘教授，你这样说了之后，我才敢这样讲。否则的话，我还不敢讲得这么直白。我要不讲这么明白的话，学生也不一定能听得懂。我们这第四次创业先行领军竞选大会对学生来讲，你要说是福利，它也有福利这个意思。总的来说，就是给你一个机会，能够走出去，能够学习，能够锻炼，能够积累。刘教授说，大概一个人拿两千块钱去上海看看。我们远不止两千，地点也不仅局限在上海。可以是你选择的城市，也可以是你喜欢的城市，国内的城市、国外的城市都可以。为什么我们在校大学生都可以，或者不做到两个星期也可以？我们前面说带着"宝图"闯天下，实际上就有那么一句话："世界那么大，我想去看看。"你想去看看，我们也支持你去看看，支持你看看也要你做这些事情。这些事情也都是你做得了的，不是你做不了的。做这些事情，你能学到更多。带着任务去做，就是帮助你了解这个城市，帮助你了解这个城市的人、了解这个城市的事，让你学到的东西更多，积累得更多。而且没有限额，不是15人、20人，而是预计有3000人。

三、盛隆文化核心的核心

我们的老板是怎么成长起来的？我们公司有一位成功老板名叫谢远锋，他是第一代成功老板。他刚毕业就来到我们公司，当时是具有创业思想的准老板，并经过努力成为小老板，又逐步成长为大老板。当然，他当小老板时也开始在带人，罗曼丽就是他带领的下一代老板，罗曼丽又带出了下一代老板。谢远锋带出来的罗曼丽也成为了大老板。我们在希尔顿酒店开董事会，她也变成了大老板。她当大老板之后又帮助小老板，小老板又帮助准老板……罗曼丽在一个城市发展了30个新的小伙伴。在我们公司，你培养出来的人还能不能继续培养人，你能不能受到尊重，你是不是一个成功者，大家有一个公认的标准：对国家有贡献，对别人有帮助，自己也过上了一个与之相匹配的生活。这不是什么硬性的考核，就是一个文化的力量，大家都按照这个去做。谢远锋去年生了一场大病。他在病床上还要去上班。我们这期先行领军竞选了之后，他夫人说要去缅甸开发市场。我说挺好，我也不感到奇怪。我在北京开会把这件事对与会者说了，我问同事们吃不吃惊？他们都感到吃惊！为什么她要去缅甸呢，她说她跟谢远锋有一些交流。有一天晚上夫人劝他不要去上班了，做了这么大的手术，要休息，要保重身体。他们那天晚上聊了一通宵。谢远锋哭了，她也哭了。谢远锋说工作比他的生命更重要。他夫人在我们公司做管理工作，能够理解他。她说："那我就陪你，一起开发缅甸市场。"本来，我们这次先行领军是要年轻人出去闯荡的，而他们都已有孙子了，却仍然还要这样去做，在我们公司就有这样的人。《红旗飘飘》这首歌的歌词里面有一句"比我生命更重要"。在盛隆，要继续培养更多的年轻人，比自己生命更重要。我们今后要"走正道，办良企，育人才"，核心是育人才。盛隆文化核心的核心，即长期坚持关注帮助年轻人的成长、成才和成功。

最后是我的寄语与承诺，也就是刘教授说的要带福利。有什么福利？我们提出的第四次创业培养出3000个老板，这是盛隆电气的责任和目标。群体老板有实力、有能力、有条件帮助"双创学子"创业成功。这就是刘教授说的一个福利，这就是我们的承诺。盛隆电气能受到多少社会尊重，等于盛隆电气承担了多少社会责任。

这是我思考的，我们既然提出了尊重，怎么样才能受到社会的尊重？你要承担社会责任。你承担什么样的责任，才可能受到什么样的尊重。

我们公司有个小伙子叫常亮亮，记者采访他时，他对记者说："来盛隆电气当群体老板。"这个学生在北京本科毕业之后就去当了个村官，当村官的时候考上了研究生，研究生毕业之后被我们一个成功老板吸引过来了。当然，他对我们公司也有一定的了解。他已经成功了，他已经有能力帮助别人了。在我们公司，你一旦成功，你的钱用来干什么，就是来继续帮助别人。我们公司没有年薪，公司除了开始有一些工资或者另外一种方式的报酬，我们是不发工资的，发工资是发不起的。在我们公司，每个员工都是一个创造者。一切都靠你创，但是有人帮你，有人向你投资。公司设有一个"培养老板奖"，是我们2005年的时候奖给老板继续培养老板的一个奖章。

最后，我用刘道玉校长在第一次先行领军竞选大会上引用的郑板桥的一首诗来作为结束语：

新竹高于旧竹枝，全凭老干为扶持。

明年再有新生者，十丈龙孙绕凤池。

谢谢！

第四章
一个新商品

4.1 盛隆电气"智能用电,保证 20 年"新商品发布会在西安交通大学召开

活动时间:2017 年 6 月 21 日

活动地点:西安交通大学

活动内容:盛隆电气"智能用电,保证 20 年"新商品发布会

盛隆电气 100 名创业导师与西安交通大学学子面对面交流

西安交通大学电气工程学院研究生会副主席林俊杰主持会议

2017年6月21日,盛隆电气"智能用电,保证20年"新商品发布会在西安交通大学逸夫科学馆101报告厅召开。西安交通大学电气工程学院博士、硕士和本科生,以及学校领导、老师,嘉宾等500余人参加了本次发布会。

在互动环节,董事长谢元德感慨道:"我一直认为,我们国家目前的人才分布不合理。真正在这个行业里做领军、做引领的,其实是我们在座的同学和老师们,现在是这样,将来更是这样。我们只能说是跟着你们一起做些事情,这也是我们来的目的。和在座的同学、老师们比较,我认为我是小材大用了。而在座的可能大材小用了。实际上,我们这次来的目的就是让大家看到,这个社会人才分布不合理,你们这么优秀,但是你们的才能可能没有被充分发挥出来。我们就是来学习的、请教的。"

张志强(西安交通大学电气工程学院研究生会主席)对未来智能用电在配电领域的发展发表了自己的独到见解,他说:"我现在在考虑一个事情,咱们学院一开始的就业主体是国网、南网,或者其他的研究所,但现在都知道国网要改行,今年广州售电公司数量会突破过100个,那么接下来是不是会逐步放开?比如说电改到底会不会推下去?我是感觉,如果今天关起门来畅想,应该未来五年、十年、二十年之内,最起码南网会率先改革,而且改革最有可能的首先是售电方,其次最有可能的是配电方,所以这个市场应该是有的。为什么我们电气学院的人自主创业的少?原因很简单,一没资金,二没团队,三没经验,就想当个CEO。我去年参加创业比赛,拿到了一点初创资金,没有推进,因为知道肯定做不成。所以咱们是不是可以考虑一下,如果现在选择的不是国网,而是去你想去的任何一个设备制造企业,是不是等你再蛰伏个五年、十年之后,就等到了一个风口了。本专业如果有风口的话,等一等又何妨呢?我是感觉,咱们一辈子做工程师的话,是一条路;你做另外的,其实也是一条路。"

盛隆电气集团谢元德董事长(右一)亲自为
西安交通大学电气工程学院研究生会主席张志强(左一)颁奖

谢元德董事长点评道："这个同学说得好！刚才我前面说了，真正引领这个行业的，过去是你们，现在是你们，将来更是你们。聂伟是华中科技大学电气学院毕业的，毕业后从工程师做到设计室主任，又从设计室主任做到生产总监，一步一步地做上去。现在，她在做'四百战略'，布局雄安新区。刚才的李昭然就是她引进的学生，她就是李昭然的创业导师。以我的眼光看，聂伟的队伍在雄安新区的建设时期能够发展到5000人，李昭然能够带领一支1000人的团队。他竞选了我们的先行领军，我就说你肯定是个真正的领军人物。当一名工程师和做这一工作到底有什么区别？不管怎么样，没有技术是不行的，而只有技术也是不行的。实际上，我们的现状也是这样。现在，我们的行业上仍然是三大品牌垄断市场，是元器件在主导整个市场的运作。上次施耐德中国区总裁和我交流，我说：

集团公司副总裁、生产总监聂伟

'你们这些年赚钱太容易了,我们这些年赚钱太难了,过得太苦了。但是,你们赚到的是钱,而我们赚到的是人、市场和客户,下面30年就看我们的了。'这句话怎么解释?我们很苦,摸爬滚打经历了市场的磨砺,了解了客户的需要。我们也创造了一个模式,用各方面的力量能真正为用户着想,能够找到用户的痛点,能够提供解决用户问题的、用户真正需要的产品。所以2017年5月11日我们在北京盛创院开会,我提出了'强大的中国必有强大的企业'。我们认为,华为为我们中国树立了一个很好的榜样。上个星期,我们和西门子交流时,也谈到了华为。西门子的老总就说:'如果华为也干我们这一行,我们都不用干了。'所以,这次来我们要说什么,就是真正的牛人是在座的学子们。你们应该有这个担当,举起这个大旗,强大的中国必有强大的企业!"

集团公司副总裁、生产总监聂伟说:"我原来也是电气学院毕业的,也是从技术做起的,现在转为开发市场。我想董事长让我上来,可能也是让我做一个例子:电气学院的学生是不是一定要做技术?其实,我觉得做技术挺好的,但是做技术转为做市场开发也挺好的。因为我刚进盛隆电气做技术的时候,我认为我一辈子都会做一名电气工程师,因为我的性格很内向,也不是很善于表达。刚开始,我觉得我跟市场开发是隔得很远的,但是在公司历练了将近十年之后,我也转为了市场开发。应该说,并不是说市场开发就比做技术更好,只不过是我的能力提升了,与人沟通交流的能力提升了,可以做商务谈判,可以签合同了,我成了一个更好的自己、更全面的自己。"

谢元德董事长表示:"聂伟刚刚说得不够全面,她刚说她只是开发市场,这个定位不准确。实际上,我刚才说做工程师就是做工程师的,做一个领军人物,能够引导很多的年轻人,使价值最大化,比如说刚才的李昭然。李昭然也是华北电力大学的,当然他也可以做一个工程师,但我对他的定位是将来能引领1000人。我刚才说我们国家电网这种体制应该改,人才都进了电网,电网确实需要很多技术人才。输电需要很多技术,卖电不需要那么多技术人才,我们供电公司有输电也有卖电,要这么高精尖的人才干嘛?所以人才分配不合理。我为什么叫聂伟上来?以华中科技大学

西安交通大学的学子们踊跃提问

电气学院大学生的担当、家国情怀,强大的中国必有强大的企业。像聂伟、李昭然这样的担当,这就是你们的事。你们来担当,你们来改变,改变中国、改变世界。"

西安交通大学学子向董事长提问:"刚刚听到很多老师都提到了企业的'帮创文化',我对这个比较感兴趣。您是在创办这个公司的时候,就定下了帮创文化,还是在后面的过程中发现大家具有这种精神,就把这种文化很好地延续下来了?还有,这种文化是如何培养起来的?"

董事长回答:"我们公司创立之初,就在水泥板上写了两句话:'为四化建设出力,为人民造福流汗'。创业第一天,我们就定下了'为国为民'的宗旨。我们创业开始就是'帮创文化'的思想,建立38年初心不改。后来,我们将其定为盛隆哲学——帮助别人就是成全自己,成功他人定能实现自我。如何帮创?刚才李平已经讲了她的经历:从需要人帮助到能够帮助别人。在我们公司,谁帮助的人

盛隆电气新商品发布会参会人员在思源学生活动中心合影留念

越多,就越光荣,就越能受到尊重。不仅仅是你创造了多少,更多的是你能帮助多少人。我们公司的十大代表性文化,最核心的就是'长期坚持帮助年轻人成长、成才和成功'。"

6月20日下午,集团公司在西安天朗森柏酒店召开"四百战略"推进及商业模式创新经验交流会,这次会议也是"智能用电,保证20年"新商品发布会的说明会。董事长在会议上发表重要讲话,并在讲话一开始,首先提出了三句话作为会议的核心内容。

真心实意为用户着想,一定能得到用户的认可和支持;
真心实意为别人着想,一定能得到他人的认可和支持;
坚定不移地走正道、办良企、育人才,一定能得到社会的广泛认可和支持。

西安天朗森柏酒店会议现场

    盛创 520 团队李昭然，北京营销八公司 97 部项目经理常亮亮，代表董事长作盛隆电气"智能用电，保证 20 年"的致辞。盛隆文化的核心，就是帮助一代代年轻人成长、成才、成功。李昭然毕业于华北电力大学，在第一场先行领军竞选大会上成功竞选上河北保定的先行领军，现已成功拿下高端项目订单。常亮亮去年从国际关系学院政府采购专业硕士毕业后，加入盛隆电气，经过半年的努力，一举拿下中央直属机关单位 4100 万元人民币的订单，成为公司百名"千万订单英雄"之一。李昭然和常亮亮在代表董事长的致辞中，提到自己的亲身经历，感慨自己是盛隆文化的受益者。

李昭然在大会上发言　　　　　　　　　　　　常亮亮在大会上发言

4.2　在盛隆电气"智能用电，保证20年"新商品发布会上的致辞

谢元德

活动时间：2017年6月21日
活动地点：西安交通大学
活动内容：盛隆电气"智能用电，保证20年"新商品发布会

各位领导、各位同仁、老师们、同学们：

大家上午好！今天，我和我的同事们很高兴来到中外著名的高等学府西安交通大学学习、观摩、切磋、交流。西安是我国重要的科学教育基地和先进制造业基地，是真正的电气工业之都。西安交通大学是我国电气科学理论研究的领军重镇。这里研发的许多学术理论成果、制定的工艺规程、检测指标体系，以及积累的先进经验，对我国电气工业的创新发展起到了领航灯、指路标、推进器的重大作用。作为一家创建近40年的电气企业，我们是直接的受益者、受惠者。借此机会，我要向西安的科学家、教育家、企业家们表示由衷的敬意和感谢！

今天上午，我们的活动内容有两项。一是盛隆集团贯彻"四百战略"，开展"创业导师高校行"的一次主题活动；二是召开盛隆电气"智能用电，保证20年"新商品发布会。

所谓"四百战略"，是把企业、行业深化改革、创新和升级，与服务"大众创业、万众创新"紧密相结合，特别是与为广大青年学子提供创业、创新平台相结合，经过长期实践摸索、积累和提炼、总结形成的一个战略性行动。

"四百战略"的具体内容为网通百城，携手百企，链接百校，创建百团。其特点是"政、产、学、研、用"五方紧密结合，共同搭建创业、创新的大平台，促进企业和各地方经济发展，尤其是为青年人、包括在校大学生投身双创、逐梦圆梦打造平台，创造条件，提供机会，并借此实现各方共赢、多赢，实现最佳社会效益和经济效益相结合，从而实现体制、制度、机制、模式多重创新。

为贯彻落实"四百战略"，近年来，我们已先后在武汉、北京、上海、重庆等多地，开展"创业导师进高校"等主题活动。师生反响热烈，成效显著。使一些刚刚迈出校门的大学生，有机会积极参与"四百战略"活动、成长很快，短短时间，他们就成为身价不菲的"双创"领军人物。

下面，我们来自全国各地及海外的盛隆电气的老板、老总，将要登上这个讲台，现身说法，向西安交通大学的优秀青年学子投赠橄榄枝，发出盛情的邀请。用我们盛隆的术语，这就是"盛世同襄盛举，隆情共创隆图"。请有志"双创"的学子参与"四百战略"，共建团队，共创大业。

我们的第二个活动项目，是召开盛隆电气"智能用电，保证20年"新商品发布会。为什么要在西安交通大学召开商品发布会呢？

其一，这里是电气专业的行家、专家和大家的聚集地，最懂我们，是我们真正的知音，最能指导我们，帮助我们。夸张一点，也可以说，这里是我们电气企业的"娘家"，不但懂我，还爱我、疼我，能说知心体己话。所以我们认为，在这里开新商品发布会是最佳选择。

其二，选择在西安交通大学召开这个新商品发布会，还有一个重要考虑，即这个发布会是我们带给交大学子的一份特别见面礼。因为这种新商品很适合青年学子，尤其是交通大学的学子，包括在校同学，作为参与"四百活动"，投身创业、创新的一份优先的主打的产品。我们与理工学子有一份先天的缘分。我们对交大学子更加高看一眼。首先，你们是名校理工专业的学子，懂行，有知名度、信任度。我们对你们来说没有高门槛和什么障碍，易于入门。其次，新商品非常有市场缘、顾客缘，市场空间大、潜力大。第三，你们有互联网知识优势，熟悉互联网+的开发运用，可以不受地域与时空的局限，方便灵活地开展"双创"。所以我们热烈期待、衷心欢迎同学们加入盛隆。我们深信，假以时日，你们一定会在这里找到"海阔凭鱼跃，天高任鸟飞"的感觉，找到"有英雄用武之地"的感觉，找到"不悔初心"的感觉。

那么，这一款新商品究竟有什么内容？有什么特点？有什么前景呢？下面，我在这里对其做一个简要而具体的说明。

一、关于企业定位

企业定位是表述企业的性质、特点、价值，以及企业身份、品牌、形象的概括表达。新的企业定位包含了以下三点含义。

第一，企业生产方式由"制造"向"智造"转型升级，产品由"功能时代"向"智能时代"转型升级。

第二，企业经营的主打项目是"智能用电"，其中具有两点含义：服务对象是"智能用电"的广大用户；向市场及客户所提供的是一种崭新的商品，叫做"智能用电"。这里所讲的"智能用电"，不是仅仅把设备、产品给用户安装好就了事，也不是仅仅局限于物质产品安全、节能、环保的技术与效果；不仅仅是显性的硬件服务，而是产品、技术、服务的融合统一，更是交易、操作、运维的全过程。它是成套的完整的一揽子服务，既有显性的硬件服务，也包含企业宗旨、企业文化、企业创新在内的软性化、综合化、人性化、伙伴化服务。

第三，我们为这种新商品提供 20 年的使用期保证。这一企业定位在本行业将是创新领先、独树一帜的。

二、关于新的商品交易模式

首先，交易的"标的物"——"盛隆智造"商品："智能用电，保证 20 年"，是独一无二的创新商品。市场独此一家，别无分店。

其次，交易方式创新。新商品的交易成本低、效益高。这种"新商品"非常适合客户需要，市场需求量非常庞大，前景超常，空间无限。

我们是管配用电的。没有我们的设备与服务，电来不了，也用不成。由于电这种商品的特殊性，用户最担心的就是不保险、不安全，怕出事故，自己扛不起，难应付。而一旦供电出了问题，遇到事故，补救、处理会非常麻烦，损失难于弥补。可以说，在电气行业，高端产品好买，高级服务难求。电气用户要想得到几十年的放心、安心、省心，几乎是难于实现的奢望。

而我们现在所提供的特色商品"智能用电，保证 20 年"，恰恰是想用户之所想，急用户之所急，精准应对市场所需，精确解决用户所难，非常有创意，非常有创新，非常有市场，是一款智慧、文化、经济含量都很高的特色商品和精品。我们的新商品绝对是用户很想买，但市场上又买不到的一种非常实用、又非常难得的好商品。我们可以做到让购买了盛隆"智能用电，保证20年"这一创新商品的客户，未来可能完全会忘了盛隆这个制造商家。因为这20年间，用户用电智能、安全、节能，包给一支专业、高效的运维队伍，无缝隙全程打理，不会出现任何麻烦，轻轻松松就过去了。这就决定了这款独特商品，具有特别人性化的创新性、特别接地气的竞争力。

由于以上特点，用户所花代价不高，却可以购买一个20年的放心、安心、省心，买一个市场没有先例的"真正保险"，解决以前难以解决的"老大难"问题，彻底解决用户用电的后顾之忧。可以说，这款商品肯定很有用户缘，很有市场缘。一旦得到用户的了解和认可，成交就会非常容易、简单、顺利，买卖双方就会建立起超越商业和经济关系的伙伴、朋友关系。只要我们精心操作、精心实施，就一定会很快产生示范传播效应，形成市场流行新热点。企业在获得良好的社会效益的同时，也将获得可观的经济效益。

三、新的企业定位及商品交易模式的价值和意义

首先，表述简明扼要、一目了然。新的企业定位及商品交易模式有利于内部领会贯彻，对外推介了解，更好地打造、推广、强化企业品牌、企业形象，更好地贯彻盛隆市场战略。

其次，与"四百战略"紧密衔接配合，赋予"四百战略"落地贯彻的新抓手。新的企业定位及商品交易模式，与四百战略互为支撑依托，必将使企业的软硬综合实力快速提升，使企业发展壮大获得源源不绝的强大动力。

最后，充分发挥盛隆直接面向市场用户，拥有强大营销军团的独特优势，高效整合内外各种资源，营造海量市场，快速做大做强。使企业发挥在本行业举旗创新、破局领军的作用；使全行业加快转型升级，迅速改变落后面貌，适应并推动经济新常态。

4.3　创新迈向智能用电新时代
——盛隆电气：智能用电，保证 20 年

（摘自《楚天都市报创光谷》2017 年 7 月 13 日第 8 版）

商品可放心使用 20 年，在使用时用户会忘掉制造商，这样的商品和商家存在吗？

6 月 21 日上午，盛隆电气集团在西安交通大学举办"智能用电，保证 20 年"新商品发布会。拥有 38 年历史的盛隆电气集团，在电气行业举旗创新，破局领军，率先成为发布上述商品的智造商。以技术、创新、品牌等综合优势，实现"智能用电，保证 20 年"，让客户完全忘记盛隆这个智造商家！

创新商品引领市场先机

"智能用电，保证 20 年"的内涵是什么？据了解，此次发布的新商品，交易的"标的物"——"智能用电 20 年"，市场独此一家，别无分店。

盛隆电气是做配用电的，没有设备与服务，电来不了，也用不成。由于电商品的特殊性，用户最担心的就是不保险、不安全，出现事故扛不起，难应付。

一旦供电出了问题，补救处理起来非常麻烦，损失难以弥补。可以说，在电气行业，高端产品好买，高级服务难求，电气用户要想得到几十年的放心、安心、省心，几乎是难以实现的奢望。

"智能用电，保证 20 年"，恰恰是想用户之所想，急用户之所急，精准应对市场所需，解决用户所难，智慧、文化、经济含量都很高。客户因使用"智能用电，保

证 20 年",可能会忘了盛隆这个智造商家。因为 20 年间,将客户用电智能、安全、节能,包给一支专业、高效的运维队伍,无缝隙全程打理,这将会让客户没有后顾之忧。

创新管理搅动人才活力

在西安交通大学发布会现场,还进行了人才招募活动。盛隆电气 100 名创业导师上台,鼓励大家加入盛隆大平台创新创业。

"大学生创业,大多是'三无人员',无资金、无团队、无经验,却想当 CEO,事实上很难成功。"西安交通大学电气工程学院研究生会主席张志强,对未来智能配电领域的发展有独到见解。他认为,未来五年、十年,电力行业的改革会持续深入,这给拥有专业知识的大学生们一个好机会。他说:"做技术工程师是一条路,选择创业其实是另外一条路,我们可以到盛隆电气这样的企业,参与创新创业,等待智能用电的下一个风口。"

青春须早为,岂能长少年。集团董事长谢元德勉励现场学子,树立为国为民的崇高情怀。他认为,优秀的年轻人、大学生引领着国家和行业的发展。少年强则国强,有志青年应该担当起国家和行业发展的重任,高举开拓创新的大旗。强大的中国必有强大的企业。盛隆电气希望能为有志青年提供平台和支持,为年轻人创业圆梦做更多的事情。

"四百战略"强国强企强盛隆

网通百城、携手百企、链接百校、创建百团。盛隆电气的"四百战略"将政、产、学、研、用五方紧密结合,共同搭建创新创业的大平台,促进企业和各地方的经济发展,尤其是为青年人、包括在校大学生投身双创、逐梦圆梦,打造平台,创造条件,提供机会,借此实现各方共赢、多赢,达成最佳社会效益和经济效益,并由此实现制度、机制和模式的多重创新。

受集团公司委托，24岁的河北保定小伙李昭然在西安交通大学新商品发布会上致辞。李昭然正是在盛隆平台上通过践行"四百战略"而获得成长的大学生代表，他的经历引起了现场师生的关注。

2015年，李昭然从华北电力大学毕业，经朋友介绍加入盛隆电气集团盛创520部。经公司培训后，李昭然前往保定，调研电气市场，定位高端客户，依托盛隆品牌创业。

2017年3月，李昭然参加了集团公司首届"先行领军竞选大会"，并成功当选保定市先行领军人才。短短几个月时间，他带领的团队已先后中标保定市中心医院项目和希尔顿酒店项目。

6月初，盛隆考察团赴雄安新区安新县考察当地建设规划及政策情况。公司决定，大力支持李昭然及其团队开发保定市场，布局雄安新区。而盛隆的这一市场布局，也获得了当地政府的欢迎。谈到未来，李昭然信心十足："我们将扎根保定，辐射雄安新区，为国家千年大计贡献一分力量！"

乘众人之智，则无不任也；用众人之力，则无不胜也。盛隆电气期待更多有理想、有抱负的年轻人加入盛隆大平台，共同实现"四百战略"强国、强企、强盛隆的宏伟目标。

4.4 湖北卫视《湖北新闻》头条报道盛隆电气"智能用电,保证20年"新商品

2017年8月15日18时30分,湖北卫视《湖北新闻》头条,播出新闻《喜迎十九大,开启新征程——湖北:生产性服务业迈向高端》,以盛隆电气"智能用电,保证20年"新商品为开篇,介绍湖北生产性服务业发展的概况。

《湖北新闻》报道:

近期,湖北电网用电负荷频频刷新历史最高纪录。作为国内智能用电领域领先企业的盛隆电气,迎来了一年中最繁忙的时刻。"我们提出的'智能用电,保证20年'的新商品,安全、智能、节能,我们可以保证,成本降低15%,肯定是没有问题的。"盛隆电气做了38年的配电设备制造,但近几年,他们发现,先进的设备在客户手里却用不出好性能,原因是在电气行业,好装备易得,但配套维护的优质服务难求。为此,盛隆尝试由卖设备转向卖服务,为客户提供一体化的产品设计、设备提供、安装调试、运行维护等系统服务。"我们的目标就是要做一个新行业。"现在,盛隆电气的智能用电管家新业务,为公司带来超过50%的收入,核心技术与核心服务并重,让盛隆在国内智能用电市场占有率稳居第一。

图片来源于 2017 年 8 月 14 日湖北卫视《湖北新闻》

4.5 盛隆独创"241"，大道、大业、大舞台

2017年8月19日，董事长谢元德在武汉董事会上的讲话

在思谋企业创新发展的活动和过程中，今年我有三次很特别的感觉。第一次是"四百战略"的提出；第二次是"一个新商品"的提出；第三次是想到把我们的"建设中国电气开关行业现代化的第一车间；打造盛隆大学培养现代企业人才的第一课堂"的"两个第一"，和"网通百城，携手百企，链接百校，创建百团"的"四百战略"，以及"智能用电，保证20年"的"一个新商品"三个概念整合在一起，命名为"241"战略。自从6月12日在广州会上提出"241"战略以来，我越来越感到"241"是一个大题目、一篇大文章、一个大战略。其内涵非常丰富，意义非常深远，关系非常重大。其重要意义归纳到一点，就是"241"是我们实施百年工程图的总部署。为什么这样说？有三点理由。

第一，它进一步开辟、铺设、完善了实施百年工程、创建百年辉煌的康庄大道。

第二，它进一步规划、丰富、明确了实施百年工程、创建百年辉煌的大业、主业、新行业。

第三，它搭建、拓展、创新了实施百年工程、创建百年辉煌的精彩大舞台。

因此，我们需要对"241"加深学习，深入实践，反复领会，提高认识，增强自觉。以下，我再就最近的思考和体会，与大家做一个分享和研讨。

一、"241"是康庄大道——盛隆近40年的创业经验结晶

首先，我们必须明确认识，"241"是盛隆做大做强，实现"强大的中国必有强

大的企业,把盛隆建成一流的中国企业"这一盛隆之梦的康庄大道。为什么这么说?这是由"241"的基本特点决定的。

"241"的内涵丰富,它最重要、最鲜明的特点如下。

第一,政、产、学、研、用,紧密结合"一条龙",能有效创造大环境,建设大平台。

第二,打开、启动政府、企业、市场、双创人军的直通车,是适应经济新常态的快车道。

第三,企业与社会、市场、消费者高度的亲和力、融合性,是实现供给侧改革的强力推进器。

第四,企业、团队、个人拧成一股绳,是实现"同襄盛举,共创隆图"这一盛隆理念的很好环境创设和组织形式。

第五,企业内外资源高度整合、融通,有利于打造"大品牌、低成本"这一伟大企业的"护城河"。

总之,"241"战略,可以充分调动、利用一切想象不到的内外资源,调动、利用一切想象不到的内外积极因素,能动地、主动地化解种种矛盾、障碍和瓶颈。在这个战略体系之下,平台大、天地广、朋友众、路脚宽、资源多、障碍少、成本低、能效高。一个人、一家企业,能够凝众心、聚众力、得道多助,必然会强大。一条道路能够同时得到天时、地利、人和,四通八达,无往不利,这样的道路,就是康庄大道。

我们还必须要明确的一个重要思想观点:这条康庄大道不是凭空想象的,而是实实在在的;不是看来、听来、外来、模仿别人的,而是我们几十年摸爬滚打、不断实践积累、总结提高得来的;不是哪个聪明人,灵光一闪、灵机一动、脑洞大开、突然悟到,而是全体盛隆人,几十年苦干、苦钻、苦学,心血凝聚、结晶而成;是内在、内生,水到渠成、瓜熟蒂落,自然而然形成的。它和我们每一个盛隆人,都有血浓于水的血缘关系。因此,我们了解、认识、掌握、运用这一战略,没有不可克服的障碍和困难,也是自然而然、顺势而为、水到渠成的事情。

为了认识、理解上面的观点，大家可以将"241"与我们历来总结、提倡、践行的盛隆实践经验做一个比较。可以说，"241"战略包含并体现和强化了盛隆的理论、道路、制度、文化的基本元素和含义。前面，我们分析"241"的丰富内容时也提到了。另外，我们"百年盛隆工程图"所说的，掌握三把金钥匙，发现亮点、发射光彩，其上下两篇六句话，都在"241"战略中得到了充分体现和贯彻落实。这样，我们通过"241"非常简明的概括，就能提纲挈领地领会、掌握、贯彻盛隆的核心价值，达到纲举目张，引领全局的效果，推进各项工作创新、开拓、发展。这关系到我们每一个部门、环节和岗位上的人，是否能够认清方向，了解大局，抓住机遇，紧跟队伍，走康庄大道，做正确的事。这是利害攸关，十分重要的。

二、"241"是盛隆大业——盛隆"追求卓越、奉献社会"的事业、主业、新行业

大家知道，我们有一个很响亮的口号——"十万大军创大业。"但是，究竟什么是我们盛隆的"大业"，怎样全面、完整、正确地理解"盛隆大业"，怎样建设盛隆大业，我们一直是在实践中摸索发展，并在认识上逐步总结提高的。从最早的"为四化建设出力，为人民造福流汗"，到"让一度电创造更多的GDP，让智能用电使幸福生活更幸福，让智慧能源使美丽中国更美丽"，到"盛隆电气国家级，科技服务举大旗"。可以说，这些都是我们对大业、主业的认定和实践探索。这些主题和口号，现在也未过时，还是正确和有意义的。那么，为什么现在要强调"241"是大业、主业、新行业呢？

第一，它全面完整，创新性强，是系统性发展。以前的表述只表述了一方面或一部分，主要还是突出电气产业。而"241"的领域范围大大延伸了、拓宽了、展开了。"241"几个部分自身就是一个完整有机整体。我说过，"两个第一"是盛隆电气健康发展、超常发展的动车双轨，如同企业的强壮身躯，蕴藏并源源不绝地输送能源、动力和活力，强力推进企业发展向前。"四百战略"使政、产、学、研、用，紧密衔接成一条龙，开启了政府、市场、企业、"双创"大军协调一体、相辅相成、整体发

力的快车道和直通车。可以说,"241"是五驾齐驱,四百同创,形成了企业突破性、跨越性发展的新天地、新方位和新路径,如同企业发达灵活的四肢,可以跨山越海、四通八达。一种新商品是精准应对市场,精准服务消费者,体现供给侧改革要求,为市场提供的创新化、智能化、人性化商品。如同企业面目一新的容颜,使人过目难忘,一见钟情。这些要素如果拆分开来,也会独立地发挥作用,但那只是部分的、局部的、有限度的作用。现在,我们把几个部分有机地协调、整合,使它们融成一体,其功能就不是简单地做加法,而是会发生化学变化、质的变化,产生倍增效应。相应地,企业就会躯体壮、四肢强、五官美、头脑灵,成为体智双优、功能强健者,就能挑重担、谋长远、成大事。

第二,它明确清晰,操作性强。大业、主业、行业,是干啥的,是个什么行当,怎样去做,不模糊、不抽象、不空洞。两个第一,四百战略,一个新商品,都是具体的事情、明确的工作、清晰的事业,和实在的经营业务、行当。它们看得见、摸得着、做得到、拿得出、叫得响,很具体、实在,非常有实践性和操作性。

第三,它言简意赅,创新独特,不同一般。

从表达形式看,它很简明。简简单单的三个阿拉伯数字,却包含一篇大文章、一件大事业、一种新行当。这三个数字寓复杂于简单,好听好记,便于学习、领会、掌握、运用和传播。

从包含内容看,它创新独特,意义不凡。它既围绕电气,又大大超越电气;既有企业本位,又远远超越企业本位;既不脱离生产、营销和市场,又处处高于生产、营销和市场。既渗透和贯彻其中,又起指导、引领、推动、核心作用;是育人、立人、达人;是大众创新、万众创业;是全心全意为人民服务;是"追求卓越、奉献社会"的盛隆高级文化。

只有这样,我们的"业"才天高地广、万众同心,得道多助,道路越走越宽阔,队伍越来越壮大,才能够被称为真正的"大业"。只有这样,我们的"业",才不是一般的生产经营,不是简单地做生意。只有主题、主导、主宰,才是真正的"主业"。也只有这样，我们的"业"才是不同于传统360行以外的新行业。我们既是做电气、做企业、做工商，更是做教育、做双创、做建设、做公益、做社会福利、做中国特色社会主义企业。这就是我们的卓越之处和不凡之处，是我们做大做强的根基与保障。

三、"241"是精彩大舞台——盛隆人干事创业、造梦圆梦的广阔天地

"241"为盛隆开辟并建设了一条创新发展的康庄大道，为盛隆提供了应天时、接地利、聚人和、创新独特的大业、主业和新行业。因此，它理所当然地成为盛隆人干事创业、造梦圆梦的广阔天地，大好舞台。

首先，我们的主业既有很强的独立性、专业性，又有多种多样的兼容性、包容性。我们的企业丰富多彩、无所不包，空间非常大，选择性非常强，自由度非常高。你可以在这里找到你所向往的、喜欢的、擅长的任何专业岗位、工种和事业。任何人不管有十八般武艺，还是十九般武艺，在"241"这里都有用武之地、施展之地。

其次，我们有"群体老板"这样独特的育才、立人、达人的体制和机制，有良好的成事、成才、成星的发展上升通道和空间。任何人、任何岗位，都有筑梦和圆梦，甚至是超越梦想的机遇及可能。

第三，得道多助。空间无限，资源无限。我在2015年年底京西宾馆会议上讲过："513"的平台和资源是为盛隆的每一个单位、每一个盛隆人准备的，是属于盛隆的每一个单位、每一位盛隆人的。"241"战略同样如此。"两个第一"的空间与资源，就是你的空间和资源；"四百战略"的资源有多少，你的资源就有多少；百城、百企、百校和百团的空间有多大，你的空间就有多大；一个新商品的市场、空间和天地，就是你的市场、空间和天地。"真心圆你一个梦，真情帮你去成功；豪迈走向大时代，盛隆沃土出英雄。"这不仅是我们心中的歌，更是越来越精彩的活生生的现实。我们的事业会越来越红火，盛隆的英雄会越来越出彩。

四、你理解的有多少,你的空间就有多大

这个题目是写在"百年盛隆工程图"上的两句话,用在对于"241"战略的理解上非常合适。我在京西宾馆会议上,还说过一段话:武器也好,宝贝也好,需要有人知、有人识、有人爱、有人用,才有价值,才能长久。

"241"是在"513"基础上,盛隆战略、盛隆宝贝的创新升级版。通过近一段时间的反复思考、交流和研讨,我越来越感到,"241"的空间非常大,内容很多、很丰富。对于盛隆在新的形势下的创新发展、突破发展,跨越发展,非常关键,十分重要。如果你学进去、钻进去、悟进去,就一定会体会很多,也收获很多,受益很多。可以说,你想要什么,就一定会得到什么。我把自己的一些思考所得与大家分享,就是要让每一个盛隆人,每一位盛隆的朋友,都来学宝、认宝、知宝、用宝。若关心者越多,参与者越多,运用者越多,那么我们的"241"宝贝就会越有活力、越有魅力、越有法力,就越会回馈给大家极大的回报。我们的盛隆、我们大家共同的事业,就会越来越发展,越来越强大。按照"241"这个百年工程图的总部署,大家齐心合力去施工、去实践、去奋斗,盛隆百年辉煌的美好蓝图,就一定会成为造福社会、造福大众、造福每个盛隆人的生动现实。

4.6 盛隆电气智能用电（2017）博览会

盛隆电气打造行业盛会，现场签署 756 亿元人民币订单合约

9月22日，盛隆电气智能用电（2017）博览会，在盛隆大学武汉创业学院盛大开幕。集团总裁谢洪潮博士作新产品发布，展出盛隆电气在技术创新领域取得的重大成果。

包括施耐德、西门子、ABB 等国际一线大品牌在内的 34 家电气行业领军企业

百名盛创院学员欢迎与会嘉宾，合唱《盛隆之歌》

在盛博会上亮相，打造出了一场行业盛会。

会上，集团与客户代表签署《"智能用电，保证20年"新商品合作协议》及电力设计、智能配电设备采购、电力工程总包、智能运维等一系列合作协议，共达成756亿元人民币的订单合约。

会后，湖北日报、湖北电视台、长江日报、武汉电视台、楚天都市报、长江商报、光明网、搜狐、网易等各级媒体纷纷对此事予以报道。

著名教育家、原武汉大学校长、盛隆大学武汉创业学院院长刘道玉，原武汉市委副书记张代重，原武汉市常务副市长袁善腊，国家电力投资集团公司索吉明，施耐德电气中国有限公司王谦共同启动"盛博会"，开启智能用电新时代

刘道玉校长代表主办方致辞

适应智能化则存　不适应智能化则亡

尊敬的来宾、参展的各企业的领导、各位观众：

大家早上好！

现在，我代表盛博会主办方，宣布2017年盛隆电气智能用电博览会正式开幕！我们热忱欢迎各位嘉宾、参展企业的领导，前来参加这次盛大的智能用电博览会；也衷心地感谢多年关心和支持盛隆发展的客户朋友、合作伙伴、老领导、老朋友。

今天，我们处在智能化的社会，以计算机网络技术为主的通信技术、信息技术、自动控制技术等已经渗透到生产和生活的各个领域，智能化将极大地改变我们的生产和生活，甚至改变我们的思维方式。可以毫不夸张地说，适应智能化则存，不适应智能化则亡。

盛隆电气集团紧跟时代的步伐，积极保持与时俱进，研制和开发出了"智能用电，保证20年"的系列新商品、新技术，今天各位都可以欣赏到他们的产品。请各位来宾，特别是参加展览的企业家，对盛隆开发的产品给予评价和鉴定，并提出宝贵的意见。

各位朋友，我们应当看到，我们现在正处在人类历史最深刻的变化的时代，这个时代就是智能化的时代。盛隆这些成就的取得，是盛隆电气实施"群体老板241"战略的结果。群体老板的概念是盛隆独创的，湖北省省市领导多次予以肯定和支持，实践也证明是有效的。从理论上讲，群体

刘道玉校长发言

老板体制是完全能够成立的。美国人类学巨擘克罗伯有一个理论，认为天才是成批出现的。他列举了许多事实，17世纪是人类天才辈出的时代，群星灿烂，如牛顿、莎士比亚、培根、笛卡尔等。17世纪的天才是以成千计出现的。20世纪前半叶，也是天才成倍出现的时代，日本第一个诺贝尔物理学奖获得者汤川秀树，用详细的材料论证了这个理论的准确性。我曾经调查过，武汉大学79级经济系这一个小班，就出现了10位著名企业家、8位厅级以上的干部，是武汉大学创立到现在从来没有的群体现象，为什么天才成批地出现？既然天才是成批出现的，那么老板也会是成批出现的，这就是群体老板理论的依据。但是，无论是天才还是群体老板，并不可能是任何时候都能够出现的，关键是要大力培育滋生天才或是群体老板的土壤。

各位朋友，我们应当看到，人类社会受智能化的影响，从来没有如此深刻，其变化的速度真是日新月异。为了迎接智能化的挑战，企业界必须紧密合作，以互利共赢为目标，这样才能使我们的企业成为"苟日新、又日新、日日新"的常青树！谢谢各位！

谢洪潮博士作新产品发布

从"功能时代"迈向"智能时代"

盛隆电气集团总裁谢洪潮博士及相关人员作新产品发布。发布会上，谢洪潮博士表示：使用智能化配电系统，可实现智能监测、预警、控制和运维，将提高用电安全的可靠度、降低运维成本，提高用户用电效率。基于系统平台，每一台配电柜都配有一个专属二维码，这里将记录它各项"生老病死"的数据，实现用电全透明化。另外，基于云服务的大数据分析，实现能效管理，能有效地减少碳排放。

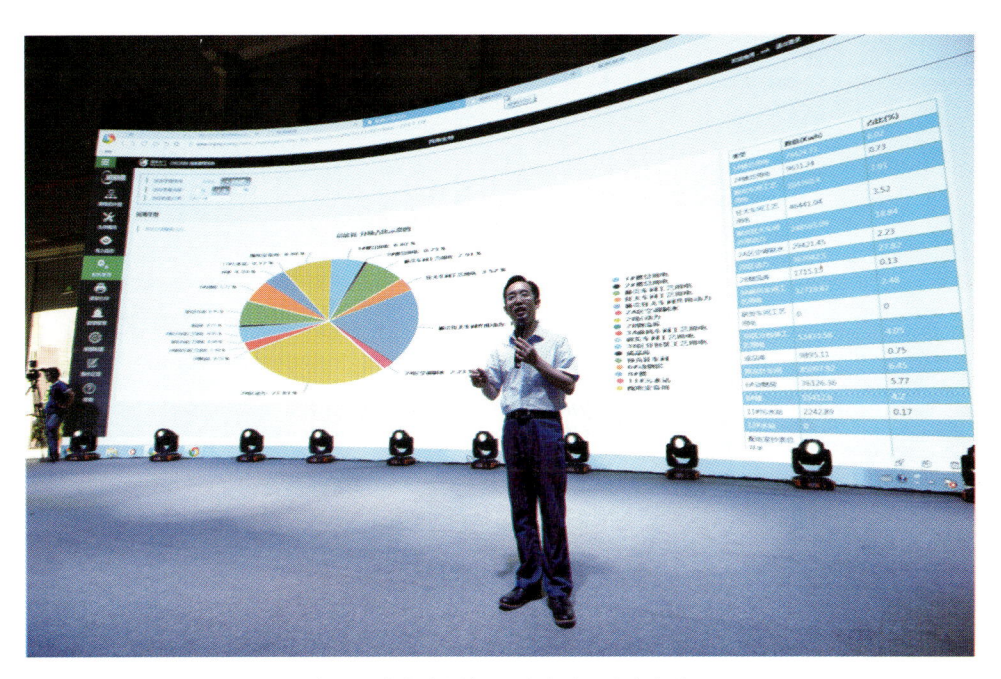

集团总裁谢洪潮博士进行新产品发布演说

签约仪式

盛隆电气集团与客户代表签署《"智能用电,保证20年"新商品合作协议》及电力设计、智能配电设备采购、电力工程总包、智能运维等一系列合作协议,达成765亿元人民币的订单合约。

签约仪式现场

嘉宾致辞
——北京卫星制造厂总经理孔为国致辞

非常感谢,今天很荣幸和大家见面。

我们中国航天科技北京卫星制造厂,主要生产卫星和这几天新闻在报道的月球车,马上月球车就要去月球进行开采。我们现在主要做军品转民品的一个航天热导产品,解决国家的煤改电的项目。特别是在边防哨所和东三省,这边的气温都在零下60℃,如果国家要解决煤改电的问题,很多产品是进不了这些寒冷地区的,而且还需要低电耗。如果现在盲目地要上煤改电的产品,不是一个简单的清洁能源的替代,而是能源的替代。我们现在航天热导的产品,可以做到零下60℃每百平方米的电耗在40度,室内温度在18℃以上,这就是我们的热导技术。我们可以晚上的谷电做蓄能白天释放,这也是国家发改委能源局提出来的战略性的方针。国家未来

北京卫星制造厂总经理孔为国致辞

在 2050 年非石化产品要退出全球的市场,像现在 2035 年燃油汽车要退出市场一样。这是一项非常艰巨的、对技术这一块的开发与挑战。

我们和盛隆今天的战略性的合作是因为我们需要盛隆的电力配套。现在,我们要解决的是超高压蓄能技术,如果拿低压做蓄能,用户现有的所有输配电系统是无法满足这个项目的。所以需要 660V 的电压做续导。我们不但可以做热蓄能,还可以做冷蓄能。现在最主要的工业环保的问题,目前国内所有的企业都面临环保的问题而被关停。我们现在解决的古井镇,那里有梦之蓝酒厂,一天就需要 55 吨的蒸汽,但是 15 吨以上的锅炉都已经停产半个月了。这就是我们航天热导可以解决的工业品和未来民品的一项技术,也希望大家有机会去航天城参观,我们可以共同切磋一下航天热导,谢谢。

34 家电气行业领军企业参展

西门子展区

施耐德展区

ABB 展区

第五章
盛隆文化基本

5.1 校　训
——立人己立，达人己达

校训"立人己立，达人己达"一语，出自孔子《论语》："夫仁者，己欲立而立人，己欲达而达人。"意思是一个讲究仁爱的人，要使自己建功立业、发达有成，就必须同时关心他人的生存和发展，帮助他人达到"立"功、"立"业，和通"达"、发"达"。孔子的这一思想，是中国优秀传统文化的重要内容。三十多年来，盛隆文化与此一脉相承。"真心圆你一个梦，真情帮你去成功"，形成了"帮助别人就是成全自己，成功他人定能实现自我"的盛隆哲学，并培养和帮助了一代代年轻人就业、创业、立业。盛隆大学武汉创业学院的建立，是对盛隆哲学的进一步践行与升华。将"立人己立，达人己达"尊为校训，标入校徽，正是彰显了盛隆文化价值的核心。依照这一核心理念办校育人，让它深入广大师生、广大员工的心灵，是盛隆大学的办学特色与生命活力之所在，是传承、弘扬盛隆长盛不衰的凝聚力、创造力的根本所在。

武汉大学首届作家班赠送的刘道玉校长铜像

5.2 十大代表性文化

一、盛隆宗旨（1979—1985 年）

1979 年，盛隆宗旨
为四化建设出力，
为人民造福流汗。

公司发展初期门牌

1986 年，盛隆宗旨发展为"四盛"
盛隆宗旨：为四化建设，为人民造福，为国家分忧，为群众解愁；
盛隆思想：热爱国家，忠于公司；
盛隆作风：信誉至上，诚恳待人；
盛隆精神：艰苦奋斗，克己奉公。

1986 年，在公司成立七周年大会上，谢元德董事长要求全体盛隆人，一定要坚持盛隆宗旨，树立盛隆思想、保持盛隆作风、发扬盛隆精神，并且要把这"四盛"作为盛隆的"传家宝"，一代一代地传下去。

1992 年，《盛隆之声》发刊词

盛隆的创业并不是依靠雄厚的资金、先进的设备；盛隆的成就不仅仅是一排排楼房，一台台机器；盛隆的目标也不仅限于产值的增长和利税的提高。比这些更为重要的是盛隆精神的培养和盛隆宗旨的发扬；过去，我们靠它创业，今天我们靠它发展；未来我们靠它攀登。

二、盛隆理念（1994年）

盛世同襄盛举，隆情共创隆图

公司成立15周年会议

三、盛隆文化目标（2002年）

表层文化：温暖和谐，昂扬向上；

中层文化：科学合理，易知易行；

深层文化：追求卓越，奉献社会。

四、盛隆机制（2003年）

统分结合，个体为基；统分共利，集强个益。

盛隆机制的特点是大中含小，小中寓大；合中有分，分中有合；统而不僵，分而不散。盛隆机制把企业、集体（团队）和个人三者的利益关系有机地、紧密地、融洽地结合起来。

五、盛隆之歌（2009年）

五月花开红，
盛世有盛隆。
艰苦奋斗三十载，
穿过多少雨和风。
真心圆你一个梦，
真情帮你去成功。

盛隆是家园，
盛隆是天空。
有家有爱更有梦，
有苦有乐有成功。
诚信攀越百年峰，
科学发展强盛隆。

水迢迢，山重重，
盛隆沃土出英雄。
豪迈走向大时代，

为国为民争先锋。

我拼搏，我光荣，

众人划桨破浪东。

百年辉煌——我盛隆！

六、盛隆徽（2009年）

盛隆徽的徽章由三圈同心圆组成：外层为盛隆电气公司的企业理念，由16个字组成，即"盛世同襄盛举，隆情共创隆图"。中层为盛隆电气的英文名称。内层是突出中国地图形状的地球。

盛隆徽的含义包括以下三方面。

第一，祖国是我们的核心，地球是我们的家园。这是盛隆的立足点和根本发展的灵魂所在。

第二，以盛隆理念，盛隆精神拥抱、回报祖国与地球家园。盛隆的发展目标是要做中国的盛隆，世界的盛隆。

第三，三圆同心象征圆满和谐，象征天时、地利、人和的融洽和包容。

七、盛隆旗（2009年）

盛隆旗由红、白、蓝三种颜色组成。红色、蓝色取自盛隆注册商标的两种颜色。其中，红色代表盛隆积极攀登、拼搏奋斗的生气与活力；蓝色代表盛隆尊重科学、沉着务实的冷静与理性；白色是日光七色的总和，代表盛隆不拘一格，天地广阔般的开放与包容。

八、盛隆法则（2010年）

品质信誉升升升；

虚华成本降降降；

集约经营管管管；

用户利益让让让。

经过30多年实践检验的盛隆文化，是具有强大生命活力的企业创举。具有中国特色的盛隆群体老板体制的成功，必将带来行业的集约化，科学化的升级转型，必将带给用户更多品质高端、价格低廉的产品和服务。

九、盛隆伦理（2011年）

信任、关爱，诚实做人、踏实做事。

做金牌英雄，创金牌盛隆

——《盛隆电气英雄奖章》颁行辞

盛世盛隆花开红，盛隆沃土出英雄。

豪迈走向大时代，为国为民争先锋。

盛隆英雄是盛隆精神的力行者，是盛隆文化的弘扬者，

是盛隆形象的体现和引领者，是盛隆科学发展、

百年辉煌的先锋模范，是盛隆人的优秀、杰出代表。

信任、关爱、诚实做人、踏实做事,这是盛隆伦理;

实干受实惠,正道有正果,这是盛隆法则。

金牌诚可贵,英雄格更高。

盛隆人是奇迹和金牌的创造者。

众人划桨破浪东,百年辉煌我盛隆。

盛隆英雄齐努力,金牌盛隆立寰中!

盛隆金牌,千赤足金。献与英雄,表彰功勋。

美好家园,以人为本。百年辉煌,看我群英。

十、盛隆哲学(2012年)

盛隆哲学:帮助别人就是成全自己,成功他人定能实现自我。

哲学是世界观、方法论,是文化的顶级和核心。盛隆企业文化的体系和内容都是以盛隆哲学为指导的。什么是盛隆哲学呢?回顾三十多年的发展之路,分析盛隆的企业文化,我们把它归结为:"帮助别人就是成全自己,成功他人定能实现自我。"中国儒学圣人孔子说过:"己欲立而立人,己欲达而达人。"意思是,一个讲究仁爱的人,要使自己建功立业,发达有成,就必须同时关心他人的生存和发展。帮助他人达到"立"功、"立"业,和通"达"、发"达"。孔子的这一思想,是中国优秀传统文化的重要内容。公司董事长小时候听母亲所讲范曾的故事,就是对孔子理论最好的实践和验证。范曾千辛万苦去"问天",一心帮别人排忧解难,自己的困惑和难题却一句话也没有提。然而,就在他一心一意地帮助别人解难的过程中,他毫无所求,却既意外而又自然地得到了金银珠宝和美丽的新娘。孔子的理论、范曾的故事,都表达了同一个思想:社会的凝聚、和谐,生活的创造、美好,个人的成功、发展,需要善意、善举、善人;需要与他人、团队、社会同心协力、携手而行。

三十多年来,盛隆的文化与此一脉相承。"真心圆你一个梦,真情帮你去成功。"察己知人、推己及人、急人所急、帮人所需,以至先人后己、厚人薄己,成为公司推崇和传承的美德良风；成为一种文化伦理、哲学理念，深深地影响了盛隆的创业、立业和经营发展。

由这一基本理念出发，公司创造了以千方百计帮就业、帮创业、帮立业为核心目标的温暖和谐、昂扬向上、追求卓越、奉献社会的企业文化，建立了信任和关爱的企业伦理，形成了诚实做人、踏实做事、走正道、成正果的机制和良好的风气与氛围。好人定有好报，实干必得实惠，老实人终究不吃亏；先做人，后做事；帮人是做人的本分，助人是做事的前提等，已成为盛隆人信奉并遵循的做人准则和生活信条。

三十几年来盛隆的最大成就，最主要的不是厂房、设备旧貌换新颜，不是产值、利润成倍翻番，也不是个人收入财富的大幅增长；而是在盛隆这个大学校里、大平台上，培养并帮助了一代代年轻人就业、创业、立业；助其成事、成人、成才。不仅使他们个人、家庭的命运发生了根本性的改变，而且带动并帮助家乡和远近一方的父老乡亲扩大就业，帮助地方解决就业之难，为国分忧，产生了广泛的社会影响和良好的社会效益。

盛隆老一代的创业者，少壮派的掌门人，"80后""90后"的佼佼者，他们都是因为主动关心和帮助他人，全心全意培养、扶持年轻人，努力建好团队、服务团队，秉持"支持别人，就是完善自己；帮助别人，就是成全自己""达人而后达己"的理念，从而走向成功的。他们的经验反复证明，在盛隆哲学指导下的立人、达人，这正是盛隆源源不绝的生命活力所在，是盛隆长盛不衰的凝聚力、创造力所在；是盛隆文化价值的核心，是盛隆最重要的软实力、竞争力。

西方的经济理论认为，市场经济的参与者是主观为自己，客观为他人。这种理论助长了市场经济的负面作用。而中国优秀传统文化中"立人己立、达人己达"的理论，包含着科学的道理，具有人性的力量，体现了民族的美德。它能使社会更加温暖和谐，激发人们的凝聚力和创造力。盛隆把这一理论作为企业哲学，取得了巨大的成功。它同时也证明，盛隆文化既有时代的先进性，又有优秀的传统性和广泛的群众性，因而它必然具有深厚的生命根基，焕发出旺盛的生机活力。

5.3 从昨天、今天、明天看盛隆文化读本

谢清伦在《盛隆电气集团基本制度文件》颁发仪式上的讲话
活动时间：2012 年 8 月 25 日
活动地点：武汉关东科技园

大家上午好！

昨天拿到《盛隆电气集团基本制度文件》时，我的心情很激动。文化是个奢侈品，也是个很高尚的字眼，而现在我们终于有了我们自己创造的文化，而且还有了这样一个内容非常丰富的读本。它就像公司成立 30 周年我们在钓鱼台国宾馆第一次听到《盛隆之歌》响起时的感觉，震撼、感动……作为盛隆人，我相信大家跟我的感觉是一样的，感到非常骄傲和自豪。

一、回顾篇：一个创举改变千万家庭的命运

1979 年 5 月，在改革开放春风刚刚吹起的时候，我们的董事长带领着一群人喊出了"为四化建设出力，为人民造福流汗"的口号，开始了类似于"小米加步枪"的艰难创业，奠定了盛隆文化的雏形。在那个物资还相对贫乏的年代，这无疑是一个很高且很难实现的目标。老总当时就讲，他就想做一个伟大的人。33 年过去了，企业从枣阳到武汉、到北京，而后到广东、到上海、到重庆，打响了"五营三角连环阵"的市场冲锋战。现在，它正带着几千盛隆人向建设中国中部电气之都的方向，向着盛隆电气百年辉煌的基业淡定前行。他实现了他的愿望，他完成了伟大的创举。

为国家分忧、为群众解愁，正是有了这个最原始的初衷，才有了在座的各位紧紧跟随董事长的老总们的今天，从农村到城市，从小的村屋宅院到大房豪车。我想我说的这些并不空乏，而是大家每天都能感受到的改变。

在那个年代，应该有过很多的口号和梦想，但是它们中的大多数都会随着时间的流逝被时代的浪潮所淹没。可是在盛隆，那些历史都被铭记着，那些精神一直在升华。追求卓越、奉献社会、以人为本、求精创新，这些优秀的企业文化被更好地传承，被落到实处，变得越来越具体，越来越深刻，越来越彰显价值！也就是这种责任和使命，让我们有了奋斗的动力和前进的方向。我们相信盛隆的明天会更加美好！

二、现在篇：建设盛隆特色文化，奠定"百年辉煌"制度保障

在很多公司，文化只是被裱起来高高地挂在墙上；而在盛隆，文化是写在每个员工的心里的，是贯穿在每位员工的日常工作规范中的。

2009年，"一体三委"盛隆大纲的确立，将无形的文化变成了有形的制度。"一体"的确定再一次明确了盛隆特色的群体老板制度。它在包含东方文化"有爱有家"的同时，也将西方文化"科学发展"与之合理交融，顺应了中国发展的现有国情，极大地发挥了盛隆特色文化制度的优越性，激发了公司所有员工的工作能动性。而"三委"的确立，则是让盛隆的决策系统、执行操作系统、管理监控系统进一步走上了规范化、制度化的轨道。"营委会"是群体老板会议，它从源头上保证营销自我控制风险，极大地拉动了公司有效业绩的增长，继而为生产上创造出源源不断的生机和工作动力；"技委会"更好地控制了产品成本，保证了产品质量。交货速度和售后服务，为营销更好地拿订单做好了坚实的后盾和有力的支撑。管委会的确立规范了公司管理制度，从管理层面上更好地协调了"营委"和"技委"的日常工作，确保公司全面安全地有序运转。"三委"各司其职，相互制约，既保证了公司的长久动力，又有效地规避了潜在风险。

"一体三委"大纲确立后,董事会随即出台了与之相应的盛隆一号、盛隆二号和盛隆三号制度,这让盛隆大纲变得更加细化、可执行化,让盛隆大纲的内在精髓切实变成了我们日常工作的指导规范性文件。盛隆有了这样好的文化制度做保障,一定会为盛隆的"百年辉煌"保驾护航!

三、未来篇:三大战略目标的确定,明确盛隆未来发展方向

2017年,董事长提出了公司发展极具前瞻性的三大战略,"武汉工厂战略""玉琼团队战略""全面创新升级战略"。它们针对公司如何更好地向着"百年辉煌"这一目标前行给予了指导。

其中,"武汉工厂战略"是指,建设中国电气开关行业现代化的第一车间,打造盛隆大学培养现代企业人才第一课堂。这"两个第一",让我们对武汉工厂有了新的定位,它不再只是生产优质产品的车间,更是培养优秀人才的一所"黄埔军校"。它不单培养生产管理人才,更是培养营销人才的第一课堂。无数的年轻人在这里历练了自己,也为自己走向市场打下了坚实的基础。玉琼就是一个典型的例子,从生产到管理,再到营销,完成了一次次华丽的转身。她深受公司文化的熏陶,她的成功是对我们公司文化力量的一种见证,也是对公司工厂战略所推崇的人才培养机制的一种肯定。可以说,"武汉工厂战略"保障了盛隆百年辉煌的人才供给!

董事长对"玉琼团队战略"的成功给予了高度的概括和评价。其中有很多有价值的地方值得我们去总结、去借鉴。玉琼的成功改变了很多老总固有的思维,让我们意识到,要不断地打开眼界,创新思维,全面提升团队素质,改变经营思维。

我觉得玉琼这个年轻团队能在没有强大的资金和富有经验的销售老总的带领下取得这样的成就,更多的是给了无数刚刚来到我们公司、还处于艰苦创业期的年轻人以更大的鼓舞,给了他们在困难面前突破自我、力求成功的希望。在公司其他部门,其实也存在很多像玉琼团队这样的缩影。盛隆的平台和机制,成就了无数敢于拼搏的年轻人的梦想,让他们也逐渐享受到盛隆带来的幸福人生。公司

的岗位几千个，岗位背后带来的是多少家庭命运的改变啊，这是伟大的盛隆对于社会的卓越贡献！

2012年，董事长提出了"帮助别人就是成全自己，成功他人定能实现自我"的盛隆哲学和"信任、关爱，诚实做人、踏实做事"的盛隆伦理。在盛隆，"先富带后富"已经成为一种思维的惯性和道德的规范。所有的盛隆人也必将怀着一颗感恩之心，肩负起对他人、对社会的责任，进而形成积极的社会效应，为公司市场的发展营造良好的社会环境，从而促使公司更好地发展。如此良性循环，盛隆必将生生不息。"盛隆电气中国第一"的伟大目标一定会实现。

这里，我呼吁大家把我们盛隆人自己用几十年的艰辛实践创造出的《盛隆电气基本制度文件》这个读本，作为我们每天的必读书。"书中自有黄金屋，书中自有颜如玉。"让我们一起认真地领悟其中的每一句话，让它所阐述的理念融入我们的灵魂和血液，让文化、制度、措施和方法指引我们的工作方向。谢董在1992年《盛隆之声》发刊词中说："盛隆的创业不是依靠雄厚资金、先进的设备，盛隆的成就不仅仅是一排排的楼房，一台台的机器，盛隆的目标也不仅限于产值的增长，利税的提高。比这些更为重要的是盛隆精神的培养和盛隆宗旨的发扬，过去我们靠它创业，今天靠它发展，未来靠它攀登。"用盛隆文化指导我们，走向中国第一，走向百年辉煌。

5.4 领悟使命，呼应时代

——董事长谢元德在颁奖典礼上的获奖感言

活动时间：2013 年 1 月 13 日

活动地点：北京

活动名称：2012 中国经济高峰论坛暨第十届中国经济人物颁奖典礼

谢元德董事长接受颁奖

尊敬的各位领导、各位嘉宾：

非常感谢组委会及社会各界给予盛隆的这份殊荣！这些天，我的内心一直忐忑不安，生恐自己承受不了一顶顶又大又重的堂皇冠冕。

朋友们安慰我，30年心血汗水浇灌，种豆得豆，种瓜得瓜。但我深知，时势造英雄，形势比人强。我感谢时代、感谢社会。我们的企业创始于1979年，但直到1983年才获得工商登记。将近四五年的时间，我们都是没有"准生证""出生证"的"黑户"。如果一直是这样的环境，那就一切都谈不上。

父母儒家的传统观念给予我毕生的影响，那就是一个人要行善，多做好事、善事。20世纪80年代初，国家鼓励"两专一联"，大会秘书组帮我准备了一个发言稿，要做大会交流。这篇发言稿里面讲，我抱着"甩掉贫困帽子、发家致富"的愿望，组建了"513"联合体。我觉得那不是我自己的内心想法，不接受稿子，影响了大会。领导问我："你到底想做一个什么样的人？"我年轻气盛，脱口而出："做一个伟大的人！"其实，我就是想学榜样，做一个能帮人的好人、善人。这种思想后来发展成为"盛隆哲学"：帮助别人就是成全自己；成功他人定能实现自我。再后来，我知道了孔圣人说过"己欲立而立人，己欲达而达人"，就更加下气力去坚持这一点。

如果说盛隆做了一些事情并得到了社会的认可，最根本一点，是我们坚持了这个哲学。盛隆文化开宗明义规定：千方百计帮就业、帮创业、帮立业，是企业的核心目标；信任、关爱是盛隆的企业伦理；好人定有好报，实干必得实惠，老实人终究不吃亏；帮人是做人的本分，助人是做事的前提等，是盛隆的准则与信条；"真心圆你一个梦，真情帮你去成功"是《盛隆之歌》的主题。

做善事、帮助人，单靠好的愿望不够，必须打造平台，建立制度。盛隆平台、盛隆制度的特点和活力，在于它贯彻了盛隆哲学，把立人、达人制度化、机制化。盛隆最大的特点是创业平台制、群体老板制；鼓励、帮助每一位员工创业、立业，人人能创事业，个个可当老板。"昨日是兵，今日是将，明天率领三军打大仗"在盛隆很常见。人人为公司，更是为自己。千斤担子万人挑，一人的心众人操。我这个老总比较轻松，在没有贷银行一分钱、没有一分钱外债的情况下，公司业绩超常发展。经济下行，宏观紧缩，我没有更多地感受到压力，反倒有一份兴奋。因为它挤出了水分，给了有实力的企业更大的空间。记者问我企业当前的困难，我回答企业没有任何包袱，我感到的是越来越多的机遇。我们的后劲足得很。不久前，我们成为东湖高新区智能电网的主要建设方，让大家备受鼓舞。在 2016 年年底召开的企业全国三委学习党的十八大精神的会议上，我们提出了"让一度电创造更多的 GDP，让智能用电使幸福生活更幸福，让智慧能源使美丽中国更美丽。"的新的战略口号。一个更广阔的发展空间正展现在盛隆面前。

我很欣赏海尔老总张瑞敏的一句话，他说："没有成功的企业，只有时代的企业。所谓'成功'，不过是踏准了时代的节拍。"参加这样高层的盛会，我在心怀忐忑的同时，更多地为能与众多的优秀企业、杰出的企业家亲密接触而兴奋。因为在这里，我可以更清晰听到、更深刻地领悟到时代的节拍，更准确、更踏实地跟上时代的节拍。谢谢大家！

5.5　盛隆电气：一个值得奋斗一生的地方

李高产，李佳（摘自《湖北日报》2014年1月27日第7版）

2011年销售额21亿元人民币，2012年销售额30亿元人民币，2013年销售额45亿元人民币。在经济形势不好的情况下，盛隆电气集团却以每年50%以上的速度高速增长。

企无人则止。作为企业最大的资产，员工的热情在某种程度上代表着企业的经营绩效。盛隆总能点燃员工的热情，让他们感受到信任的力量、帮助的温度，他们"累并快乐着"。提起盛隆，几乎每个人都认为：盛隆是一个值得奋斗一生的地方。

近日，笔者走进盛隆电气集团，采访了多位在盛隆工作的员工。他们的故事具有启发意义，在某种程度上既能揭示盛隆的成长，又能体现出一个企业的幸福感。

想创业到盛隆

汪丹走进会议室，笔者的目光第一时间便落到了她鼓起来的肚子上。尽管已有八个月身孕，她仍然坚持上班。

自2006年从湖北经济学院毕业加入盛隆，汪丹先后干过财务、采购工作，因性格外向，三年后的2009年，她加入八公司任208处总经理。2013年，汪丹与丈夫一起完成6000多万元的订单，在年底公司召开的表彰大会上，她作为"千万英雄"的代表分享了自己的经验。

与同龄人相比，汪丹无疑是优秀的。如今的她，有车、有房、有存款，还有一份自己喜爱的事业。汪丹介绍，要达到这样的生活水平，只靠自己的奋斗，几乎很难实现。但在盛隆，只要你努力、肯干、能吃苦，盛隆就能让你致富，甚至自己当老板。"这得益于盛隆的群体老板体制。在许多公司，就算再有能力，如果没有资金支持，想创业也是很难的。但在盛隆，只要你有能力，肯拼搏，公司会为你提供资金、技术和人员支持，让你成功创业。"汪丹说："群体老板体制就像一个创业系统，你只要勤学、苦干、有能力，你就可以自己做老板。"

当公司的目标与个人的目标达成一致时，就可以唤醒人的无限潜能。汪丹坦陈，在盛隆工作，加班加点是常有的事，但一想到为盛隆干就是为自己干，每个人都自觉加压，为有朝一日当上老板而努力。

入职多年，尽管工作过程中也遇到过不少困难，但汪丹从未想过跳槽。在汪丹的眼里，盛隆不仅是一个企业，而且更像是一个温暖的家。她把自己在公司里感受到的一切说给丈夫听，丈夫也被这种感受所吸引而加入了盛隆。后来，她和丈夫一起完成了6000多万元的订单，名副其实地成为盛隆的群体老板中的一员了。

每个人在为盛隆干的过程中得到了自己想要的一切，同时每个人在为自己干的过程中又推动了盛隆的发展。这种员工与企业共生共赢的机制，造就了高速增长的盛隆，也成为盛隆"实干兴邦"企业文化的起源。

信任带来成长

走进盛隆，看到的是一张张生机勃勃的面孔。这里年轻人居多，许多高管和中层管理人员都是年纪不足30岁的年轻人。这体现了盛隆一种用人的魄力，但魄力的背后是信任的文化。

今年33岁的生产总监聂伟透露了她在盛隆的成长经历。她说自己升任工厂厂长是董事长谢元德钦点的，当时她仅29岁，自己也感到很意外。后来，她了解到，董事长之所以钦点她，是因为董事长观察到了几件小事，其中最重要的一件事是一个同事在一次开会时对聂伟交口称赞，觉得她是一个让人信服的领导。

从设计室主任到管理近千人的厂长，聂伟其实并没有太多信心，她甚至觉得董事长对她的信任比她对自己的信任还重。谢元德经常鼓励她，认准的事情就大胆去做，即使做错了，也把它看做成长的一种历练。正是因为这种信任，不仅是聂伟，盛隆的所有人对于公司赋予的权力都非常慎重，不愿辜负公司的信任。

谢元德无时无刻不在传递这种信任的文化。盛隆集团营销四公司总裁谢远锋讲述了一段跟随谢元德出国参观意大利米兰大教堂的经历。米兰大教堂于公元1386年开工建造，1897年最后完工，历时五个世纪。米兰大教堂的宏伟深深震撼了谢元德，他告诉他的团队，这个教堂历时五个世纪方建成体现了意大利人的信念——前人相信后人能够完成他们的事业，后人也相信并继承了前人的思想。同理，一个企业要想长寿，也需要这种信任的力量。

帮人即帮己

"立人己立，达人己达"是谢元德常说的一句话，意思是帮助别人成功，自己就能成功，这已经变成了盛隆的企业文化。

盛隆电气集团物资处总监杜英就是因为谢元德的帮助进入盛隆的。1990年，杜英的家庭遭遇了三个生命的离去和三个新生命的到来，夫妇俩在情感上经历了悲与喜的交替，生活上必须面对沉重的经济负担。了解到情况的谢元德，提出让杜英进入盛隆工作的建议，以帮助这个困难家庭。这就是杜英从一个在家带孩子的家庭主妇走向企业高管的开始。

从在车间做电焊工到做产品组装员，从管理大型项目物资的调度到管理全国五家工厂的物资经营，杜英兢兢业业的工作赢得了同事和领导的信任。2008年曾有企业开出高于杜英工资两倍的年薪聘请她，但她拒绝了。她深情地说："在我们家最困难的时候，盛隆帮助了我们，我愿意在盛隆干一辈子。"她的两个儿子受到杜英的感召，也先后加入了盛隆。

这样的故事在盛隆是平常的事情，每个人都感受着帮助所带来的温暖，并将之传递给更多的人。三十多年来，这种团结互助的精神早已变成了一种习惯和企业文化。这种文化还辐射到了企业外部，给客户提供实实在在的服务。

结　语

采访完盛隆，笔者的心情久久不能平静。这是一个快速成长的公司，每年以50%的速度增长。这也是一个团结和谐的"家庭"，每个人都觉得这是一个值得为之奋斗一生的地方。

企业增长这么快，在盛隆工作并不轻松，可以说压力非常大，加班加点是常有的事。但无论是新进员工，还是入职多年的员工，却干得幸福，干得愉快。

对新进员工，盛隆充分信任，给他们机会去历练；对入职多年的员工，盛隆鼓励他们当老板。为自己干就是为盛隆干，为盛隆干就是为自己干，这种相互加强的共生共赢关系让盛隆每个人都"累并且快乐着"。

一个企业的发展绩效，取决于员工的能力与工作态度的乘积。管理学中有一段经典的描述，当一个人能力有80，工作态度有60，可以创造4800的绩效；而当能力有70，工作态度有90时，则可以创造6300的绩效。由此看来，点燃员工的热情，是一个企业获得成长的重要因素。

盛隆的强大正在于能够点燃员工的热情。当你困难时，盛隆能够伸出手帮助你，并提供机会让你跟企业一起成长；当你能力增长时，盛隆的群体老板制又给你提供一个没有边界的发展空间。只要你有能力、肯干、能吃苦，能拿到订单，盛隆就能让你发财致富，就能让你过上体面而幸福的生活。

多年来,盛隆内部已经形成了信任、帮助的文化。这种文化里既有力量,也有温度,并内化到每个人的心中,变成自觉的行动,传递给身边的人、后来的人,以及公司之外的客户。

盛隆的每个人每天都在思考着如何帮助客户解决问题。这样一个每天都思考着"帮助"的企业,让每个加入盛隆的人都拥有一个看得见的未来。

5.6　董事长谢元德谈《杰克·韦尔奇自传》
——领导者要为最优秀的职员提供广阔机会

康鹏，裴道彰，邵洁（摘自《长江日报》2014年5月27日第17版）

1979年5月13日，一个星期天，黄历上写着"宜修造、动土"，湖北枣阳王城镇29岁的青年农民谢元德，带着5个伙伴，在空地上盖起两间工棚，制造水泥瓦、预制板，开启了自己的"企业家"生涯。

读书会现场

那时，安徽凤阳小岗村的"包产到户"还未被正式肯定，深圳被确定为"经济特区"还是半年后的事情。做生意是要冒风险的，"企业家"这一称谓更是闻所未闻。

同一年，在太平洋东岸的美国康涅狄格州，工程师杰克·韦尔奇已经担任通用电气公司的副董事长。在接下来的20年间，他大展拳脚，将公司打造成了世界最有价值的公司，他本人也被称为"经理人中的经理人""全球第一CEO"。

他在2001年退休前夕出版的自传，全球的经理人几乎人手一册，比韦尔奇小15岁的谢元德就在其中。

谢元德与韦尔奇有太多的不同：韦尔奇拥有伊利诺斯大学的化工博士学位，谢元德却是一位地道的农民；韦尔奇饱受"找出最差的10%的员工并让他们马上走人"的西方竞争文化浸淫，而谢元德却崇尚"你对人家好，人家自然对你好"的东方"好人哲学"。

但在读《杰克·韦尔奇自传》时，谢元德却每每感到其"心路历程与自己有相似和贴近之处，一些观点我也非常认同，读起来有一种他乡遇故知的感觉"。

前不久，盛隆电气董事长谢元德做客本报传播研究院主办的"卓越企业家读书会"，与书友们分享了他与韦尔奇的"同与不同"。

回忆母亲：民间故事汲取东方智慧

在自传的一开始，韦尔奇提到了自己的母亲，一位逢人就讲自己儿子的故事、并声称为他感到骄傲的女人，为口吃、瘦弱的韦尔奇注入了自信——一种在商业社会显得格外必要的品质。

"如果说我有任何领导气质，都是母亲给的。母亲给我的最伟大的一份礼物，也许就是自信心。"他这样写道，"而父亲将高尔夫带入了我的生活，这种运动结合了我所热衷的东西：人和竞争。"在后来的生涯中，自信、以人为本、竞争成为韦尔奇价值观的源头。

尽管比韦尔奇晚生十几年，但谢元德出生时代的中国，却仍处在贫穷的前商业时代。童年的谢元德，在每个没有煤油点灯的夜晚，都在母亲的民间故事中入睡。有一个故事至今令他记忆犹新。

"从前，有个热心肠的好人叫范曾，常常只顾给别人帮忙，荒废了自己的田地。到了冬天，范曾没有收成，只好去向别人家讨米，打算凑够一升就拿去卖。可每次第二天起来，一升米只剩下八合。一只会说话的老鼠告诉他，他的命里只有八合米，让他到神仙那里去问答案。

范曾立刻就启程了，第一天碰上一位老员外，听说范曾去求仙，要范曾替他问问神仙，18岁的女儿为何还不会说话；第二天在道观碰到一位道士，请他代问如何才能成仙；第三天碰到一条修炼千年的鲤鱼精，请他代问何时才能修成正果。

到了神仙那里，范曾却被告知：只能问三个问题，他毫不犹豫地问了别人的问题，而没有问自己的问题。在返回的路上，他告诉鲤鱼精，只要吐出肚子里的夜明珠，就能修成正果，于是鲤鱼精吐出夜明珠送给了范曾；他告诉道士，他不能成仙的原因，是因为观门的左右两边各埋有一坛金银，取出即可成仙，于是道士挖出金银又送给了范曾；到了老员外家，他告诉员外，女儿不能说话，是因为没有碰见命中的归宿。而此时，员外的女儿竟然开口说话了，员外就把女儿嫁给了他。"

好人从没想过自己谋好处，却意外收获了珍宝、财富和娇妻。这种以拙为巧、因退反进的东方智慧，"善恶有报"的乡土观念，与自信进取、热爱竞争的市场经济价值观，在当代的中国杂糅交融，相互激荡。这种"混合物"，驱动着谢元德的企业前进。

"好人"治企：领导，而不是管理

"年纪越大，越成功，就越想起妈妈讲过的故事。"谢元德说。谢家是书香门第，祖父曾留学国外，后回乡从教。谢父早年学医，后改经商。谢母幼读诗书，在枣阳王城镇颇有慧名。

去年，在母亲100周年诞辰时，谢元德在枣阳老家的院子里立了一块碑，上面写着"帮助别人就是成全自己，成功他人定能实现自我"。民间故事中的乡土价值观已被他提炼为"盛隆哲学"。

"你对人家好，人家就自然会对你好。你是否心怀善意，从眼神一眼就能看出来。"

谢元德认为，做企业要小心机终难成大事，抱朴守拙，坚持最朴素的价值观，"但行好事，莫问前程"，虽然未见得立竿见影，在企业发展到一定程度之后，就会更有力量，正是所谓的"大巧不工"。

谢元德董事长枣阳老家院子里的石碑

"己欲立而立人，己欲达而达人。""好"字是他演讲中的重要关键词，在他的嘴里蹦出来不下几十次。

"不能单纯地把员工当工具、劳动力、打工仔，而应当多一分理解、尊重、爱护和培养，对员工的全面发展和全程人生负责。"谢元德说。

韦尔奇在自传中写道："领导，而不是管理。"谢元德把它解释为，凡事领着员工做，而不是管制、约束。他说："一群小孩在一起玩，还需要其中一个领着，才玩得好。过去讲'干部干部、先行一步'，作为领导者，要让员工好做，而不是难做，让他感到你对他的好。"

如今，64岁的谢元德已经做了爷爷，他有时间常常趴在地上，和小孙子"拱头"。"你对他好不好，连小孩都知道，更何况是你的员工。"

群体老板制：发现和造就了不起的人

韦尔奇崇尚"能人统治"，希望找到"拥有良好价值观和刚正不阿的品质、全心投入、满腔热情的人"，并让他们走向关键岗位。

"领导者的工作，就是为最优秀的职员提供最广阔的机会，同时将资金进行最合理的分配，投到最适宜的地方去。那就是全部。传达思想，分配资源，然后让开道路。"他这样写道。

对此，谢元德深以为然。他的企业也格外赞赏个人英雄主义，"我们有一个群体老板制，5000多名员工中，有300多名大小老板，大的手下有300多号人。"

与一般公司不同，盛隆电气销售人员的收入不是"工资+提成"，而是鼓励自己开公司当老板，当家做主。这堪称另外一种形式的"包产到户"。

他介绍，任何人到盛隆干一段时间后，都可自己注册公司当老板。愿意做营销的员工，个人账户达100万元、300万元或1000万元，即可注册营销部、营销处或营销公司，自己当老板，自由招聘人员。只须在每年的利润中，上交一部分，剩下都是自己的。在这种制度的激励下,赚到钱的大老板大有人在,各级"老板"热情很高。

"作为公司的董事长、创始人,我反而是最不操心业绩的那个人,因为有的是人操心。一般企业老板是'火车头',拉着火车往前跑。我的企业是动车,每节车厢都有自身的动力。"用一套简单激励制度,谢元德在拥有22个子公司和工厂、1个研究所、5000多名员工的庞大集团里实现了"无为而治"。

韦尔奇把员工分为A、B、C三类:最好的20%,中间的70%,最差的10%。"合格的领导者,必须随时掌握那20%和10%里边的人的姓名和职位,以便制定准确的奖惩措施。最好的应该马上得到激励或升迁,最差的就必须马上走人。"

如果说韦尔奇的方法未免过于严酷,谢元德的方式则更为圆柔。他说:"盛隆是勤奋者的天堂,也是懒惰者的地狱。这里诞生了一大批群体老板,使得想要混日子的人,在这里一个星期也待不下去。"

"垂拱而治":闻所未闻的公司正迅猛崛起

谢元德是读《毛主席语录》长大的一代,"老三篇"(《为人民服务》《愚公移山》《纪念白求恩》)倒背如流。"讲政治"是那一代人的共同特征。

1979年,创业的棚子刚搭起来,他就在旁边竖了块水泥牌子,上面写着"为四化建设出力,为人民造福流汗"。作为一个企业家,他把"科学发展""为国为民"写进了企业的歌曲里,把帮扶就业作为自己的责任之一。这里的精神动因,除了古典的"修齐治平"思想之外,红色年代也给谢元德留下了精神烙印。

"讲政治"甚至还体现在盛隆的机构名称上。

谢元德介绍,盛隆的核心机构是"一体三委"。"一体"是指总公司和各子公司的董事会,"三委"即"营销委员会""技术委员会""管理委员会"。

"营委"就是之前所说的"老板孵化器",负责产品营销,是集团发展的火车头;

"技委"负责创新产品、提升质量、降低成本,为"营委"输送、培养人才和"准老板";"管委"由管理系统部门负责人组成,协调生产和营销,"能人统治"与"制度治企"结合,谢元德"垂拱而治"。

有这样严丝合缝的制度"齿轮",再加上"好人"文化,盛隆这架机器一直在高速地运转、扩张。创业三十多年,盛隆已经由一家乡村企业,发展成年销售额46亿元人民币的"武汉百强企业",在国内电气行业处于"第一方阵"。

韦尔奇在自传中警告:"那些坐在会议室里、轻松地划分市场份额的人不要忘记了,这块蛋糕中将有一半是要留给中国人的。"

他认为:"在今天的中国,有一些你可能闻所未闻的公司发展迅猛,会在未来十年以'巨无霸'的身份出现在我们面前,威胁我们的基本生存。中国的民族工业正在成为强大的竞争对手。"

谢元德常常以这段话自勉。他认为,混合了东西方制度和文化优势的中国公司,虽然处于后发地位,但势头迅猛。目前,这家公司的产品已远销缅甸、利比亚、安哥拉等三十多个国家。

现场对话

企业好,谁来当接班人都好

书友:企业内部的信任和关爱应该是怎样的?

谢元德:我们公司经常组织"信任背摔"的拓展游戏,只要附近有一个盛隆的人,只要我往后面倒,就一定有人会想办法接住我,这就是骨子里的信任。

而关爱是很宽泛的。为什么我没有烦恼?因为在我眼里,员工都是小孩,很天真、很可爱,我只是比他们大一点,带着他们一起玩,去帮助他们。关心和爱护是一种强大的力量,有这样的心态,我的管理就很简单。你对他好,他一定对你好。人与人之间的关爱是相互的。

书友：你如何选人，如何留人？

谢元德：我没有选人的概念，我们是"十万大军创大业"，促就业，帮就业，多多益善。

我也没有留人的概念。人是留不住的，该走的还是会走。在我们公司，员工往高处走。我欢送他，不能耽搁他的前程，并因此感到很光荣，因为我培养的人才受到外面的欢迎。

书友：60多岁的您，是否想过交接班的问题？

谢元德：我认为选接班人不重要。一个企业成了一个成熟的团队后，个人也就不是那么重要了。企业好，谁来当接班人都好，这并不重要，重要的是团队是否健康。

长报集团总编辑陈光在读书会现场进行点评

再占用大家一点时间，谈几点读后感。今天谢总的讲座非常特别，我一边听一边在思考。今天他读的是我们全球第一的 CEO 杰克·韦尔奇的自传，但是我觉得他在解读的这个过程中体现出的思想要比韦尔奇的境界高，难怪在谢总演讲结束后引用韦尔奇的一段话中说："中国有很多的企业在默默无闻地崛起。"我们为什么在崛起？因为我们的境界更高。

大家注意到没有，谢总在讲的一个关键词是什么。"好。"他反反复复在说一个"好"。韦尔奇的自传，包括他的《赢》我也看过。我觉得他是一种方法论，但是谢总是一种价值观。这种价值

长报集团总编辑陈光现场点评

观到了一定的境界之后，绝对会比方法论产生更强大的力量，所以这个"好"字在今天的这个会场，也产生了好的效果。因为有那么多的青年人对谢总的企业产生了浓厚的兴趣，这就是这种境界的力量。所以我提议，再为谢总让我们中国有这样的有境界的企业家鼓掌。

5.7 基本制度文件
——独有的精神财富

聂伟在《盛隆电气集团基本制度文件》颁发仪式上的讲话
活动时间：2012 年 8 月 25 日
活动地点：武汉关东科技园

《盛隆电气集团基本制度文件》是一个具有盛隆特色的制度文件，是盛隆电气独有的精神财富。再大、再知名的公司也没有我们这些独有的内容。希望所有盛隆人都能体会到这一点。

我进公司到现在有八年零五个月的时间。与很多盛隆人相比，这个时间不算长。我还有很多东西要学，很多地方要细细体会，思想上还有很大的提高空间。不过，我在盛隆工作的八年零五个月的工作历程和工作感想，能够管中窥豹，也能从中体会到盛隆电气是一个什么样的企业，我们独有的精神财富是什么。

最近这三年来，我主持了生产系统的员工招聘工作。每年我在我老家，参加招聘车间员工的招聘会。在招聘会上，有很多企业，包括富士康这样的知名大企业。我发现我们公司的招聘条件和其他公司有很大的区别。我们的招聘条件是要招收 25 岁以下，高中以上学历的年轻人。而像富士康这样的国际知名的大企业的招聘条件比我们低得多，对于年龄、学历、人员素质，这些方面基本上没有什么要求，登记了就能安排岗位。我当时就想：他们怎么保证员工的素质呢？他们怎么规划员工的发展呢？

前不久，我们在东湖开发区吴主任的带领下去参观了某公司的工厂。到了那里，我的这些疑问得到了解答。他们车间工人是流水线作业，每个人的工作都很单一。

据吴主任介绍，最简单的工作基本不需要培训，最复杂的工作最多培训一天。每天有几百人的人员流动。所以，他们并没有考虑员工的素质，没有想过员工的发展。

还有另外的某公司，我也听人介绍过，做配电设计的设计人员不允许学做港口塔吊电气设计，这与我们公司也有很大的区别。在盛隆电气，做一次线的工人要是同时也会做二次线，那么在竞选质检、交付岗位时都有很大的优势。做电气设计的技术人员要是同时也会做结构设计，那么就是值得重点培养的。如果他还会做电力工程的设计，那么就是重点培养中的重点了。我们希望我们的员工爱学习、多学习，不断地提升能力，不断地向上发展；我们要尽一切力量培养人、锻炼人、尽量地多出人才；我们希望我们的员工学习、成长、创造；我们鼓励员工提建议或意见。

几乎每个月，我都会收到员工的各种各样的电话或者短信。有的时候是不理解我们的管理制度，有的时候是反映问题，有的时候是投诉某人……我们生产系统的员工多，因此想法也多，疑问也多。遇到这样的电话或者短信，我都会非常认真地对待，迅速查清问题，及时给出解答或处理办法。如果是匿名的，我也会查清情况，处理好事情，以备随时查询。

我非常重视员工的意见或者建议，但是这并不是指我个人的水平有多高。我要学的还有很多，个人思想水平还有很大的提高空间。这种处理问题的思维方式是由盛隆电气制度文化的特色决定的。我们的武汉工厂战略——建设中国电气开关行业现代化的第一车间，打造盛隆大学培养现代企业人才第一课堂，规定了我们只能这样做，必须这样做，不这样做就不符合盛隆电气制度文化的要求。我们的《盛隆电气集团基本制度文件》的一号文件规定：生产总监任期三年，可连选连任。如果我不好好做，不认真负责地对待每一件事情就不可能连选连任。所以说，盛隆电气的管理经过这么多年的发展已经从人治转变到了制度治企。

以上是我站在自己的角度对《盛隆电气集团基本制度文件》的一点理解。该文件虽不长，但是包括了指导我们思想和工作方式方方面面的内容。希望我们所有的盛隆人一起认真学习、体会基本制度文件，并在它的指导下继续走具有盛隆电气特色的道路。

5.8 企业是成员命运共同体，"四盛"是公司发展"传家宝"
——为国分忧、为民解愁，为我们的事业和美好生活奋斗终生

鄂北电气遥控设备厂（盛隆电气的前身）

在庆祝盛隆联合公司成立七周年大会上的讲话

谢元德　1986 年 5 月 13 日

同志们：

我们这次会议是在国家宏观控制、紧缩银根的情况下，社会散布了"513"公司垮台的传说后召开的。

"513"公司不但没有垮，而且更加成熟。经过这次大的转折，我们从中吸取了教训，丰富了经验，受到了锻炼。今年的七周年可庆可贺。

1979 年的今天，我们的举动谁会相信能发展到现在的规模。若那时，哪位算命的先生说我们能在县城办起一个公司，一定会被人认为是痴人说梦，然而这梦竟变成了现实。

下面，我根据理事会研究的意见讲四个问题：

第一个问题：艰辛创业七年整，成果、问题八二分。

第二个问题：结合公司情况，改革势在必行。

第三个问题：分析当前形势，决定战略方针。

第四个问题：抱定盛隆宗旨，树立盛隆思想，保持盛隆作风，发扬盛隆精神。

一、艰辛创业七年整，成果、问题八二分

由于党的英明政策，各级领导关怀，广大群众的支持，全体同志的努力，取得了可喜的成绩具体表现在以下五个方面。

（1）产值由 1979 年的 3850 元，发展到 1985 年的 87 万元，翻了八番。

（2）七年来向国家交纳税收 6 万多元。

（3）1979 年从零开始，发展到现在 200 多人，拥有几十万固定资产，具备生产、经营能力，取得合法资格，成为湖北省小有名气的实业公司。

（4）解决了社会上的剩余劳力，为国家建设培养了技术人才。

（5）基本按照我们的宗旨，为四化建设出了力，为人民造福流了汗，为国分忧操了心，为群众解愁卖了劲。我们做了很多有利于国家、有利于群众的好事。

但是，由于我们没有工作经验，几年来也存在不少问题，具体表现以下六个方面。

（1）不量力而行，盲目扩大生产规模。砖厂失败就是一例。食品加工厂、酒家看起来办起来了，实际还在亏损，没有经济效益。

（2）缺乏懂技术、会管理的人才，公司领导分工不细，承包制不完善，公司领导并没有和一个厂、一个工程队的直接效益挂起钩来。

（3）人事制度不完善，工资制度存在弊病。同工不同酬的现象在某些厂、队表现严重，影响了职工的积极性。

（4）政治思想工作没做好。支部、工会、青年团没有起到应有的作用，文体活动开展少，安全教育做得不够，工伤事故未能避免。

（5）财务管理跟不上，资金周转率低，材料、设备管理混乱，进出手续不全，成本核算搞得不好，没有发挥财务管理应起到的作用。

以上这些问题，严重地影响了公司的前途，已发展到不解决不行的时候了。

二、结合公司情况，改革势在必行

根据国家"七五"计划精神，"七五"计划时期的中心任务就是改革。我们县召开的四级干部会议上贾书记的讲话，其核心也是坚持深入改革。国家即将颁布的《中华人民共和国企业破产法》（以下简称《破产法》）快要实行了，实行之后，按照破产程序宣告倒闭的企业，其全体职工，包括书记、厂长在内，全部转入待业，只有《破产法》才能打破"铁饭碗"。

在《破产法》草案讨论时，有的同志说："企业经营不善，主要责任在厂长、经理，如果实行《破产法》，破产企业工人也要转入待业，不太公平。"这个问题的解释是，作为商品生产者，商品经营者的企业是其所有成员命运共同体。犹如船只，一旦触礁沉没，尽管船长责任重大，但落水的绝不可能只是船长一人。客观世界的规律就是如此，积极的办法是，所有"船员"在平时就要关心，并努力创造安全航行的条件，包括拥戴合格的人当"船长"。

应该由什么样的人当厂长？经济改革之前，一般工人觉得此事与己无关，"大锅饭"的体制使职工对于自身有的民主权利十分淡漠。现在，这种麻木状况有所改变。职工大都希望能干的人当厂长。在职工心目中，能干厂长的含义，既包括管理有方，也包括能多发奖金实物。由于目前经济体制上的原因，后一条往往是职工对厂长的主要考核指标，这与国家对厂长的考核指标当然相距甚远。

如果建立了企业破产淘汰制度，那些滥发钱物、任期届满之前施小恩小惠，留隐患祸根、把企业引向垮台边缘的厂长，将不会受到职工欢迎。而目光远大、注意技术改造和提高管理水平、注重改革，使企业在竞争中立于不败之地，使国家和职工收入都能稳步提高的厂长，将会真正成为人民效仿的榜样。

我们将一个企业比为一个家庭，家庭的家长只管把现实的家庭收入用于生活开支，子女能干事了就让他们去挣钱，不让子女上学，不去设法改善生产条件，使家庭收入稳步增长，这样下去，尽管家庭一时生活过得比较富裕，但过一段时间后，就比不上目光远大、在掌握现代文化科学知识方面下功夫，而短期内生活过得俭朴些的家庭。

我们这次改革的目的是为了使公司永葆青春。我们这次改革的依据是国家政策和法律,我们这次的改革是全体同志的创造,我们这次的改革一定能够取得成功。

三、分析当前形势,确定战略方针

几年来,通过同志们辛勤创业,虽然办起了这个公司,倘若我们没有远见卓识、忘乎所以,我们就不可能有新的发展。如果我们仅仅满足于现在、闭关自守、闭目塞听、自命不凡,这对公司今后的发展来说确实相当危险的。

今年理事会有个分工,我一半的时间搞经营管理,另一半时间学习、外出考察和从事公司的理论研究工作。

我从县科委找到了一本枣阳县在外地工作者的通讯录,这些工作人员里面有专家、教授和高级干部。我打算去请教这些专家,结识这些教授。为枣阳的建设,为家乡繁荣,为公司的昌盛,请求他们助一臂之力。

我们现在的方针是巩固提高建筑业,补充完善运输业,培养人才,发展工业。建筑业是我们公司的起家行业,是它打开了局面,站稳了脚跟。由于发展过猛,管理技术、设备、后勤工作都跟不上去。如果不按客观规律发展,即使上去了也会垮下来,所以去年对建筑业上的人事作了调整。

建筑目前竞争激烈,质量要求逐步提高,设计形式不断更新,我们要采取多种方式,大力引进和培养技术力量。在这方面,比如我们聘请了技术顾问汪工程师,这样的办法,通过实践证明,就是很好的途径,应该继续开拓并寻觅。

我们应该相信,建筑队上多数同志是有能力的,只有放手让他们工作,才能让他们脱颖而出。今后,我们一定要努力改善经营管理,改进生产技术,争取三年内,在工程质量、进度和安全方面,有大的提高。

运输业是我公司有力量与同行竞争的项目,也是我公司人均效益最高的行业。

现在处于运输行业萧条时期，运输车队大量停开，私人车辆无法转圜，但我们的车队却创出了比较高的效益。例如，东风1号车司机谢远军同志，1985年创毛利2.4万元，比同行承包高25%。

目前，我们车辆还有些少，购车资金又不足，所以我们利用了"借鸡下蛋"的办法，先培养出技术力量，学习管理知识，创造一个好的条件，逐步完善这个行业。

无工不富，发展工业是我们公司的当务之急。工业不同于农业，也不同于建筑业。工业起步慢，加之从工业管理到技术开发，都是从零开始。没有大批的人才和资金是办不起来工业的，现在一定要大量引进人才，尽力培养人才。

在引进人才方面，前一段也下了不少功夫，与长航的技术联合，齐技术员的聘请，对熊工的承包，学习班培训等。这些措施对我公司发展工业都起到了奠基作用。发展工业需要时间，我们搞工业的同志要以持久的毅力，准备长期作战。

希望每个搞工业的同志，都能为发展工业出谋献策，利用你们的知识掌握技术；利用你们的关系，引进人才；利用你们能够利用的条件，为工业起步铺路。

四、抱定盛隆宗旨，树立盛隆思想，保持盛隆作风，发扬盛隆精神

现在，我公司的文化结构、年龄结构，都发生了变化，人员素质不断提高。"513"时期的坚实基础，将使青年同志们如虎添翼，把"513"点燃的火炬接下去，青出于蓝而胜于蓝。

我们的事业任重而道远，希望全体同志抱定盛隆宗旨，树立盛隆思想，保持盛隆作风，发扬盛隆精神，使这"四盛"能真正成为我公司的"传家宝"，一代一代往下传，让这"四盛"的作用永放光辉。

我们的宗旨：为国家分忧，为群众解愁。现在国家忧什么？群众愁什么？国家忧的是技术管理严重落后，群众愁的是想富无方、就业无路、求学无门。恐怕这种状况，我们在座的同志大部分都是有亲身的感受的，我也不例外。对于群众的愁我

们不能视而不见,作为新社会的一个公民,我们有责任担起历史赋予我们的重任。

我们的思想:热爱国家,忠于公司。每个职工的一言一行都要有利于国家利益,有利于公司的声誉。国家兴亡,匹夫有责。损害国家的事,我们坚决不做;败坏公司声誉的事,坚决不允许做。

我们的作风:信誉至上,诚恳待人。企业以质量求生存,靠信誉求发展,处处为用户着想,对人要忠诚老实,有礼貌、有道德。

我们的精神:艰苦奋斗、克己奉公。我们要能够吃大苦、耐大劳,刻苦学习,钻研技术,为实现公司目标奋斗终生,要克制自己的私心,以公为重,要严格要求自己,一心为公。

随着客观规律的发展和人类历史的变化,每个企业在其今后的前程中既有成功的希望,也有可能遇到危机。然而,用唯物主义观点来看,这并不是一件值得大惊小怪的坏事。在成功中总结经验,在失败中吸取教训。只有我们发扬"四盛"精神,以企业主人翁的姿态建设公司,全心全意、集思广益、博采众长、沙里淘金,每个职工才能珍惜和维护整个企业的尊严和声誉,虚心向老师傅学手艺、学绝招,请进来、走出去。只要有一个员工都苦练基本功,掌握生产技术,在自己的本职工作中兢兢业业,我们公司就可能百战百胜。

希望全体同志振作起来,盛隆公司是你施展才能的地方。人生在世务必追求两件事:一是事业,二是生活。要干事业的同志,这里有你干事业的用武之地;追求美好生活的同志,只要你勤奋努力,这里能够使你家庭幸福、生活美满。我们的前途是光明的,我们的理想是远大的。希望全体同事,聚成一团,拧成一股,为我们的事业和美好的生活奋斗终生。

第六章
立德树人

6.1　刘道玉、谢元德回答武汉大学学生提问

活动名称：创业导师高校行——走进武汉大学

活动时间：2017 年 2 月 23 日

活动地点：武汉大学经济与管理学院报告厅

报告现场学生们在踊跃提问

提问者：主持人好，两位老师好！我是武汉大学经济与管理学院（以下简称经管学院）学生，刚刚听到刘校长的讲座，让我非常感动。习近平总书记曾经指出："立德树人是高校的立身之本。"我们对这个很感兴趣，因为德行是人非常重要的品质。那么，刘校长您认为在创新创业的教育中应该怎样把"立德树人"的理念贯穿其中呢？

刘道玉校长：有同学问在创新创业的过程中怎样立德树人这个问题，我想可能谢元德董事长比我更有经验来回答。我认为，在创业创新的过程当中，必须有一定的境界，有一种理念和精神激励着。如果没有高尚的人格，没有这种精神境界，说去创业创新，是不可能成功的。下面请谢董事长来讲一讲。

谢元德董事长：刚才我讲演完毕下去之后，李健书记问了我一个问题。我刚刚讲到盛隆有四次创业，有三代成功的老板。他就问这个成功的标准是什么？怎么才为成功？这个问题和你提的问题是一致的，这两个问题我一起回答。

青桐汇青桐学院第一次开课，请我作为嘉宾去讲课。谈到成功，讲到马云，我当时就说马云当然是成功的，对全世界产生了这么大的影响。但我们如果将成功定位这么高，那就没人敢去创业了。要以马云作为成功的标准，别人都没法达到这种成功。对大学生创业来讲，我的观点是，对别人有帮助，对国家有贡献，就是成功。这就是刚才说的立德树人。

到底怎么去立德树人？刘校长讲得清楚，我讲不清楚，但是算不算立德树人，是不是能在这个社会上立起来？我认为这个标准就是你对国家有没有贡献，对别人有没有帮助。如果你对国家有贡献，对别人有帮助，那你就算是立德。我们公司成功老板的标准，就是对国家有贡献，对别人有帮助。但是我说成功的第一代几个人，第二代几十个人，第三代几百个人，第四代几千个人。这个标准下面还要再加一个量，那就是你对国家有多大的贡献，你对别人有多大的帮助，你能帮助多少人。我们公司形成的文化是什么呢？那就是你帮助的人越多，你就能得到越多的表扬。帮助人还得有这个能力，你自己都不能养活自己，哪还有能力去帮助别人呢？公司几十年的实践结果表明，你帮助的人越多，你取得的成功就越大，你取得的成果就越大，你的能力就越强，你就越有能力帮助更多的人。所以在我们公司完全形成了这样一种文化。我们这个制度、这个文化，会引导人们走向成功。

　　现在，很多企业非常困难，纷纷在垮，但是我们却越做越好。我认为这归结于我们盛隆哲学的力量：帮助别人就是成全自己，成功他人定能实现自我。这个力量非常强大。我们公司的许多员工，听《盛隆之歌》就感觉头皮发麻。刚才刘校长讲的灵感，头皮发麻的人就有感觉，就是真懂了。这样去做，就会越做越快活。我今天讲了，用他们的生活标准来反推，他有了这个生活标准，就证明他帮助了很多人，我们才会表扬他。我们现在提倡的不光是要做老板，而是要做企业家，要有更大的担当。光做老板是不行的，你要是不去发展，不去做企业家，最多就是个有钱人，和别人没关系。你对国家没有贡献，对别人没有帮助，你就只是个有钱人，就是个"暴发户"，是不会受到人们的尊重的。谢谢！

6.2 "我要加入共产党！"
——董事长谢元德回答武汉大学硕士生、博士生提问

活动名称：珞珈双创周，盛隆一日行

活动时间：2017年3月17日

活动地点：盛创院二楼会议室

参会人员：谢元德董事长，武汉大学硕士生、博士生等

陈　超：谢董事长好！我的第一个问题是，与市场上的挑战相比，怎样来衡量是过去的困难大，还是现在的困难大？第二个问题是我自己的一些感想。上次听完您和刘校长对盛隆创业学院的介绍，我特别的感兴趣。这是我们制造业模式的创新，所以说今天来实地学习一下。我的具体问题是，像我们这种做研究方向的人，如果想投身到像盛隆创业学院的这种实践中来，我们的方式是什么？是选定一个区域去发展，还是以怎样的一种方式进入？谢谢。

董事长：我感觉过去的困难是最困难的，但那是时代的问题，你们不会再遇到那样的困难了。最大的困难是来自政治上的，虽然当时党的十一届三中全会已经开了，但是国家的政策贯彻下去需要一个很长的过程。这个过程大概持续了三年多的时间。现在，大众创业、万众创新，很多事情都可以做，但是做什么，好像没有那么多机会。我认为，我们公司什么都不缺，要什么有什么，中央"大众创业、万众创新"的政策就像是为我们制定的。

第二个问题是非常欢迎像你这样的人，想创业的、想做事的、想发展的人。有一

次你们学校的张继荣在我们这里竞选先行领军，他说了一句话我特别感兴趣。他说他就想做我这样的人，想做我这样的一个董事长。我认为挺好。昨天在华中科技大学，我讲的主题叫"盛隆大平台，创业大舞台"。这几十年，我们就是打造这个平台。这是个什么样的平台，到底该怎么做，一两句话说不清楚，这就需要你更深入地去了解。总的来讲，这三十多年，我就在做这个事。你们都是博士、硕士，都是国家的栋梁。我们公司有一个副董事长一直在武汉大学讲课，也在经管学院讲过课，她也在那边读博士。她在清华、北大好多学校到处讲课，而我只是在公司里给年轻人搞培训。她说我是教幼儿园的，后来我想了一下，教幼儿园挺好，我很喜欢做这个工作，这可以说是我的梦想。你们几十位硕士生、博士生今天一起过来参观，这是我们公司从来没有过的。我们一直想引进硕士生、博士生，留住硕士生、博士生。当然，我们现在也已经有不少硕士生、博士生。但刚开始是非常难的。别说硕士生、博士生，就是留住本科生都难得很。随着公司的发展，我们逐渐引进了一些大学生，对大学生一直很重视。代莉进公司之后，一直在管人事，我们把她作为人才的种子。因为她是武汉人，她也是武汉大学毕业的，所以从开始对她就一直非常重视。她现在做人力资源总监，在北京招聘人才，在武汉招聘人才。她自己没有感觉到她的成绩，而我经常鼓励她，我说：你成绩太大了，因为你留下来了，而且先后引进了很多人才，你的功劳很大。你看这样答复行不行？

陈　超：可以。让我比较感动的一点是刚刚在那个荣誉榜上面有的人拿到订单，说2016年拿到订单是4000万元人民币，但是衡量他成功的标准不是他能拿到多少提成，而是他拿这个钱去发展团队，能带动更多的人，能培养更多的老板。上次谢总去武大也跟我们讲，在盛隆有人听到《盛隆之歌》，头皮就会发麻，可是刚才我们听到的时候其实头皮没有发麻，但是很感动。我觉得从歌里面听出来是一种创业的历程，就是那种筚路蓝缕，以启山林，不鸣则已，一鸣惊人。自己成功了带动其他人，盛隆给我们这样一个平台，让有梦想的人追求梦想，然后去实现理想。我觉得这可能比去其他公司赚更多钱的目标更远大。我觉得这也可能是盛隆创业学院吸引人才的地方，吸引我们大家的地方。

董事长：我们公司和很多公司不同的一点是，我们许多的成功老板感到对年轻人的培养是一份事业，是自己的责任，是自己一份价值的体现。

我总结我这三十几年做了三件事：一个是群体老板，一个是"一体三委"制度，一个是盛隆文化。盛隆电气集团有十大代表文化，十大代表文化是我们的核心文化。我们核心的核心是什么？就是长期坚持关注并帮助年轻人的成长、成才、成功。公司现在，从大的环境来讲，大家都接受了这种文化，所以在我们公司，大家会以帮助、培养了多少年轻人来衡量在公司的价值。现在大家甚至开始攀比各自培养的年轻人是否也在传承这种文化，他们是否也在帮助更多的人。这样一代一代地传下去，这个文化已经非常深厚。可能大家在文化墙上会看到我们公司2004年董事会"说句心里话"的展板，"说句心里话"我的第一句话是"盛隆电气百年不倒是我最大的需要"，第二句话是"有技术的传授技术，有经验的传授经验是我的期盼"。公司成立初期，我们的难点是带新人。为什么人才难得留，也难得进，过去大家有点排斥新进的人才。过去这些排斥人才的心理，现在完全颠倒过来了，变成帮带新人。所以说我做了三件事情，为我们未来企业的发展、个人价值的体现，创造一个很好的氛围，大家在这个氛围中很融洽。当然是不是有我说得这么好，肯定不全部是，但是这种好的现象是肯定有的，而且占主流，我相信今后会更好。为什么说唱《盛隆之歌》时头皮发麻呢？"真心圆你一个梦，真情帮你去成功。"他是在别人的帮助之下成功的，他现在又帮助了其他很多的人获得成功，所以他听到这个歌就很有感触。那天，张继荣也说他听到《盛隆之歌》头皮发麻。我说你麻是假的，你现在肯定麻不起来，因为歌词还没有冲击到你的神经，你还没有这些故事。没有故事歌词就是一句话。假如有了故事，那么这句话对你来讲就有了特别的意义。谢谢。

李　轩：谢总您好！我是企业管理专业的硕士，刚才来到咱们盛创院非常震撼。因为之前也去过众创空间，咱们这儿跟他们不一样。他们那可能就是几个办公桌、几台电脑就孵化团队，不像咱们这里有实打实的车间，还有这些成功的案例。然后，我也对谢总的情怀很感动。谢总就是长期坚持关心和帮助年轻人成长和成功的。其实，我们这次来组织这个活动，号召完了做一个宣传，有很多报名的就想过来看一看，来学习取经。现在，我们学院也在做这种创业创新的东西，也有很多创业的小团队在做，所以说想设立一些创业导师、创业的基金，孵化这些同学。不知道谢总对此怎么看？不知道谢总能不能支持一下？

董事长：可以。我这几十年在做一件事，就是让高中生和大学生之间怎么相互学习。几十年来我都是让大学生进工厂去做实事。由于过去我们工厂多数是高中生，人事上我们一放权，工厂各部门选人、选干部，多数都选高中生，不选大学生，因为要做事，经过锻炼的高中生上手做事快。为什么我们创办了盛隆大学，后来我们又搞了个创业学院，为什么提出了"两个第一"？高中生没有受过大学的教育，补起来有难度。但是大学生，这里只说本科生，不说研究生，只有知识，并不能深入实际工作当中去，而没有这些实际工作的经历，大学生也有不足。如何使这两者能够融合？我的想法是大学生应该从具体的工作去干，经受实践锻炼，通过实干提升了之后谁都超不过你。我这几十年里在做一件工作，就是要高中生往上提，大学生、硕士生、博士生往下压。我们招了很多好的大学生，越是好的越想往工厂里放，但是后来都是他们干着干着就跑了，我们仍然还是不停地这样做，我们屡败屡战，越败越勇。我们现在一定要把工厂里的大部分人变成大学生。现在，这个比例在慢慢地提升。创业是教不会的，创业要在做事过程中扎扎实实去寻找那些灵感，寻找社会的需要。现在，教育改革就是因为校园太校园化了。国外的小学生都在到处讲课，中国现在也在变，北京现在变化很大，社会上的知识比书本上的知识更丰富。创业必须是做的东西适合社会需要。到底社会需要什么？我对我现在提出的四百战略非常满意。我们现在的"四百战略"："网通百城、携手百企、链接百校、创建百团"，如果推行两三年、四五年，硕士生、博士生在我们这里就更好创业了。

李　轩：我觉得谢总说的让我很受启发，希望以后有机会能再邀请谢总去我们院给创业团队上上课，讲讲人生的经验。

董事长：创业必须深入进去，为什么有个袁隆平？袁隆平跟农民一样在田里滚，才滚出个袁隆平来。只待在实验室里能有袁隆平吗？要去社会实践中滚，必须得滚一身泥。我小孩也是博士，当然他们也比较朴实，那就是滚一身泥。

傅清华：您好，谢总！我是企业管理博士，今天很荣幸能够来到这里，感受企业文化和企业家精神。我刚刚听了歌曲，也看了您的制度文件，我很有感触。您的企业我感觉是这样的，既有国企的稳定性，又有私企的灵活性。您刚才让我延伸了一个新的课题，不仅要创业而且要守业，我非常认同您的思想。现在，我的导师也提出一个问题，中国企业不仅要做大做强，而且要做持久，刚刚您给了我一个很好的启示。您选择这个行业——电气，它是跟人的生活相关的，无论怎么发展这些东西都是人们必需的。第二个是您的企业文化，很有效地规避了人性的弱点，并动员了人的发展积极性，不断有人去做这件事，所以企业才能不断地发展。我觉得您是一个有远见卓识的人。刚刚您有一句话说，1979年5月13日公司成立，那时县委领导问您需要什么，您说您要入党。就冲这句话，冲您有这种理念，您绝对可以做到今天这个位置。您的那个歌曲我听到了，那一定是您和您的团队有这个故事，才能把这样的歌词给谱出来。我说的应该没错吧。

邢文旭：谢总入党是1983年的事。

傅清华：我听说公司是1979年成立的。您是一个对改革开放有深刻认知的人，请问我们的企业包括供给侧的改革，下一步的管理，企业的发展方向，应该是朝哪个方向发展？第二个问题是这样的，跟我的专业方向有关。国家提出"一带一路""国家自贸区""工业2025计划"，我们盛隆集团是如何规划的？第三个问题，物流管理。我刚刚看了您的零部件，每一个电箱制造需要几十个厂家提供零部件，我想了解一下你们的物流是怎么运作的？包括供应链是如何优化的？如何能够适应未来的发展？我们的企业要走出去，中国需要就业，我们说的就业发展就是要走出去，不能局限于中国。我就问这三个问题。

董事长：第一个守业的问题，我从来都不说守业，这几十年从来没说过守业，一直都在创业，所以"四百战略"的提出是我们的第四次创业。企业守是守不住的，这是我的观点。但是我一直提倡盛隆电气百年不倒，我们的《盛隆之歌》还说要百年辉煌，这是一个问题。你刚刚说的几个问题，我按照我的理解来回答。守的问题不存在，就要创。这个公司就是创业平台，一切都是创，永远都是创。为什么我要链接百校？链接百校就是要有人才源源不断地进来，所以是创不是守。说到入党的问题，昨天华科大有一个学生问，社会上有人说，不要去谈情怀，尤其是创业之初的人，谈什么情怀。问我怎么看待这件事。我在创业之初有没有情怀？我认为创业之初，情怀更重要。你为什么要创业，你创业到底要干什么，你主观意识到底想干什么，这些必须要想清楚。我们那个时候当地干部不让干，当时创业的时候我们搭了一个小棚子，搞了个水泥板在上面写了两句话："为四化建设出力，为人民造福流汗"，就是要为国为民。那个时候我们就有这个境界，我这一个穷乡僻壤里的小伙子都有这个情怀。那个时候还不懂什么叫情怀，当时就想证明自己是个有用的人，能为这个社会做些事情的人。那时一直受质疑，后来又被表扬，政府问我要什么？我说要加入中国共产党。现在，你们听到可能都不理解，那么多好东西不要，要这个干嘛？但这种情怀使我们坚持下来了，使我们不断地发展壮大。第二个问题和第三个问题，我们的盛隆百年工程图和四百战略中有答案。

方　琪：谢董事长，我也有个问题。刚才在参观的时候，我发现咱们企业的文化跟儒家文化吻合。我的问题就是咱企业从创业到现在也有三十多年了，这三十多年的时间能成为一个企业文化形成的过程，这个过程是结合本土传统的文化思想，结合自己三十多年企业发展的实践，自己摸索出来的，还是侧重于学习别人的发展模式？

董事长：我们这个群体老板、"一体三委"、盛隆文化全世界独创，没有第二家，全球没有第二家。为什么没有第二家？中国肯定是没有，中国没有的话全世界肯定更没有，因为只有中国走的是中国特色的社会主义道路。

方　琪：咱们这个模式摸索过程中有什么样的灵感，或者说是什么样的一种机遇促使形成了现在的模式？

董事长：实际上，就是我刚才说的，创业时你到底想要什么。我们公司发展得很慢，前几十年追求的是企业不倒，倒了就失去机会了，理想和抱负就都落空了。有一个企业的老板破产后来到我们公司干，他说过去他办企业也说企业文化，写几句话一挂，开个会说说我们是什么文化。过去，他们就是这样理解企业文化。他说来盛隆之后才知道，盛隆文化是在盛隆人的骨子里面的。所以盛隆文化用《盛隆之歌》来说，《盛隆之歌》老有人说这歌词写得不错，《盛隆之歌》绝对不是谁都能够写出来的。《盛隆之歌》就是公司过去几十年的故事，它是做出来的，所有的盛隆文化都是盛隆人做出来的。我们的盛隆哲学就是"帮助别人就是成全自己，成功他人定能实现自我"。他和我是一致的，但是先我后他，还是先他后我呢？我的基本思想是先他后我，你要只想"我"就没我了。我认为，与人合作不应该是"先我后他"，我们开始做产品成本高，那是我们该付出的成本，不能让对方来给你承担。我在我们公司指导工作，在外面考察业务，首先要考虑别人，首先要想到对方，你能为对方提供什么帮助，你能为对方创造什么，这样对方才会考虑你，合作才能共赢。要是没有这种思想，你不可能把事情做得长、做得大、做得开心。所以在我们公司多少年来我一直这样指导，经营上、做人上、团队上、在领导和被领导上，在老板带新的创业者上，都是这种思想。只有这样，你的路才会越走越宽广，越走越有意思。上次，我在武汉大学讲了一个《国富论》《三字经》《盛隆哲学》的比较。当然，我可能太抬高我们《盛隆哲学》了，但我认为我就是这样想的。为什么要这样比呢？《国富论》问世都240多年了，在全世界影响很大，但是它的基本思想跟我们《三字经》相反。《三字经》讲人之初、性本善，善良是自己的本质，帮助人是自己的本分。《国富论》的基本思想是，人都是自私的，先利我后利他；主观上是利我的，客观上是利他的、利国家的。为了证明盛隆哲学，我把习总书记的文化自信都搬出来了。孔子的"立人己立，达人己达"有几千年了，这是我们优秀的传统文化。

方　琪：我刚想说谢总的文化是很接地气的。

董事长：这不是我的文化，是盛隆人这几十年，很多很多的人包括离开了的人最后积累起来的。一个人能有什么文化，一个人有文化也不值钱。文化是大家共同认可一个事情，共同相信，并且一起去做，才称得上文化，才能传承。所以我们公司对好的东西认同，就传下来成了文化。我这样回答可以吗？我们公司非常欢迎你。

倪　慧：谢董事长您好，我是经管的一名研究生。我有一个问题想问一下。您刚才提到的智慧城市我比较感兴趣，而且国家现在智慧城市的试点也是越来越多，好像已经接近三百个了。我是想问一下盛隆在智慧城市这一战略方面有什么样的定位？以后希望达到什么样的愿景？或者在这个过程中，企业应配备什么样的技术团队，是营销，还是管理这一方面的一种布局？谢谢！

董事长：我们现在的用电和配电太落后了，其他行业都发展得很快，而这个行业还很落后。我们在这一块去改变，淘汰落后，让它智能化，这是一个定位。除了这个以外，我们要超越这个。为什么我们共享单车也做呢？"百年工程图"有三句话，第一句话是"大家要深刻理解互联网思维，互联网+，大众创业、万众创新的新时代"。新的时代来了，要抓住机会，要不然就会被时代淘汰；而且要做时代的引领者，别小看共享单车，我对它的理解，它就是智慧城市的一部分。我们也专门研究智慧城市，智慧城市能够让城市变得更好。智慧城市是什么样的？不知道。智慧城市还没建起来，全世界都没有可参考的，要靠大家的智慧。我很看好共享单车，现在城市最大、最明显的"病"是堵车、污染。过去车多让人觉得经济发达，是一种好的现象，可现在已经变了，它成了一种灾难。怎么解决？共享单车就是一种解决方案。有人说，共享单车很快都布满了。可我说，共享单车是布不满的，只能说是有了，还没有普及。普及需要一个相当长的时间。它就是一场交通革命，这需要政府公共交通的建设，需要人民交通习惯的改变，改变的周期是很长的，所以我非常看好。我建议大胆上最先进的生产线，一起来改变这个城市。

倪　慧：盛隆集团在智慧城市的事情上，有什么样的动态、进展和布局？

董事长：我们算是一个积极分子。

倪　慧：因为有很多城市，盛隆在哪些城市有研究开发，比如万科、绿地都有智慧的住房。

董事长：万达涉及智慧的就是我们在做。万达是投资商，它在投钱，我们在做事，尤其是无人值守，万达最早在西双版纳就是这样。有一次，《湖北日报》的记者说我们是"隐形冠军"，名义是别人的，实际上很多事情是我们做的。我们融入了方方面面，现在不管是在哪个城市，我们为什么提出了"四百战略"，除了过去布局的，我们这一次就要布局一百个城市,我们要是没有技术,哪来钱烧?之前政府提出的科学发展观、两型社会,我们在这方面就是资源节约型。我们提出来《盛隆法则》:品质信誉升升升,虚化成本降降降,集约管理管管管,用户利益让让让。

张修翔:谢董,您过去按成本节约的原则一直这么低调,您现在办创业学院,招募三千人才,现在算是高调一点了。

董事长:这不是高调,别人评价我:钱自己舍不得花,帮助别人创业很舍得。而我说:"做你能做、会做、愿意做的价值最高的工作。"我认为做这件事就是我能做、会做、愿意做、价值最高的工作。对我来说,价值最高的工作是培养年轻人,所以在这方面该花的钱就要花,花得值。这就是有钱怎么花的问题,花钱也是很有学问的一件事情。我坚定地认为,这件事情是正确的,几十年都坚持做这件事情,最后我们并没有败,这不是高调。

张修翔:比起别的企业家,您低调多了。现在,您觉得您或者盛隆集团面对的最大挑战是什么?

董事长:2013年,中央电视台搞节目也提出的是这个问题。我的回答是:只有机遇,没有困难。因为我知道自己有多大本事,有多大能量,我做的都是能做的事情,因此就不会有什么困难。国家做的事情我不做,靠大量资金做的事情我不做。只有靠双手,靠自己脑子,能做的事情就做去,所以我们公司所有做的事情都是我们做得了的,因此就谈不上困难、挑战。为什么我们把盛隆宗旨摆上第一代表性文化?我还有一句话,为国为民的事情,做一千年也做不完。光想赚钱、投机,那肯定不行。只要你脑子里有为国为民,是你的创业着力点,创什么业,要想清楚。只要是为国为民肯定是没有风险的,即使一时得不到认可,以后也会被认可的。

朱婉晨:谢董事长您好!我是2016级企业管理专业的研究生,我有一个问题想问您。刚才谈到的创业,我们都是追求因果效应,您觉得对于我们这些即将毕业的研究生而言,创业还是比较有风险的。我想问一下您,第一,您觉得对于我们而言,创业的风险是什么?第二,就是您看刚刚这么多人提问,只有一个女生站起来,就是虽然说这个社会上对于女性越来越看重,但是性别的差异还是存在的。尽管现在女性高管的比例有了很大的提升,我看到咱们公司在创业的时候有很多女性创业者是很成功的,但是相较于男性而言比例还是较低的。那您认为要是女生想要创业的话,相对于男性而言在哪些方面要做更多的努力?谢谢!

董事长:我要回答你的第一个问题是,创业没有什么风险,我认为创业是零风险。看你怎么看待,看你怎么去创业。我觉得我创业当时主要就是政治风险。前几天,我们的总理在答记者问时,有记者问"双创"是否继续推进?他的回答是:让"大众创业,万众创新"持久不衰。这就是一个长期性的,我非常认同这一点。作为年轻人,用毛主席的话说,世界是你们的。你们都是国家的栋梁,你们不创谁来创,

会后合影留念

(第一排从左至右:吴诗敏、魏娇娇、吕淑雅、刘沛、张修翔、倪慧、朱婉晨、李轩

第二排从左至右:刘禹、贾冰阳、阮晓越、杨涛、伍林、傅清华、梅军进、

谢元德、叶帅、陈超、董涛、桑悦、刘熙、方琪)

谁来支持这个国家？你不去做那些有风险的事情就没有风险，不要大量去借债，创业要量力而行。为什么我们公司发展得比较慢？我们就是量力而行，稳扎稳打，要负得起责任。我在公司内部培训总结过的成功公式：创业成功＝做你能做＋会做＋愿意做＋价值最高的工作。你能做是你具有这个条件；做你能做的事情就没有风险；做你会做的事情，利用你的长处；做你喜欢做的事，越做越有劲。第二个问题，女同志跟男同志从创业角度来讲，在我们这里有很多奇迹。在我们公司，很多女老板在怀小孩、生小孩的时候，恰恰团队的业绩最好，有好多这样的实例。为什么这时候业绩最好呢？因为人总是高看自己，低看别人。当她怀孕生小孩了，她做不成了，她必须得靠她团队的其他人了，她不能做了，她团队的人就有机会做了，她一个人做也抵不过她团队里十个人、二十个人做，她这个时候业绩好就是这个原因。她的团队积极性高了，大家充分地发挥了作用。我们写在"百年工程图"上的话都不是我们空想的话，"不要小瞧自己，要大胆发现自己的亮点，勇于绽放自己的光彩，你将取得的成绩连你自己都不敢相信"。这些话都是我在一个个实际的案例里面悟出来的。不要看高你这个当领导的，其他的一些同事都很优秀。有些人是觉得没做过，不敢做，但是领导做不成了，他只好冲上去做，他一做比领导做得还好。刚刚上面那位同学问盛隆文化是怎么来的？盛隆文化是从盛隆人一个一个的故事中来，根据这些故事悟出的道理，总结成的一个个案例，最后用一句话归纳了。

6.3 为国为民最长远，帮助青年最喜欢
——复旦 EMBA 学员与谢元德董事长对谈录
第八届动态竞争国际论坛会议材料

谢岚（明哲学堂助教）

6 月 9 日上午，我们见到了盛隆电气的创始人、董事长谢元德先生。他六十有七，个头不高，没一点发福，穿着细条纹的白衬衣，气色匀净。见面的地方，就在工厂二楼的众创空间，我们随意挑了个安静的方桌。

董事长管周红芳叫"小周"，他们也好一阵没见了。从他们之间的目光交流和称呼中，能感受到一种熟悉、信任的亲切。

孟祥旺是复旦微电子事业部的负责人，他工作的一部分就是研发和销售电表内部的芯片。所以，盛隆之行对他的触动挺大。坐定之后，没有寒暄，他就提问了，一口气问了三个问题。

一、允许犯错，允许不积极

孟祥旺：除了销售之外，研发生产也很重要，我想了解，第一，研发这块是怎样的一种激励方式。第二，您这个群体老板具体的执行是什么样子的。第三，我跟周总（周红芳）聊，看一些资料，我发现您非常有战略眼光，也非常会看人、用人。我想请您分享一下，如何培养这种战略眼光和用人眼光。

谢元德：研发他们是怎样一个搞法，我不太清楚，有专人负责。他怎么用群体老板这个模式，我也不清楚。你说我怎么用人，我一直就没有"用人"这个观点。

我认为人与人之间的关系是很平等的，只能说如果你是在前面走，后面有人愿意跟着你走，你只是起到一个引领作用，没有谁对谁错。像周红芳，我认为她优秀，很有发展前途，那就让她去发挥作用，好好地去发展，需要我提供什么帮助，我会去帮助她，没有所谓的"用人之道"。你还问到了，群体老板是个什么概念。

孟祥旺：对，这是个什么概念？是怎样运作的？

谢元德：我们这个"群体老板"在营销上发挥了一些很好的效果，但是不仅仅是营销，"群体老板"的重点是你的思想定位，你自己怎么给自己定位。如果一个人对自己的定位是打工的，是要被别人用的，他以这种思想来指导他的工作，那他的行为就会是那样的。在我们公司，我们一致认为，你不是打工的，你不是为谁用的，你就是一个人。不管你在什么岗位上，我们都给你定位为"你是一个具有创业思想的准老板"。一个人刚进来的时候还没有创业，我们就会引导他，让他有创业的思想、创业的准备，现在是积累经验，将来一定要走向创业。重点是要给他灌输这样一个思想：你不是为别人干，你是为你自己干。你不管干什么事情，你都要去思考，这样你就是主动地工作，而不是被动地工作。人要是这样想，一切都会完全不同了。实际上，我们这个"群体老板"的重点是什么？要从调动积极性上讲，这叫调动大家的积极性。从根本上来讲，我们人与人之间是平等的，人与人相互之间是可以帮忙的，不是谁为谁所用，谁去剥削谁，谁一定要去统治谁，谁一定要去管谁。

孟祥旺：在中国的传统文化里面，平等和自由的概念讲得并不多。而您刚才讲的，就是人人平等，每个人主动地做事情，把事情做好。

谢元德：比如说小周（周红芳），她刚刚到我们公司时，还是个大学生，这是她的第一份工作，已经干了二十多年。我们之间是什么关系？当然，我有很多东西，她肯定还是很听的，但有些东西她也没听。她没听我也很尊重她，我也很理解她。我说的她听不听，在于她自己。我们有个老总，近期老说，她后来才发现我当时就知道她的有些决定是错的，但是我当时没指出来。为什么我当时没给她指出来？当然，她的错不是大错，是小错，她就是尝试一下。如果不这样去经历，不犯错，她对事情就不会有一个更深的认识。

曹中华：红芳对这个也有特别深的体会，给她试错的机会。

谢元德：他们都是自己在不断地做事情、不断地学习、不断地提升，他们都是为自己在做。群体老板是有"创业导师"的，我就是一个创业导师，这个导师，就是"导"一下，没必要绝对听导师的。再一个，导师教的也不一定都是对的。为什么我们又是公司，又是大学？在某些部门，上下级的关系还是很清楚的，但在大范围内，人和人不一定是上下级关系，就没有下级一定听上级这个规定。

孟祥旺：我们这次来是周总帮忙安排的。我的感觉，她确实没有把您当领导，只把您当一个长者。她说："哎呀，我们谢总什么时间都可以，只要你们定好，我就可以和他去说。"我能感觉出来，您在企业里有权威性，同时又和大家之间相处得挺融洽的。从您所处的高层这个层面讲，我的确感觉到了人人平等、自荣自发的企业内部关系。但是，盛隆有几千名员工，我比较关心的是中间层，就是职能部门的部门经理或者一些项目的项目经理，怎么能够很好地贯彻您的整体思路，以及公司的政策？因为这是大企业的通病，很多母公司都会遇到这样的问题。

谢元德：我们企业和您所说的大企业完全不同。我们鼓励创新，没有很多强制性的东西要去贯彻和执行。如果完全都靠一个东西来照做，那就谈不上创新了。实际上，公司在大的方面会有一个引导，比如我们现在提倡的"四百战略"，就是引导大家朝着这个方向前进。但走不走在于你自己，公司不强迫你走。

孟祥旺：不强制你去做？

谢元德：不强制。你认为好，你就去做，你对这个还没有认识到位，不做也可以。你什么时候认识到了，什么时候做。我们的管理不是很用力的，就是发挥一个引领、引导作用，走不走在你。

孟祥旺：你愿意跟我走，你就跟我走；不愿意跟我走，休息一下可以，往回走也可以吗？

谢元德：对,怎么都行，比较宽松的,因为它出不了多大的问题。有积极跟着走的,我们就鼓励、树立榜样，让大家去关注他们、学习他们。

孟祥旺：您提到的"四百战略",那可能有一些人反应比较慢,或者他就不想反应,他就是想过一天算一天,原地不动。这样的状态发生了,对公司的经营有影响吗?

谢元德：没有影响。一个好的东西,总有人积极响应。当他能从中学到本事,取得的成绩就会很快地展现出来了。

曹中华：示范效应。

谢元德：那当然。人总有积极的,也有不积极的,不可能所有的人都那么积极。但这部分不太影响大局,至少我还没看到。

二、 那时候我妈妈要为生活奔波,非常辛苦,但她从不打骂我们,给予我们非常大的尊重和自由

谢　岚：我们几个早餐的时候讨论了一下今天来见您,我们每个人关心的问题是什么。祥旺已经问了他的三个问题,而我对您有一个好奇。周红芳告诉我,您是1950年出生的。我以前在报社工作,采访过一些20世纪50年代出生的长辈。中华人民共和国成立以后,个别时期给人的内在带来了很多创痛。人在创痛之下,会变得恐惧、害怕,对人不信任,整个人的状态是比较收缩的。而我发现,您却对他人有一种很大的友善和信任。昨天我和张总、伍总聊天时,张总跟我说,群体老板制早在您刚创业的时候就已经有了,您那时就要培养经理。这个分享让我看到,您不仅对他人友善、信任,而且您认为人要做自己的主人。而在我们的文化里,在我们的日常生活中,主流的声音、习惯的声音往往是要服从、要听话。所以,我就很好奇,是什么让从那个年代过来的您还始终能保持对人的友善、信任,还那么看重"人要成为自己的主人"这样的理念?

谢元德：我经历过这些后,之所以还有这些思想,一个很重要的原因就是我妈妈对我的教育。我们1979年创业。我们就是通过做事情来证明自己,证明自己对社会是一个有用的人。我们当时做事是受质疑的,但我们还一直在做。我们也有这

个信心，相信这个社会，相信人。在受打击很艰难的时候，我对人也没有失去信任。后来，政策转变了之后，我们逐渐获得了表扬和支持。你刚才提的这个问题，是非常重要的一个问题。我现在当然也谈不上什么成功，如果还算有点成绩，主要是家庭教育的影响。

谢　岚：您母亲对您是友善的，允许您犯错，也允许您不积极？

谢元德：她对我是特别自由。我们街上的小孩，都是不能随便去其他人家里的，而来我们家里闹翻天都可以。当时,我们那里的小孩都叫我"团长"——演戏的团长，就是拿个枪棒什么的演戏。我们家就是"剧院"，闹翻天都是可以的。

谢　岚：您曾经说，您母亲的教育体现了中国儒家的传统。不过，我们现在对儒家的理解是多种多样的。比如说，有人认为，儒家的"君臣父子"就是要求服从，要"规矩"。但您刚才提到的例子表明，您小时候很自由，家里是可以闹翻天的。那么，您觉得您的母亲身上体现出来的儒家文化，是什么？

谢元德：就是对人非常尊重、非常平等。

谢　岚：您母亲在养育您的过程中，有没有哪几件事是让您觉得最能体现儒家传统的?

谢元德：印象最深就是给我们讲故事。一直讲过去古人的故事，也讲她自己的故事，尤其是生活紧张的那个时候，饭都吃不饱，有的人就偷，她就会讲一些饿死不做贼的故事。她经常是通过讲故事来引导我们。

谢　岚：嗯，讲故事。那允许您玩吗？

谢元德:这样说也不是那么准确。她很尊重小孩，会给小孩一个比较自由的空间。

谢　岚：您小时候调皮捣蛋做错事了，妈妈打吗？

谢元德：从来没打过。我们兄弟姐妹也从来都没有任何人挨过打。我妈妈教育孩子，骂都不骂，哪里还打？我妈妈是真会教育孩子。她给我们一个很宽松、很自由的环境，她非常注重教育，教育的方式非常得体。实际上，那个时候，我妈妈要忙于生计、为生活奔波，为了养活我们，她是非常辛苦的。我们小时候家里还有一个瘫痪的奶奶，连身都不能翻。

谢　岚：在这么艰苦的生活中，您的母亲不打孩子，不骂孩子，允许孩子在家里自由地玩？真是很了不起！

谢元德：她就是没把我们当成一个小孩，她会和我们交流：她对一件事情怎么想的、怎么做的，她为什么不这样做，她为什么不那样做。虽然我们小，但她都会认真地讲给我们听。

三、你靠着别人，别人一撒手，你就完蛋了，找这个难受干嘛

谢　岚：您看重一个人要有领导力，要做自己的老板，做自己的主人。我想问您，在这么长期的时间里，您观察到人要成为自己的主人，最困难的是什么？

谢元德：我认为是自信心，就是自己相不相信自己能够成为这样一个人，就是要树立这样一个目标。我很注重的一个就是理想和抱负。我反复讲，目标措施都是次要的，最重要的就是要有理想和抱负。我非常非常地看重理想、抱负。

谢　岚：那您现在的理想是什么呢？

谢元德：我现在的理想是"四百战略"。四百，就是在100个城市，为用电智能化带来一些进步。100家企业，我们要使我们这个行业里，有100家企业都能够强起来。我们刚刚去了保定，保定有家老国企过去很辉煌，现在很糟糕，但还有一批人坚持着。我们就去和他们合作，希望它可以强起来。还有链接百校，就是和100所高校合作，给学生更多学习、锻炼，引导大学生有理想、有抱负。最近，我们去了华北电力大学，它是全国唯一一所专门搞电力的学校，很积极地跟我们合作，产学研结合。再一个就是"百团"，就是我们整合资源，建立一个新的大团队，成立一个新的创业公司。这就是我现在的理想。我一直秉持为国为民的这种思想。

谢　岚：在"四百战略"的背后，您的理想其实是为国为民？

谢元德：就是为国为民，我始终都坚持着为国为民。你只要对人好，对人有好处。你只要在这个社会上做的是好事，它就是为国，也就是为民。

谢　岚：而且您相信为国为民，企业的命运也一定会好？

谢元德：坚持为国为民，你不仅能百年不倒，千年也倒不了。只要为国为民，你永远都有做不完的事。

谢　岚：昨天张总说，除了20世纪90年代盛隆进入武汉的时候经受过一点挫折，这么多年，盛隆的发展挺顺的，而且一直是增长性的发展。今天跟您核实一下，这么多年真的是发展挺顺利的吗？

谢元德：实际上，我们这个企业发展得比较慢。这个为国为民，它就是要体现在方方面面。我们不为国家带来损失，那就要没有投机的想法；你没有投机的想法，你的风险就会很小。政府虽然提供给企业有很多支持、很多补贴，但我还是挺谨慎的，就是不要靠指望这个。我的观点是，如果太依赖政府的补贴，就会弱化自己。你还得靠自力更生，才能长久，靠别人是不行的。这几十年，我们也失去了很多好的发展机会，但是路走得很稳，我保持了一个独立自主、健康的可持续发展。你是想问我哪三件事情没做成吗？

谢　岚：想知道。

谢元德：第一件事情是20世纪80年代的时候，我们跟中科院合作。他们当时搞核磁共振。当时需要投资600万元，我们上哪搞600万元？60万元也搞不到。还有一件事是20世纪90年代初，就是我们进武汉时，当时已摸索准备做房地产，但没搞成。最后一个呢，也是要大量资金的，在20世纪90年代之前，我们还在枣阳的时候，那时候就想做汽车，比李书福还早，后来也是因为没有钱，最后没搞成。这三件事情，是没做成的，都是因为没有钱。

孟祥旺：您会因为没做成后悔吗？

谢元德：这不是后悔不后悔的问题，就是当时没有条件做。所以现在我告诉他们，你创业，你要有眼光，要能看到机会。但是在看到机会的同时，你还得看看自己有什么条件。你没有这个条件光有机会,也做不成,对不对?

谢　岚:我倒有一个自己的理解:这三件事没做成,是对您的一种保护。

谢元德:你这样说是对的。上次在武汉大学和博士生交流,一个同学问我创业风险。我说创业没有风险。如果你有多大的能力,就做多大的事,你就没有风险。如果你去做超出你能力范围的事情,你就有风险。你刚才说这是个保护,非常对。这就是我一直坚持的一个原则,我有多大的能力,我就去做多大的事。我具备了这个条件我就做,我不具备这个条件我就不做。不是我做的事情,我勉强去做,就是不负责任,对自己不负责任,对这个社会也不负责任,对别人不负责任,对国家不负责任,你最后借了的债还不了。

谢　岚:得不到的一样东西,有时候对我们的生命是有正向意义的。

谢元德:你说的这一点非常正确,我认为我就是挡得住诱惑。我现在有"两个不做",一国家做的我不做,二靠钱做的我不做。要靠钱,人家那么有钱,人家一弄都是几百亿、几千亿,我们没那么多钱。盛隆现在在造小黄车,这个钱是小钱,我们有这个能力投。要靠大资金做的事情,我们不做。我认为,我这几十年做得最正确的就是不依附别人。你做不成,你靠着别人,别人一撒手你就完蛋了,你找这个难受干嘛?

曹中华:您现在做小黄车是给别人代工,还是包括整个运营在内?

谢元德:我们只是生产,是武汉市政府介绍我们来做的,我认为这是一个好事。武汉市这么大,位于中国的中部,而没有一个造车的厂,还从别的地方往这里运,这不合理。建这样一个生产基地,这是一个合理的布局。

孟祥旺:如果只是做代工,确实投入不大。假如要连运营一起做,那投入就大了。

四、关键时期,给年轻人一点帮助、一点支持,这个太有价值了

谢　岚:我们几个同学在一起是因为一个人。他叫陈明哲,是一位商学院教授。

他的学生都被他问过一个问题:"在至今为止的人生中,你最得意的事情是什么?"还有一个问题更厉害:"目前,你最大的困惑是什么?"现在,我也问问您这两个问题。

谢元德:我最得意的事情是什么?这两年,我就强调盛隆文化核心的核心是什么。我们过去一直都有这样一个核心:帮助别人就是成全自己,成功他人定能实现自我,但是核心的核心是什么呢?

谢　岚:好问题。

谢元德:核心的核心,就是长期坚持关注并帮助年轻人成长、成才、成功。这个是我最得意的。实际上,我这几十年一直有一个教育梦。我是在做企业经营,但我认为我一直是在做教育工作。比如小周,她当时进公司时还是个小姑娘,一下子让她去干什么,阻力很大,她也知道阻力很大。我从来都不管这些阻力的问题,我就死盯着年轻人。关键时期,给年轻人一点帮助、一点支持、一点引导、一些鼓励,给他们创造一些条件,这个太有价值了。所以我认为我做了一件很有意义、很有价值的事情。

谢　岚:那您现在的困惑是什么?

谢元德:我没有什么困惑,挺好的。只要不要太贪名,也不要太贪利,这个路一直都会走得很顺的。

谢　岚:您刚才说您其实是在透过企业经营来做教育工作。盛隆的业务已经发展到了全球三十多个国家,在现实环境里,不论是国内还是国外,都存在权力关系、资源关系,并常常伴随商业行贿。在这方面,作为董事长,作为"盛隆大学"的真正校长,您如何看待并引导这个问题?

谢元德:这个社会什么现象都有,什么样的人都有,他具体怎么做,有的东西我们不知道,也管不了。但我们一直强调要走正道。最近,有个年轻的员工在保定做一家酒店的业务,有一定希望,但还没有落实。我就跟这个负责人说,你要靠品质去保证,公司开保函,保证10年、20年不出任何问题,我们提供最好的售后服务。我以前和大家说过巴菲特的"企业护城河"理论。他说:"在商业世界,我努力寻找无法被攻破的'护城河'所需要的经济堡垒。伟大的企业必有伟大的'护城河'。这个'护城河'的基本标志有两条：一种是低成本，另一种是大品牌。"这个是正道，认准了，你就跟着走，坚持下去，不要轻易动摇。但我不能保证进公司的人都能走下去，都能成功。你不走，我们也没有那么大的能量，也负不了那么多责任。

聊到最后，孟祥旺还是记得他的第一个问题：研发那块怎么激励？后来，我们得知，盛隆的研发基地在北京，目前是由谢洪潮博士负责。清华出身的孟祥旺的确有种"不搞清楚不罢休"的劲头。他坦率地提出，想去北京拜访谢博士和他直接交流。董事长爽快地答应了。

看来，我们的盛隆参访，还有续集。

《盛隆电气集团基本制度文件》有点意思。关于制度，总共就三大类，只有薄薄四页内容。小册子里更多的是董事长谢元德的讲话摘要。其中一篇是2012年年初武汉工厂战略总动员会议上的讲话。在事关"战略"的重要性上，董事长倒先哼了几句歌。他唱的是电视剧《张小五的春天》的片尾曲。

"左眼皮跳跳好事要来到，不是要升官，就是快发财了。左眼皮跳跳那吉祥的预兆，就算什么都没有，也让我心情好。手机快没电了，充电器也找不到，房东又来催着掏钱，房租还没交。昨天同学聚会，发现别人混得比我好。不高兴，喝得有点高。合伙经营自己单挑，全都试过了，生意难做朋友坑我，工作也难找。水到渠成的事情倒是做了一件，女朋友和别人好……"

"现在的年轻人生活压力大，我们公司年轻人多，在当今这个大环境下，大家都很不容易。我们既然有这个企业，大家信任这个企业，进了这个企业，那么这个企业一定要对大家负责，对这些年轻人负责。"董事长说。

这些歌词、这些话，都被收进了《盛隆电气集团基本制度文件》里。

2017年10月，谢岚邀请谢元德董事长为上海沪喆学校写祝福语

谢岚（明哲学堂助教）

"沪喆学堂，时代担当；仁人志士，以教兴邦。少年强，则国强；学校兴，民族强。祝福沪喆，教学相长，桃李芬芳。"

——盛隆电气集团董事长 谢元德

2017年6月，我在武汉认识了一家企业——盛隆电气。它的风气给我留下了深刻印象。在这里，年轻人不需要靠世故圆滑或谨小慎微求生存、谋升迁。因为公司推行"不论资排辈、全员竞聘"和"群体老板"两项基本制度，年轻人可以靠自己的思考和勤劳，打拼出自己的天地。25岁大学毕业三年的姑娘，可以向分管领导老总申请，自立部门，拓展孟加拉国的业务；30不到的企划部男孩，同时也负责"盛隆咖啡馆"的营运；还有个大男孩，主动揽了"小黄车"华中地区的制造业务……这样的风气，也许见于互联网公司，但在电气这样偏"传统"的行业，是不多见的。

盛隆的员工告诉我，董事长已经67岁了。我对他很好奇。以前在报社，采访过一批七八十岁的老人家，最大的感受是中国人真的是经历了很多苦难，而这些苦难在人的心灵上烙下了恐惧、防御的痕迹。而我对董事长最大的好奇是，他也经历了几十年的风雨岁月，何以他仍然对人怀有极大的相信和友善？

见面时，我提出了这个问题。谢董事长说，这主要归功于母亲。他说："我母亲特别会教孩子，是很儒家的。"

我不知道什么是儒家，就问道："如果说，您母亲在养育您的过程中，对您做的三件事，最能体现儒家精神的，您觉得是什么？"

"第一，自由。我小时候那是特别的自由。第二，她特别会讲故事，我们都喜欢听她讲故事。第三，别说打，就是骂都没有骂过我们一句。"董事长说，他小时候家里穷，母亲还要赡养"瘫奶奶"，但母亲从来没有骂过他们兄弟姐妹。

听到这里，我不禁想到了孙瑞雪老师的"爱和自由、平等和规则"。我发现，谢董事长的母亲所体现的"儒家育儿法"和孙老师的理念与行践，是高度一致的。而董事长本人，也证明了孙老师的观点：如果一个孩子在爱的包容中自由成长，他就会成为他自己，成为一个有力量的人。

6.4 王城镇竞智学校 110 周年校庆

2017年9月9日，竞智学校校友一行，参加王城镇竞智学校建校110周年校庆。

王城镇竞智学校建校110周年校庆

（从左到右依次为：张大权、李光平、伍公平、付宏清、胡永泉、袁道金、谢远锋、谢元德、谢正新、周明旺、左长斌、陈玉财、杜英、邓建忠）

学生代表合唱校歌

全体教师合影

52 届校友屈演文教授讲话

唱着竞智歌,建设大中国
——庆贺竞智学校创建 110 周年

屈演文

各位老师、同学们,各位领导,各位乡亲,各位校友:

  在这美好的金秋时节,在党的十九大和教师节到来的前夕,我们迎来了竞智学校建校 110 年校庆的喜庆日子。今天我们少长几代,聚集一堂,共同庆贺这个 110 年才相逢的节日。我这个不太称职的代表,承蒙大家厚爱高抬,很荣幸地以一名 65 年前的竞智学生身份讲几句话。在校庆筹备和酝酿的讲稿中,大家向我倾诉了许多肺腑之言。我就把他们的心声在这里做一个转达。

第一点，向大家报告一下，我对校歌、校训、纪念辞的理解。

在盛隆集团董事长谢元德先生的推动、指导下，在镇领导、学校领导的指导、支持下，由我执笔起草了校训等三个文稿。它们总的指导思想是，通过简明、易记、易诵的形式，提炼、普及、传承、弘扬竞智学校精神，继往开来，书写立德树人、兴校强校的历史新篇章。

竞智学校校歌分三段。

第一段："清清莺河水，艳艳红土坡。书香飘百载，风雨不消磨。啊，竞智！竞智！辛亥先贤开拓，志士仁人建设！"这一段是回顾历史。1907年，谢公霞怀，放弃京官官位，致仕还乡。他凭借自己声望，拆除城墙，改造祠庙，捐输家业宗产，以超凡的魄力和勇气，倾全力开设枣阳境内最早的新式完全小学堂，就是为了唤起民众、培养才干、振兴中华。在这些筚路蓝缕、以启山林的先贤前辈、典范楷模的感召和影响下，一代又一代有德有才的志士仁人，呕心沥血、艰辛奋斗、无私奉献，终于达到书香飘百载，风雨不消磨。学校历经风雨变革，不断地做出了新成绩，实现了新发展。

第二段："莺河涓涓流，红土花果多。唱着竞智歌，走向全中国。啊，竞智！竞智！求知、崇知、进竞，莫让光阴蹉跎！"这是讲竞智的发展贡献。它以崇智进竞的精神，培养了一批批、一代代的优秀人才，他们从竞智走向全国以至世界。比如为共产主义信念奋斗，为新民主主义革命献身的烈士谢远定，签发第一份宣告爱国志士无罪判决书的民法泰斗谢怀栻，著名国画家王霞宙，以及竞智学校1925年任校长谢介夫的嫡孙、追求卓越、无私奉献的盛隆集团董事长谢元德等。在他们身上，都充分体现了立德竞智、追求奋进、继往开来的竞智精神。

第三段："莺河育英才，红土赤子魄。伟大复兴梦，责在你和我。啊，竞智！竞智！桃李芬芳四海，栋梁奉献祖国！"这是对母校在实现中国梦的征程中，更好地成长，做出更大贡献的期许，母校必将创造和实现新的辉煌的未来。

关于校训"立德竞智，继往开来"的理解。

为什么用这八个字作校训？

第一，它凝结了竞智学校110年发展历史的基本经验。前四个字，"立德竞智"是育人、育才的基本要素、基本路径；后四个字，"继往开来"是立人、树人的基本要求、基本标志。从艰辛开拓的前辈先贤，到继承发展的志士仁人，他们自身都是德智双优的典范，继往开来的英杰。他们既敢于担当，又能够担当；既敢于开创，又能够开创；既承传前人，又超越前人。

第二，这是时代发展、国家建设、兴教兴国的现实需要。

第三，这是育人育才、兴校强校的必由之路和客观规律。

在校训纪念石背面所刻纪念辞，是由简明校史的追述延伸，对校训进一步展开的解读。全文是："竞智学校，先贤肇造。百一十年，德业彰昭。进竞崇智，怀远志高。兴国在教，栋梁由苗。学子任重，努力须早。旭日暾暾，莫负今朝！"

投交校训文稿时，我们的本意是抛砖引玉，希望有更多来稿，为校庆热身，也便于选优择优。但让我始料不及，也很为不安的是，文稿很快就被正式启用。作为作者之一，我由衷地感谢镇领导、母校师生的指导帮助、支持厚爱，感谢谢元德董事长的指导和推动。我还想强调说明的是，校训、校歌、纪念辞的真正作者是开创、书写竞智历史的前辈先贤、志士仁人，是所有的老师、同学、校友，我只是一名学习者、见证者、记录者。

第二点，这次校庆活动来之不易，值得珍惜。

王城镇党政领导十分重视此次校庆活动，李黎书记亲自挂帅，学校全力投入，广大校友热心支持。盛隆群体老板，特别是谢元德董事长，鼎力相助，促成这次盛会不负众望，圆满召开。现在是金九月，党的十九大召开前夕，大家都很忙。但是为了庆祝竞智110年校庆，我们走到一起来了，因为我们都意识到这一聚会的价值。

第一，回顾总结，创新发展。竞智学校是时代转换我国教育从传统科举旧时教育向科学民主新式教育转变时，具有标志意义的一所新的小学堂。它历经百年风雨发展，培养了几代人才，做出了杰出贡献，并积累了丰富经验。总结历史经验，发扬竞智精神，有助于我们今天与时俱进，继往开来，创新进竞。

第二，联络校友，汇集众智、众力，助力家乡教育。十年树木，百年树人。兴国在教，栋梁由苗。其意义重大、深远。

第三，密切校友与母校、家乡、校友之间的联系感情，使大家更多地关心、帮助和支持家乡。共襄盛举，同创隆图。

我们深信，这次校庆活动的成功举办，一定能激发师生、校友及各方有识之士敬校、爱校之心，砥砺兴校、强校之情。传承、弘扬竞智精神，在各自岗位奋发努力，创新进竞，为实现伟大中国梦做出新贡献，为创造自己的精彩人生书写新篇章！

第三点、感谢盛隆集团、感谢谢元德董事长！

这次校庆活动源于盛隆集团谢元德董事长的发起、推动和全力支持。谢董事长多次斥巨资，并通过多种形式帮助家乡、建设家乡。尤其对家乡的学校教育，对乡村儿童少年及贫困学子的顺利就学，成长和成才，他一直萦绕牵怀，念念不忘，多方提携，热心扶植，不遗余力。这不是因为他多么富有，也不仅仅是因为他一贯慷慨大度，最根本的原因是他对家乡、对父母之邦，有一份出自血缘亲情、刻骨铭心的热爱、挚爱。这出自他对教育兴国、兴乡的深刻理解和执着践行，来自他作为王城游子、一名事业斐然有成的儒商企业家一贯秉持的家国情怀和责任担当。

他曾经说："我到过国内外许多地方，长期在武汉、北京工作、生活。但我始终觉得只有王城才是自己的家。在家乡，虽有不少苦涩的记忆，但更多的是得到的帮助、支持、关心，是温暖的记忆。每当回到老家，站在父母墓前，凝视故乡的田园房舍，内心总有一种感恩的冲动。我能为家乡做些事情，什么都不为，什么都不图，不是做什么交易。我为的就是还一个心愿，图的就是一个心安。"他是践行"立德竞智、继往开来"校训、弘扬竞智精神的优秀竞智学子！有谢元德董事长和他带领的一大批具有同样情怀的群体老板，是竞智学校的光荣和骄傲，是家乡的光荣和骄傲。他是值得立志写传、记入史册的竞智学子，竞智骄子！

各位领导、乡亲、各位校友，竞智学校是惠及几代学子，传扬遐迩四方的百年老校、名校。能够在这里度过我们的童年、少年求学时代，留下难忘美好的回忆，是我们的幸运；能够为这所哺育了无数莘莘学子的辛劳母校，亲身参与举办一次从没有过的校庆，特别是百年大庆，更是一份难得的荣幸和缘分。现在，我以一首七言诗结束发言。

> 莺河清清红土艳，风雨书香庆百年。
> 九州校友喜相聚，四方父老开心颜。
> 兴国兴业重在教，立德立人莫等闲。
> 爱乡助学传佳话，继往开来写新篇！

让我们共同祝贺母校百年大庆盛会圆满成功！衷心祝愿在座各位、家乡父老，事业发达兴旺，家庭幸福美满！

王城镇党委书记李黎在竞智学校建校110周年暨教育事业促进会2017年奖教奖学活动上的致辞

尊敬的各位来宾、各位校友，老师们、同学们：

大家上午好！

在盛隆电气董事长、竞智学校知名校友谢元德先生和王城教育事业促进会的积极倡导、大力支持，枣阳市委市政府、枣阳教育局的关心关注、各位校友的积极配合，以及全体校庆志愿者紧张而有序的筹备下，今天，我们终于迎来了王城竞智学校建校110周年庆典。在这个喜庆的日子里，我代表王城党委政府，向前来参加此次校庆盛典的各位领导、各位嘉宾、各位校友，表示热烈的欢迎！向关心和支持王

王城镇党委书记、人大主席李黎致辞

城教育事业发展的王城教育事业促进会的各位老总,以及社会各界朋友表示衷心的感谢!同时,在第33个教师节即将到来之际,我们向默默耕耘、辛勤工作在教学第一线的广大教师和教育工作者,以及离退休教职工,致以节日的问候和崇高的敬意!

　　王城竞智学校建于1907年,后因制度变化曾多次更名。2013年,由谢元德先生提议,经学校申请、枣阳市教育局批准,恢复"竞智"校名。110年来,竞智学校随着时代的步伐不断前进,"竞进、崇智、尚学"的校风,激励着这里的教师博学善研、乐教爱生,学生乐学静思、明志笃行。在全校师生的共同努力下,学校的教育、教学质量不断提高,中考成绩屡有突破,为王城、为枣阳培育和输送人才,做出了卓越的贡献,获得了各级政府、教育局的多次表彰及社会的广泛好评。竞智学校广布海内外的校友,在各条战线上顽强拼搏、艰苦奋斗,为祖国和人民建功立业,为家乡赢得了荣誉,成为竞智学校永远的骄傲、王城人民永远的骄傲。

国运兴衰，系于教育。重视教育是我们中华民族的优良传统，也是党和国家的一贯方针。历届王城镇党委政府，一直把教育放在优先发展的地位。"党以重教为先，政以兴教为本，民以支教为荣，师以从教为乐"，关注教育、支持教育、热爱教育，已经成为所有王城人的共识。王城教育事业促进会的不断壮大，以及多年来奖教助教、奖学助学取得的良好的社会效应就是证明。今天，借校庆这个平台，我们相聚一堂，共谋王城教育大发展，这是功在当代、利在千秋的具有里程碑意义的一件大事。因此，我谨代表王城镇党委政府，借此时机表达"三个祝愿"：一是祝愿竞智学校越办越好，以今天的庆典作为新的起点，抓住时代机遇，探索课程改革新路子，抢占现代教育的制高点，打造名校、强校品牌，把竞智学校办成"省内一流、国内知名"的示范中学，为社会培养更多的政界、商界、学界等各界

中南财经政法大学教授屈演文、王城镇党委书记李黎、
盛隆电气集团董事长谢元德、市委常委宣传部长柯红勇，在校训前合影

精英，为"竞智"品牌再添光辉，为教育事业的发展做出新的和更大的贡献；二是祝愿王城的发展更加辉煌，持续秉承"立德竞智、继往开来"的优良传统，把百年竞智文化、竞智精神延伸拓展为王城理念、王城文化、王城精神，以打造"枣东南明星乡镇、现代农业示范区、美丽乡村示范点、高速经济发展示范带"为目标，凝心聚力谋发展、团结拼搏壮实力，代代接力、久久为功，让王城的经济和社会发展年年都有新突破，让王城的形象天天都有新变化，让王城的人民日子越过越红火、越来越幸福；三是祝愿历届校友、老乡事业有成，铭记母校培养之恩，一如继往地关心和支持家乡建设发展，关注家乡人民福祉，让走南闯北的"王城人"，成为代表王城形象的光彩名片，成为促进家乡建设的坚强力量，成为引领后人的光辉楷模，成为全体父老乡亲的共同骄傲。

最后，再次衷心祝愿王城镇竞智学校的明天更加灿烂，祝愿王城镇教育、王城镇发展的明天更加辉煌！祝愿参加本次庆典活动的各位领导、来宾和全体竞智师生身体健康、万事如意！

第七章
科技创新

7.1 打造技术领先的盛隆品牌

——集团总裁谢洪潮博士在 2016 年第二次董事会上的讲话

尊敬的各位领导、各位董事：

大家上午好！

在配用电领域，我们正在经历从电力保护技术为代表的功能化时代，向电力技术与数字化、互联网技术相融合的智能化时代转变。这种技术和时代的变革给我们盛隆带来了巨大的机遇。

过去 20 年的电力功能化时代，外资品牌，尤其是几家欧洲品牌，凭借工业化领先的优势，在一定程度上把控了国内配用电的技术和市场。随着电力智能化的发展，我们在一定程度上实现了"弯道超车"。通过自主创新，我们不再像功能化时代那样跟随外资品牌，而是超越外资品牌，引领智能化技术的发展。我们有这个信心！

和外资品牌相比，我们过去处在技术链条的低端，但我们靠制度创新、商业模式创新弥补了这一不足，最终靠高性价比的产品和服务获得了用户和市场，取得了辉煌成绩。而那些外资企业不如我们拼，不如我们更贴近用户，也不如我们更努力服务用户，仅仅凭着技术优势，就很轻松地获得用户和市场，并获得利润蛋糕的最大份额。如果我们在技术领域获得了优势，再加上我们的制度和销售优势，那我们会怎样？

我们该如何打造技术领先的平台呢？今天，我们积极参与国家能源局关于能源互联网产业政策的推进实施，积极参与国家工信部关于工业领域需求侧管理产业政策的实施，作为主要单位参与园区电力智能化领域的相关国家标准制定。在中关村管委会的支持下，我们作为副理事长单位，和清华大学智中能源互联网研究院等单位，发起成立中关村智能电力联盟，推动中国智能电力技术创新和发展。我们还和清华大学智中能源互联网研究院合作，成立北京国网光谷科技有限公司，积极推进能源互联网示范项目。

通过技术创新，我们还在不断建设技术领先的盛隆品牌。我们获得了省科技厅认定的智能配电工程技术研究中心，而这通常是大学的研究中心。我们获得了政府越来越多的技术创新奖励和科研经费支持。这表明，我们的技术创新得到了政府的认可和支持。

更重要的是，通过销售的努力，我们的创新技术和产品得到了广大的用户的认可，成功应用于数千个海内外项目中，逐步在用户和市场中建立起了技术创新的盛隆品牌。

今天，我们展出了三个自主创新的拳头产品：新一代智能塑壳断路器 OM3 系列，新一代互联网智能低压柜 iPanel，互联网智能配电管理系统 iOVE2000。

OM3 系列是我们的自主创新设计的一款智能断路器产品，设计精美、工艺优良、分断能力高达 100KA，通过了最严苛的英标实验。

iPanel 是我们自主创新产品，拥有多项专利技术，是国内市场推出的首款互联网智能低压柜，能让用户用电省心，整体品质处于业界领先地位。

iOVE2000 是我们自主创新、电力与数字化、互联网技术相结合的智能配用电系统管理软件，处于业内技术引领位置，是我们引以为傲的自主创新领先技术。

这些领先的智能化技术、差异化的产品，将让我们的企业如虎添翼。我们不再在技术方案上受制于人，不再在技术链条上处于低端。我们可以将技术优势和销售优势有机结合，为用户提供差异化的产品和服务，为用户带来更好的体验和更大的价值。

盛隆的技术创新来源于我们销售开拓的市场和用户。一方面，我们的销售贴近广泛用户，了解用户需求和痛点，从而带动研发人员的技术创新和产品创新；另一方面，我们的技术和产品创新又反过来帮助销售来更好地服务用户。我们的销售不仅在做市场，而且其实也在深入了解用户的需求，帮助研发把握用户的痛点。我们的研发不仅在做技术创新，其实也在市场一线做技术支持，帮助销售消除用户的痛点。只要我们的销售和研发能在广泛的一线市场中实现这种良性互动，相互促进，我们就能不断塑造技术领先的盛隆品牌。谢谢大家！

iPanel

OM3

iOVE2000

7.2 关于公司创新的几点看法
——集团总裁谢洪潮在 2014 年雁栖湖董事会上的发言

各位领导及同事，大家好！

2014 年中央经济工作会议决议，在肯定经济形势稳中有进的同时，也指出要清醒地认识到经济运行存在下行压力，部分行业产能过剩问题严重，要坚持通过市场竞争实现优胜劣汰。会议还指出，化解产能过剩的根本出路是创新，包括技术创新、产品创新、组织创新、商业模式创新和市场创新等。

配电行业同样面临市场竞争加剧、制造成本不断上升的挑战。我认为应对的根本方法也是创新。针对我们公司而言，我简单谈一下这五个方面创新改革的应对措施。

一、商业模式创新：实现从提供产品到提供服务的转变

我们有的销售人员讲，很多客户常常把产品配置明细、价格弄得清清楚楚，比我们还专业，简直没法做了。过去客户的专业知识很少，我们能帮助客户去降低成本。这说明我们走在行业发展的前面，能为客户解决问题、创造价值。而如果出现上述这种情况，在提供一个解决方案上，客户比我们还专业，那就说明我们一些销售已经走在了行业发展的后面，很难为客户创造新的价值。

相反，我们另一些销售团队则致力于用专业知识和能力为用户提供更好的解决方案，帮助用户解决令其头痛的困难和问题，从而为用户创造价值。这种能帮助用户、引导用户的情况，则说明这些销售团队走在行业发展的前面。

如果不创新、进步，过去行之有效的商业模式，今天可能就不再能帮助客户解决问题，创造价值，就会落后。所以，只有不断地创新商业模式，力争处于行业发展的前面，才有能力为客户创造价值。

具体来说，我们的商业模式创新，就是要不仅仅为客户提供产品，还要更多地为客户提供解决方案、系统、工程和服务，从而帮助客户解决问题，提供更好的客户体验，创造更大的附加价值。

电力工程、行业客户模式、大客户模式、518工程、智能配电系统等，都是服务型商业模式不断创新的具体体现。

二、市场创新：实现从做项目到做市场的转变

游击战式的做项目模式显然难以提升行业服务能力，难以为客户提供行业解决方案，竞争趋于同质化。而做市场是指系统性地做用户。比如，只有做行业用户、大客户、区域用户，才能深入了解用户特点和挖掘用户需求，不断积累服务能力，帮助用户解决问题，提升用户体验，创造更独特、更大的附加价值。只有这样，才能真正赢得一个市场，而不仅仅是拿下一个订单。从做项目转变为做市场，就是从点转变到面，从销售产品转变到品牌树立和传播。做项目是短期生意，是做现在；而做市场是长期事业，是做未来。

三、组织管理创新

销售组织的创新：实现从个体到团队，从销售团队到服务团队的转变

基于市场的变化，传统的单个销售人员跟踪几个保护项目的组织管理模式，显然越来越难为用户创造独特价值。只有一个团队长期、深入耕耘一个行业或区域市场，才能成为该行业或区域的行业领导者，为用户解决用户自己难以解决的问题，从而

为用户创造独特价值。因此，营销组织的创新不仅是从个人的单打独斗到团队战略，还要实现从销售型团队到服务型团队的转变。

生产组织的创新：实现从大而统的制造组织到柔性制造组织的转变

一方面由于大量用户的多样差异化需求，另一方面由于大而统的生产管理的复杂性，因此一个庞大的工厂很难满足每个用户的需求。这需要生产组织的创新，做到大中有小，统分结合，既能满足不同用户的差异化需求，又能灵活应对市场的变化。

研发组织的创新：实现从工业时代单向研发到互联网时代互动研发的转变

在工业时代，公司研发生产什么产品，销售人员就向用户销售这种产品。这种模式是以产品为中心，是单向传导的，销售和用户不参与研发。而在新的互联网时代，研发组织必须创新，实现研发和销售、用户的互动。研发和销售、用户一起挖掘用户需求，分析用户所面临的问题。用户、销售可以和研发人员一起参与研发，来定义产品及行业解决方案，从而帮助用户解决问题，为用户创造独特性的附加价值。

四、技术创新：实现从单个产品技术创新到整体解决方案的系统技术创新的转变

技术创新是市场创新和商业模式创新的基础和支撑，也是我们的核心竞争力。技术创新的源头是能帮助用户解决问题，为用户创造价值。从提供产品到提供服务的商业模式转变，必然要求技术创新不仅仅是单个产品的技术创新，而是整体解决方案的系统技术创新。

比如，人力成本的不断攀升，致使各行各业对自动化程度的要求越来越高，配电行业也不例外。这就要求我们致力于配电自动化系统的技术创新。治理环境污染和节能减排的压力，则要求我们进行能效管理系统的技术创新。我们致力于软件开发、硬件开发、系统开发等一系列技术创新，就是为了能为用户提供行业解决方案，

如工业行业解决方案、能源行业解决方案、医疗行业解决方案、建筑行业解决方案等。只有实现这些整体解决方案的系统技术创新，才能帮助用户解决困扰、头痛的问题，满足用户的个性化需求，为用户提供独特的附加价值。

五、产品创新：从成套产品向上下游延伸贯通

产品创新是技术创新的落脚点，也是为用户提供解决方案和服务的基石。只有不断丰富和完善的产品链、附加值高的创新产品，才能让我们拥有自己的核心竞争力。

我们将在成套产品（包括自己的品牌柜）、智能元器件（包括核心智能断路器）、配电系统软件、配电大数据、配电互联网应用等领域持续开发产品，让产品链贯穿上下游，从核心元器件，到成套产品、到系统、再到工程，为我们的商业模式创新、市场创新奠定坚实的基础，即我们的产品创新从成套产品分别向上下游延伸，形成比较丰富、完整的产品链。

总的来说，中央经济工作会议指出，努力实现不带来"后遗症"的发展速度。对于我们公司来说，应对经济新常态下的挑战和机遇，只有进一步创新改革，包括技术创新、产品创新、组织创新、商业模式创新、市场创新等，才能在优胜劣汰的市场规则中胜出。

这是我的一点看法，请大家指正。谢谢！

7.3　科技的盛隆，服务的盛隆

谢洪潮（摘自《盛隆之声》2016 年总第 367 期第 5 版）

2009 年，在公司成立 30 周年的大会上，盛隆电气提出了"科技的盛隆、服务的盛隆"的目标。六年来，科技中心取得了长足的进步，在很多领域取得了突破和竞争优势。盛隆的科技在配电智能化、互联网软件等一些领域已经领先于一些国际品牌。由公司自主研发的新一代互联网智能低压柜 iPanel，与国外品牌柜相比，更好地实现了配电系统的可靠安全与智能高效的完美结合，包含了十多项专利技术。刚刚竣工的万达西双版纳度假区互联网能效管理系统，一经推出，便得到了行业用户的热烈反响。广西园博会项目和武汉工厂配电系统的全面升级，见证了盛隆科技的进步与竞争力的提升。

案例一：iPanel

盛隆电气作为"电力＋互联网"行业的领先者，推出了新一代互联网智能低压柜 iPanel，实现了配电系统的可靠安全与高效管理的完美结合。和国内外低压柜如 MNS3.0、SIVACON 8PT、Okken 等相比，iPanel 大大提高了设备的可制造性、可安装性、可维护性，并大大提高了数据实时采集、互联互通、远程能源管理的能力，让电力系统更安全、可靠、高效，适用于发电、交通、工业、楼宇、通信等行业。

案例二：能效管理系统

刚刚竣工的万达西双版纳互联网能效管理系统，实现配电系统的互联网远程自动化管理和能效管理，不仅大大减少了专业值守的人力，还使配电系统更可靠、安全、智能和高效。

作为推行"电力+互联网"的重磅产品，能效管理系统在行业内可以称为颠覆式创新。它实现了通过互联网，对配电及能源系统进行远程自动化管理和能效管理。它将改变沿袭几十年的配电室24小时人工值守模式，向用户提供过去想都不敢想的智能和高效。

案例三：新销售模式的成功典范

广西园博会项目由于公司自主品牌元件（智能仪表、电气火灾、有源滤波柜、谐波保护器、智能配电监控系统等）在早期进入了用户设计图纸、招标文件的选项中，因此大大提升了盛隆电气在项目投标上的竞争力。最终，这种新销模式不仅大大降低了用户的成本，给用户创造了价值，也增大了项目的利润空间，真正实现了双赢。

案例四：武汉工厂配电系统的全面升级

全部使用公司自己的产品，包括高低压成套柜、框架、塑壳、微型断路器、综保、智能仪表、电气火灾、有源滤波柜、智能电容柜、智能配电监控系统、互联网能效管理系统、手机App等创新，它实现了通过互联网，对配电及能源系统进行远程自动化管理和能效管理。

7.4　盛隆电气：技术创新建设大品牌

裴道彰（摘自《长江日报》2013年9月18日第34版）

先说品牌：2013年9月上旬，盛隆电气从中国香港捧回了第八届"亚洲品牌500强"奖杯。亚洲品牌测评体系包括市场表现、发展潜力、质量水平、经营效益四大维度，很具综合性、客观性和公信力。

再看速度：连续两年跻身武汉百强企业，2013年上半年，在国内多数产业不振的大环境下，盛隆逆势狂飙，仅上缴给武汉市东湖高新区的税收，就较2012年同期翻了一倍多……"盛隆速度"一次又一次被刷新。

骄人成绩的取得，离不开盛隆电气的"核心武器"——创新，包括制度创新、模式创新，尤其是技术创新。盛隆电气一切成就的取得，都离不开创新。

创新引领

团队：成立研究所，院士当所长

盛隆谈创新，不是赶时髦，更非仅仅停留在嘴上。

早在1999年，盛隆电气就成立了北京研究所，中国工程院院士、国家著名电力专家顾国彪院士担任研究所所长，并担任职务至今。

盛隆电气总裁谢洪潮说，成立研究所就是打破固有经验和传统思维，图持续繁荣，求长远发展。

在盛隆电气北京研究所，新的技术不断研发并迅速分裂，衍生出众多新产品，逐步与市场接轨，实现产业化。比如，通信、电子技术应用于电力行业，盛隆迅速介入智能配电终端，衍生出网络电力仪表、电气火灾控制等产品，走向市场。

为了能在智能配电领域取得更卓越的成果，盛隆电气成立了全资子公司武汉光谷电气有限公司，不惜重金聘请高科技人才，专门负责智能电网领域的技术研发；同时，在北京设立智能配电研究院，目前已在智能配电领域获得十余项国家专利和软件著作权。

氛围：创新活力充分涌流

近期，围绕仪表如何升级，光谷电气公司内部开了一场"群策会"，韩广潮率先发言。

2011年进厂的大学生韩广潮，最初是个"毛头小子"，从调试、组装开始，在光谷电气研发总监朱家禄的带领下，现在已经掌握了过硬的技术，在第二代仪表技术研发、生产工作中担纲技术中坚。

朱家禄说，公司几乎天天开内部思想碰撞会，员工也经常参加行业会议，并走访客户了解需求，然后有针对性地研发和改进产品，提高性能。

光谷电气总经理龚圣德介绍，公司建立了帮带、参与、独立研究一套大学生研发成长体系，不少大学生在技术创新上脱颖而出，成为企业发展的生力军，韩广潮就是其中的优秀代表。

尊重人才，尊重创造，营造敢于创新、勇于创新的氛围，盛隆让全体员工的创新意识竞相迸射，创新活力充分涌流。

文化：创新成为自觉选择

电压不稳时，电视、电脑会频闪。若对电力设备进行监控，净化电网，过滤掉导致这种现象出现的谐波，电器使用就会正常。这样的技术，就属于智能电网应用领域。这套电能质量监测技术只是盛隆众多智能电网技术中的一个。

谢洪潮说："过去我们学习国外先进技术，做好的产品，把好质量关，逐步发展到现在节能环保及智能电网，在不同的阶段，顺应时代潮流，虽有侧重，但创新一直未停止。"

盛隆人认为，只有登上舞台，参与大戏，企业才能与时俱进。只有认清自己的角色，演好自己的角色，才能在大舞台、大戏中占有一席之地、优胜之地。要扮演一个别的企业演不了、演不好的角色，路子在创新。

创新已成为盛隆文化的自觉选择。张瑞敏说过，没有成功的企业，只有时代的企业。所谓"成功"，不过是踏准了时代的节拍。

盛隆电气与清华大学、北京大学、中科院电工研究所等单位有多年的良好的合作关系，与知名跨国公司ABB、西门子、施耐德等也有良好的合作关系。除了先进的技术应用，顶尖的产品走向市场，另一个更重要的成果是，历练了人才，在交流中培育了创新精神。

企业之魂，文以化之；员工之神，文以铸之。

品牌铸就

自主研发产品亮相多个重点项目

产品过硬、技术领先是企业创新的必然结果。

一本《光谷电气产品手册样本》，载满了汇集多项新型技术的领先产品。光谷电气自主研发的这些新产品，已经广泛应用于首都机场、神华集团、朔黄铁路等多个重点项目。

谢洪潮介绍，盛隆推出的具有国际领先水平的电力节能环保装置，能有效地改进工业和楼宇配电系统的电能质量，节能10%~15%。该项技术用于河北保定大唐热电厂配电室的"有源滤波装置"，不仅改善了电网的电能质量，而且大大提高了用电效率。

而最近，盛隆自主研发的电能质量治理高端产品 OVE—HPF7000 谐波保护器，取得了"中国开普实验室"权威检测认证，在国家工信部和中电联联合确定的首批全国工业领域需求侧管理服务厂商名单中，盛隆在全国首批 49 家企业中排名第 8。

从设备制造商到科技服务商

仅仅卖产品成不了国家级企业，盛隆正在从设备制造商向科技服务商转变。

只要跟盛隆电气打过交道、接受过盛隆的产品和服务，都想继续跟盛隆再次合作。

盛隆电气的底气，来自于盛隆长期贯彻的"低成本、大品牌"的市场法则。盛隆的理念是："低质低价是自弃，低质高价是自杀，高质高价是常规，高质低价是超级竞争利器。"盛隆一直采取高质低价策略，温柔地渗透市场，尤其着眼于做"能够长期合作的生意"，稳步走向全域市场。

在盛隆人看来，所谓长期的合作就是你离不开我，我也离不开你。而要做到这样，需要深入地了解客户的现实需求，了解科技发展的趋势，了解客户未来的需要。

应答历史挑战盛隆再出发

作为电气设备供应商，在传统概念上，只是生产、提供质量合格、安全适用的设备，保证电能通能用。至于怎么用，耗高耗低，一度电创造多少 GDP，那是用户的事，与厂商无干系，更谈不到幸福、美丽。

但盛隆人不这样看，电是幸福生活、美丽家园的动力和神经。电对幸福生活、美丽家园的影响，还有许多空白点，还有许多未知的、未被发现的空间，这就是商机，是盛隆的关注点、创新点，也是其新的生长点。

这是盛隆对历史挑战作出的创新应答。一个国家的发展过程，其本质是应答历史挑战的过程。凡是对新挑战作出创新应答，创新文化活跃的国家，就能兴旺发达，企业也如是。

创新驱动、转型发展，是新时期武汉发展的唯一选择。光谷要先行，位于光谷的盛隆，早已汇入创新的时代洪流，在新的起点上，矢志迈向创新型企业的行列。

贯彻武汉市"创新强市"战略,响应市领导提出的"培育本土国家级企业"的号召,盛隆树立了新的目标:5年内规模达到200亿元人民币。

如果说"天时、地利"是企业走向成功的关键因素,"人和"则是企业成长后期取得成功的必要因素。"人和"对于企业来说,对内是拥有良好的人力资源管理机制,对外是拥有一部分忠诚的消费群。现在的盛隆通过技术创新、优质服务,业务遍及中国所有省市及海外20多个国家,拥有了一大批"粉丝"。

三十而立的盛隆电气,创新之路已经开辟,正以更大的魄力、更猛的劲头、更足的勇气,奋然前行。

第八章
往世界走

8.1 预变应变
——盛隆独创"群体老板 241"战略

活动名称：第八届动态竞争国际论坛

活动时间：2017 年 9 月 2 日

活动地点：北京昆泰酒店

讲演人：谢元德董事长

谢元德董事长在第八届动态竞争国际论坛上演讲

一位哲学家说过：除了变化，没有永恒之物。变化是永恒的，是常态。人作为万物之灵，所要做的就是能预变和应变。由于科技高速进步，社会快速发展，各方面变化会更大。人们的预变、应变更加重要。

我思考的"预变"，是指对于科技进步、社会发展可能带来的人们生存、生产和生活的变化及其影响，预先作出的研判、评估和认识。而"应变"，是在此基础上，预测和设计未来可能实现的人们的美好生活和工作方式，对美好的未来进行应有的谋划，并努力奋斗。

盛隆"群体老板241"战略正是这样一种"预变、应变"的产物。

什么是"群体老板241"

"群体老板241"包括主体和客体两大部分，主体是群体老板体制，这是主脑、主导，是基础。客体是241，是预变应变、创新发展之对策、路径，是战略。

"群体老板"的含义

群体老板，即有志创业的员工，通过公司的帮扶体制，可以步步提升层级，从普通员工提升至老板直至董事长；众多老板形成独立又统一的老板群体。

"2"是指"两个第一"

两个第一：建设中国电气开关行业现代化的第一车间；打造盛隆大学培养现代企业人才第一课堂。

"4"是指"四百战略"

四百战略即网通百城、携手百企、链接百校、创建百团。

"1"是指"一个新商品"

一个新商品即盛隆电气"智能用电，保证20年"。

一、群体老板的由来——雇佣关系不能够适应现代经济的发展

关注人、尊重人、重视人，从1998年这张报纸说起，我一直都在研究人的生存和发展，观察社会的变化，思考人们现在和未来的需要。

1998年1月22日，《湖北经济报》报道

群体老板基本特点：吸取公有制经济与民营经济的两者之长，摒弃所短。把充分激活个体活力与汇集众智群力相结合，把公平与效益有效结合。

基本意义：推动企业科学发展，做大做强，持续发展。

本质及社会价值：助推大众创业，万众创新。

核心价值：立人己立，达人己达。育人、立人。

二、"两个第一"的由来——把人当机器用不行

把人当工具、当机器的观念极为普遍，为社会进步、科学发展带来了巨大的负能量。对此，"两个第一"是一个反拨。

我们要把我们的公司，包括车间建设成真正意义上的盛隆大学，培养老板的大

先行领军竞选大会第一场竞选现场

学,培养董事长的大学。高中毕业进公司到车间是来做工的,更是来学本领的。当做到转岗营销后,就相当于在盛隆本科毕业了。过去学本领是学技术、学管理,现在除了做这些之外,还要学营销。当上总经理相当于获得硕士学位,当上总裁、董事长相当于获得盛隆大学授予的博士学位。当然,这只是一个比喻,这是一个目标,一个任务。就是要把工厂、车间作为第一课堂,作为学校来建设,把培养优秀人才、高级人才作为公司的重要职责、重要任务。

三、"四百战略"的意义——企业不能孤军作战

"四百战略"的意义:把"互联网+"、经济新常态、供给侧改革有机结合,赋予企业广阔空间、超常动力。

政、产、学、研、用五方紧密结合,共同搭建创业、创新的大平台,促进企业和各地方经济发展,尤其是为青年人、包括在校大学生投身"双创",逐梦圆梦,打造平台,创造条件,提供机会,借此实现各方共赢、多赢,达成最佳社会效益和经济效益,由此实现体制、制度、机制和模式的多重创新。

四、一个新商品——将来的智能用电产品,不能像现在这样卖

"一个新商品"提出的背景和理念:智能用电产品科技含量的高端,用户对诚信化、人性化服务要求的高端,与企业市场营销、运维、服务的人性化、诚信化缺失的粗糙、简单、低端的矛盾异常普遍。"一个新商品"就是预变、应变实行的突破、破局、创新。

"一个新商品"的意义:矛盾就是商机,需求就是市场。它对社会改革、对企业自身提升意义重大。

"一个新商品"是生产方式由"制造"向"智造"转型升级,产品由"功能时代"向"智能时代"转型升级。营销服务由初、低级阶段简单买卖关系向中高级友好服务、伙伴关系阶段转型升级。向市场及客户所提供的是一种崭新的商品,叫做"盛

隆电气，'智能用电，保证20年'"。

这里所讲的智能用电，不是仅仅把设备、产品给用户安装好就了事，也不仅仅是限于物质产品安全、节能、环保的技术与效果；不仅仅是显性的硬件服务，而是产品、技术、服务的融合统一，更是交易、操作、运维的全过程、长过程。它是成套的完整的一揽子服务：既有显性的硬件服务，也包含企业宗旨、企业文化、企业创新在内的软性化、综合化、人性化、友好伙伴化服务。我们为这种新商品提供20年的使用期保证。

"一个新商品"给用户的体验：让用户忘记盛隆。

五、盛隆"群体老板241"——是盛隆人的大道、大业、大舞台

第一，是什么

"群体老板241"是"群体老板""两个第一""四百战略""一种新商品"融合统一的简称。它不是单纯的建制管理、生产、销售活动，不是一般的市场营销交易，不是通常的售后服务，也不是个别经营方式、技术环节、枝枝节节的改进和创新；而是从体制改革、创新这个根本入手，从供给侧改革的文化理念开始，尽善尽美地满足消费者需要的全程化、系统化、人性化服务。打个比方，我们做的就是开办一家绿色用电、智能用电、愉悦用电的保险公司。客户只要找到我们一家公司，所有用电难题一单就能全部解决，并且"保证20年"。所以说，"群体老板241"是整体的创新、行业的创新。目前看，还没有这样的企业和产品。这是一个天下找不到同行的新行业。

第二，为什么

"群体老板241"创新的目的是什么？

首先，这是实现供给侧改革、企业整体创新升级、推进经济新常态的需要。它

不是个别的管理、产品升级、市场策略升级，而是突破传统行业的模式套路束缚，创造新的行业模式。

其次，是为了打造、提升企业的大品牌、大实力。突破同行业、同质化不良竞争的窠臼束缚，打开一个基本没有同行和同质化简单重复竞争，海阔天空的企业发展新空间、新天地。

最终，是为了更好地服务消费者，尽善尽美、无微不至地满足消费者需求。提供给消费者的不只是质优价廉的产品，以及方便、完善、友好的服务，更是放心、省心、安心、舒心和暖心。

第三，做什么

两句话。

第一句话，要做强、做响"群体老板241"。主体和客体两大部分，每一环都是一篇大文章。都要认真做、坚持做，扎扎实实地做，有创意、创造性地去做。做成大事业、大品牌、大名牌。做扎实、做响亮、做红火。

第二句话，做成"361"。什么意思？俗话说，世上有360行。我们就是要做成360行以外的、世上没有的第361行。老话说，"同行是冤家""冤家路窄"。我们的第361行，与已有的360行都不一样，所以不存在冤家的问题，也不会去争抢、去拼挤越走越狭窄的老路；而是另辟蹊径，别有洞天，开创新路、大路。这是社会的大进步、大创新；对盛隆是大机遇、大空间。我们只会越走越宽阔。

第361行到底是个什么样子？怎样做好、做到位？我们现在对此已有一定的认识与了解，有了相当的经验和基础。但是要把一个新的行业建立和完善起来，肯定需要一个较长时间的探索、实践过程。只要我们坚持用户第一，真心诚意为用户谋利益、送温暖，就一定会得到他们的认同、受到社会的欢迎，一定会拥有越来越好的信誉和口碑。坚持做与用户心连心、心贴心的真心朋友，认准创新方向，坚持实践探索，善于学习总结，就一定会不断前进，越走越顺，越做越好，越做越成功。

第四，靠什么

"群体老板241"是一个互相支撑、相辅相成、充满活力的有机整体。群体老板是灵魂、主脑和决策中枢；"两个第一"是它坚实强壮的身躯；"四百战略"是它灵

湖北卫视《湖北新闻》报道盛隆电气"智能用电，保证20年"新商品

活发达的四肢;"一个新产品"是它仪表不凡、可信可亲的五官头面。它的每一个部分都有强大功力,经过有机整合以后,将会产生乘法倍增效应。它的创新功能、造血功能、整合功能、超越功能,都不可限量。

湖北卫视《湖北新闻》报道盛隆电气"智能用电,保证20年"新商品

结　论

投身"群体老板",学在"两个第一",做在"四百战略",卖在"一个新商品"。

六、结束语：为国为民最长远，帮助青年最欢喜

复旦 EMBA 学员到盛隆参访，在对话中讲到陈明哲教授向他所有的学生都问过一个问题：自己感到最满意的一件事情是什么？他们用这个问题来问我，我这样回答："对自己最满意的一件事就是选择和长期坚持关注年轻人的成长、成才、成功。"

8.2 第八届动态竞争国际论坛上的盛隆电气

活动时间：2017 年 9 月 2 日
活动地点：北京昆泰酒店

一、【企业研究】盛隆研究："群体老板"激活组织新动能

主持人：刚才谢董事长对他的经营理念，特别是对公司的发展战略给我们做了一个 30 分钟的介绍，对案例是一个补充。下面我们进入今天案例讨论的第二个环节，

第八届动态竞争国际论坛活动现场

有请嘉宾。因为这个案例在复旦大学 EMBA 的课堂上讨论之后，引起了比较大的反响，而且复旦大学组成了一个 4 人的专门学研小组，到企业进行访谈和调研。今天，我们请几位嘉宾一块走上台来，先和大家交流一下他们走访和学习这个案例的经验。

孟祥旺：大家下午好，各位老师、各位同学，我是上海复旦微电子事业部，我叫孟祥旺。

周红芳：大家下午好，我是盛隆电气集团上海公司的周红芳。

谢　岚：大家下午好，我不是 EMBA 的学友，我也更正一下。我们今天能有这个案例分享是这样的。我们明哲平台有一个明哲学堂，我们都相互称呼为明哲学友。2016 年 12 月底，老师在复旦 EMBA 课堂上课的时候发现了一家很特别的企业，跟老师最爱的那个案例"林肯电气"高度相似。我们很好奇，然后 2017 年 6 月 8 日孟祥旺学长、中骅学长还有我，就在红芳学长的引荐下，到武汉盛隆参观了企业，拜访了董事长。董事长，我坦白地说，可能我们之前有一个疏忽，没有提前把我们的参访报告给大家看，所以可能在讲的时候有一些盛隆最独特的地方没有讲出来。我也许可以在分享之前给大家补充一下。我刚才在台下的时候，回忆了一下我们参访的那一天，给我影响最深的一些面孔。那天，我们去的第一站是盛隆的一个接待大厅，接待我们的是大概刚刚入职了两年的一个女文员，我问她："你在这个企业里面未来想做什么？"这个小姑娘大概只有二十五六岁，大学毕业没多久。她告诉我："接待工作是我的第一份工作，然后我想要去车间，我想去把盛隆的整个流程用三年的时间去走一遍。"我说："走一遍，你要干嘛呢？"她说："我要做老板。"在盛隆，就是当时在红芳姐上 EMBA 课堂上的时候，也是明哲老师的课堂上，引发的一个最热烈的讨论："到底什么是群体老板？"群体老板在盛隆是很有意思的，盛隆公司有5000 多人，有很多的市场，很多的项目。在这个公司，只要你想去做一个项目，或者做一件事，不管你多大年龄，什么背景，都可以提出来。比如说，我想做杭州市场，我是杭州人，那在盛隆内部有一个考评的体系，经过评估，如果评估结果是你可以做，那你就可以去做。

那所谓的老板是什么？就是他有独立的人事权，可以在内部招人；有独立的财权，就是公司会给他一笔钱；还有决策权。这样的老板在公司有 400 多个。那天后来我们又去了车间，在车间参观的时候，在工厂里面有一个照片墙，墙上大概贴了 100 多张照片吧，应该是各个老板的照片。我看了一下，有很多年轻人，有"80 后""90 后"，也有四五十岁的人。所以我当时一个非常深的印象就是，在这个公司里面，你只要有想法、勤奋，你就可以大胆地向公司提出我要去做什么的要求。

还有个案例。现在，盛隆要拓展海外市场，董事长刚才提到的有一个"先行领军"。可能大家听了都不太知道什么是"先行领军"，我的理解大概是这样子的：盛隆会开拓一些市场，那么这个全部都是公开的，你要去哪里，你就可以招标。我看到有一个小伙子，他是浙江嘉兴人，他说我要去做嘉兴市场，我有什么样的能力。还有个小姑娘就更厉害了，她是在盛隆做第三年，以前是做预算的，她就提出我要去开拓孟加拉的首都达卡。在盛隆所有的行为全是透明的，所有的人都可以来竞聘，只要通过评估以后，你有这个能力，你就可以独立去做这个事情。这是我对盛隆一个比较深的印象，我就先说到这，祥旺有什么补充吗？因为他们三位算是盛隆内部人，我们两个算是观察者。

孟祥旺：其实，大家如果把这个案例看了之后能感触更深一点，谢董事长由于时间有限，只是讲了公司战略。我有几点感触特别深，中午陈春花老师讲这个组织的变革、授权的时候，包括上午唐斌学长讲人性是永恒的。我的第一点感受就是谢董事长一直在做的事情，就是不断地发现人性，不断地满足人性。做了这件事之后就激活了企业很多人的活力。第二点，他做的很多事情就是授权，他有信任有授权。每个员工得到了很大的尊重，而且员工有很大的一个活力去做，这也是下午陈老师讲的怎么激活组织和个人重要的一方面。第三点，比较重要的一点就是谢董事长在最后一个 PPT 里讲到的，要长期、持续、坚持地关注年轻人的成长、成才和成功。我们跟谢董事长聊的过程当中，他确实一直实实在在地想如何培养年轻人，如何让年轻人成功。如果一个企业的老总想的都是这个事情，这就契合了下午陈老师讲的这个幸福感。就是人在十几年里，从忠诚度到满意度到幸福感，这也是一个过程。幸福感代表你持续关注年轻人的成长，关注他成功、成才了，那你就感觉你做事情很容易有幸福感。其实理论和实践是蛮配套的，我的体会是这样的。第四点，谢董事长他做很多事情时是把个人和国家、民族联系在一起的，他说："我们做事情为国为民最长远。"我当时第一感觉就是谢董事长很讲政治啊！因为刚一进大厅，企业门口贴了一个标识就是"大众创业、万众创新"。其实，这个李克强总理提了很多年，而企业把这句话挂在公司的不多。这就是把公司的发展、个人的发展和国家的发展相结合起来了，就等于说你在潮流上面，你就容易成功。这是我的几点体会。

主持人：下面我们开始讨论，我先提一个比较尖锐的问题，您在盛隆做的这套在管理学上叫做"授权赋能"。包括刚才陈春花老师也讲过，其实大家都想做，但这里面一个最大的问题就是授权失控。那么我的问题是，您授权以后有没有失控过？或被下属坑过？这是第一个问题。第二个，如果有，您的感受是怎样？如果没有，你是从什么组织体制设计，或招人的时候怎么能够看得出来哪个人的心不是黑的？因为现在我们都说激励"80后""90后"很难，然后您给他授予这么大的权，他还不坑您，您的法宝是什么？

谢元德董事长：在我们公司，这个授权的部分很少，因为在公司这个制度叫"群体老板"，这个"群体老板"不是说一开始群体老板就是群体老板。我们这个"群体老板"是什么呢？群体老板是从一个年轻人慢慢成长为一个老板。他的权力是他创出来的权力，他积累起来的权力，树立起来的权力，是他的成长所带给他的应有的权力。权力不是别人授予的，所以不存在授权失控的问题。这个授权只是在管理团队存在，在我们公司组织体系是三委——营委、技委和管委，管委就是管理团队。盛隆电气就是一个大家的创业平台，这个平台上现在有几百个老板。这几百个老板来的时候都不是成功的老板。像陈老师讲的空降过来的老板，都不是这样的，他是在盛隆慢慢成长起来的老板，所以不存在授权的问题，也没有失控的问题。他的品质怎么样不是我们第一眼能看出来的。马云他们还有一个"闻味道"的事，闻一闻这个人有没有阿里巴巴的文化味道。如果你有这个味道，我们就要你，没有就不要。在我们公司，没有这些。我们公司主要是年轻人，他来的时候就是一张白纸。他能认可和接受，他就进来了。进来之后，在我们这样一个原始生态的环境中，他能生存就生存，如果他不能生存，就会被自然淘汰；他能够发展就发展，他不能够发展的话，谁也帮不了他。

主持人：那这样说，你们公司还是有一定的淘汰机制的，这跟林肯电气是不一样的。

谢元德董事长：我们不是有一定的淘汰机制，而是一个自然的生态环境。我们欢迎很多年轻人来，但不是来的人都能够成功。他来了，他要习惯这个环境。我们公司有这样一句话，"盛隆是勤奋者的天堂，懒惰者的地狱"。我们公司是很考验人的！

主持人：我现在再代表大家问个问题：现在大家都感觉到，包括我在讲课过程中都被问到，现在新生代比较难管理。那么你们公司对员工这么信任的话，存不存在新生代难以管理的情况？或者，您有什么经验可以跟在座的各位交流一下？

谢元德董事长：在我们公司，我常给大家灌输一种思想，人都不是被谁管，更不是被谁用。我倡导这样一种关系，我跟大家的关系是，我在前面走，别人认可，他愿意跟着走就跟着走，没有年轻人不好管的情况。在我们公司，盛隆二代、甚至三代都有了，他们在国内、国外读完书之后都找到很好的工作了，包括一些年轻人很向往的单位。但他们干了一段时间就不在原来单位干了，最后还是跑到我们单位来干。所以，不存在不好管的问题，他不需要别人管，完全靠自觉和自我约束。

主持人：好，那下面我们把时间交给我们的听众，看听众有什么问题问谢董事长，对这个案例有什么疑问。

现场嘉宾一：谢董事长好，我有一个问题。我看了咱们这个案例，我感觉方式有点像海尔目前做的事情。海尔现在也在推进小微化，也是要把内部打造成一个个的创业单位。像之前海尔强调它是要赛马而不是相马，谢董事长说的也有这层意思。但是有一个问题是，海尔之前积累了一个很好的全球研发平台，还有强大的品牌基础，给创业者提供了很好的资源平台。但即使是这样，现在也有很多管理学者在担忧，都在想这样的方式能不能持久地为它带来创新和收益。我在案例里没有看到具体的收益分析，只有一个部分谈到了拿到了4100万的政府订单，负责人拿到了百万年薪。但是这个年薪貌似是打引号的，后面又是一个账户，这个概念我并不是很清楚。我最关注的一点是，如果内部打散了，谁想创业就去创业的话，那我们怎么保证他的创业项目成功？或者更具体一点来讲，怎么保证很有激情的创业者一定能够在他选择的这个行业或者市场里面跟其他更强大的竞争对手相比能有竞争优势？如果没有的话，失败的可能性是很大的，创业本身失败的可能性就是很大的。我们这些所谓的群体老板，400多个人当老板，如果他们在所在的领域和市场不能成为佼佼者的话，那生存下来的可能性就会很小。那慢慢地，一个企业领导了很多创业的小团队，最后的结果将有一个很大的不确定性。那最后，我们整个企业会是怎样一个状态？我不知道谢董事长有没有这样的担忧？我也想请在座的各位来解释一下，账户是什么意思，年薪一百万、年薪三百万等，是真实的报酬吗？这是我的问题，谢谢。

谢元德董事长：它这个不叫报酬。刚才廖教授在问，我们的授权、选人的忠诚度，授权错误带来的问题，我们没有这些东西。你刚才问的问题，报酬说是一百万的年薪，这个说法是媒体的说法，不是他的年薪有一百万，我们没有年薪这个说法。这个小伙子是国际关系学院的一个研究生，在北京当过"大学生村官"，选择来我们公司里创业。这个创业跟社会上的创业不是一个概念，我们有成功的老板，他是跟着这些成功的老板在做。这些学员进到我们公司来就是准老板。当然定位成就业也行，我们不给他定位成就业，而是创业。这些学员由创业老板来接收，创业老板接收之后，就由创业老板来带他，给他投资。当然也会给他工资，但不会给一百万，就给个生活费什么的，让他能够正常开展工作，能够去做事。这个小伙子做成功了，就产生了效益，产生的效益不是一百万的效益。这个例子说的是去年，可能那一年产生的效益有几百万。他产生的效益，这个钱由他自己来支配，他仍然可以发展团队，也可以招来新的学生，他有这个资本了。如果不是这个制度，在别的公司，我赚到了钱就拿走了。当然，我们公司是这个体制，我们公司有个文化，你受到别人的帮助成功了，你成功了之后也要帮助更多的人。所以，现在这个小伙子也带了七八个人的团队，他用他赚到的钱干什么呢？帮助团队里的那七八个人。在公司账户上有一百万、三百万、一千万是什么意思呢？就是你有了这么多的积累，就可以在公司里注册一个部门。就是开了个户头，小部门就是部，再高就是处，再高就是公司。这跟自己的资本实力有关系，跟能力有关系，跟团队有关系。公司都是有标准的，需要申请，批准了，就可以注册部门。你的盈利都是你自己来支配，你如果亏了，也是你自己来负责任。你就是一个老板，定位是一个老板的话就要负全责的。我说清楚没有？

主持人：下面还有没有问题？

现场嘉宾二（刘志乐，杭州安恒信息技术有限公司副总裁）：这个问题我想提给周红芳周总。您是一步一步在盛隆成长起来的吗？如果是的话，您在这个企业里是怎么样一步一步发展到现在当盛隆电气上海公司的董事长？这样也能帮我们理解一下真正的管理是怎样的，谢谢。

周红芳：我先大概介绍一下，我是1996年进入盛隆的，这是我大学毕业后的第一份工作。如刚才这位同学所说，我是在盛隆一步步成长起来的。我从最初的一名采购员，到采购部长，到工厂厂长，到营销，去上海开发市场，这整个的过程大概有十一年的时间，公司的各个岗位我都做过。这也是基于我对公司的信任，以及董事长对我们年轻人的关注和信任。我是这么一步一步成长起来的，我确实是这么做的，公司也是这么培养我的。

现场嘉宾二（刘志乐，杭州安恒信息技术有限公司副总裁）：我的意思是，在成长的过程中，你们企业的管理文化在你身上是怎样一步一步来实现的？

周红芳：比如说我进公司之后先是在车间工作，在车间做完了之后，包括谢岚也问过，为什么当初老总对我那么重视。其实，老总对年轻人都很重视。因为我很勤奋，所以给了我更多的机会和条件，我到了整个集团公司的采购部门，做了一些管理工作。慢慢地，当时北京要发展工厂，公司有个理念就是市场先行后扎营，销售先行，到一个新的市场上，销售先去做，做到一定程度之后，生产再跟上。老总是给有理想、有抱负的年轻人一些机会嘛，就委派我到了北京。当时还有其他年轻人一起去，以我为首组建生产能力。慢慢地，随着公司在北京、在华北地区市场占有率的逐步提升，工厂有了订单，生产自然而然就提上去了。在建立整个生产系统的过程中，我自己的个人能力也从各个方面得到了历练，包括采购、技术、专业知识、社会阅历、管理能力等，对我来说是一个综合的考评。

2005年、2006年的时候，董事长提出要到上海开发上海市场。因为电气行业很多厂家都聚集在华东市场，即上海、江苏、浙江等地。老总当时有一句话，"不占领上海市场就不能说占领了全国市场，一定要到那个地方去"。所以，我就带了一些人去。老总当时给了我很多支持，包括资金。我这么多年来跟董事长交往，他很信任我，老总说周红芳要资金就给。当然，我也很信任我们董事长，他说的事情我愿意去做，我愿意跟着他走。他在前面领路，我是在后面跟着的，我不需要操太多心。我觉得这个方向是对的，跟着走就可以了。所以我就带了一些人到了上海开发上海市场，慢慢地做，也开始做营销，也管理生产，就这样慢慢地做起来了。

在我们公司，跟我一样的人很多，都是一步步地从最基础的员工慢慢成长起来的。公司给一些条件，自己也需要勤奋和努力。刚才老总也说了，我们公司是勤奋者的天堂，懒惰者的地狱。只要你肯干、愿意干，公司都会乐意给你提供条件、提供平台。像我去上海做市场时，没有钱，我的钱都是公司支持的。他给我支持，然后我去做这个事情，董事长给予我了充分的信任，就是点燃了我心中的一盏灯——心灯。领导对你这么信任，你也肯定对领导很信任啊。大家互相信任，共同做一件事情。我只不过是一个代表，代表我们公司400多个老板，只是一个缩影，在我身上得到了体现，谢谢。

现场嘉宾三（张帏，清华大学经济管理学院副教授）：刚才听完了前面两个参会嘉宾的答复以后，我就觉得好像谢总你这个企业扩张和成长有点像当年抗日战争时候八路军到敌后去，然后把这个正规部队分插到很多小游击队。有些人就当这个游击队大队长，那个当那个队长，然后给予大的方向支持。然后，当然有的游击队做成了，有的没做成。有的做成了后来可能就成了开国的上将，成为大将了。那我的问题是当时毛主席很会管理各个"山头"，你怎么管理各个"山头"的？

谢元德董事长：你说的"山头"是什么意思？

现场嘉宾三（张帏，清华大学经济管理学院副教授）："山头"就是你这么多新的组织，可能跟你原来业务有什么相关性，然后怎么管理他们，引导他们，使你们公司像一个公司，而不是个体户的集合体？

谢元德董事长：我这样来说啊，刚才陈教授讲的一些理论，我感到遇到知音了。他刚才讲的组织管理，讲怎么去创新，他讲的都是我想的，都是我已经做的，做了很多年的。清华经管学院的宋学宝教授听说了我们公司的事，给我打电话，要去我们那去搞调研。他到了我们那了解之后，说他太幸运了。他说武汉这么多高校，这么多学者，你们搞了这么多年，他们都没把你们这个素材挖走，说自己太幸运了。他把我们这个写进了清华经管学院案例库。我们有个同事在武汉大学上学，说到我们公司，讲到我们这个事情，武汉大学的前党委书记李健，他听到之后非常感兴趣，他要见我。我那个同事说，我们董事长从来不见人。她回来跟我说，我说你这太没谱了。一般情况下，我确实没有那么多的时间来见，那武汉大学的党委书记我也不见？肯定要见啊！我们见面了解情况之后，他对我们的评价太高了，还向湖北省委写了个报告，报告是湖北省委书记亲批的，下周三湖北省派领导到我们这来调研，要在湖北省去推广。

说实在话，我们这个东西要是一句两句说清楚那是很难的。我们做了几十年的事情，非常复杂，但是我们操作起来又非常简单。像同行学习我们（的模式），到武汉学，也学不成，到北京学，也学不成。刚开始学的时候也好像是能够有些增长，但是慢慢就学不下去了。我在《长江日报》做过一次演讲，《长江日报》的总编辑陈光，我讲了之后，他给我做了个点评。他们举办的读书会，就是每个企业家去讲一本书。他邀请我去讲，我讲的是《杰克·韦尔奇自传》。我讲完之后，他评价说韦尔奇的自传也好，《赢》也好，他说韦尔奇的是方法论，当然他是鼓励我们啊，他说我的是价值观。我们公司这些东西，可以说是陈光他说准了。在我们公司它是一个价值观，不是一个方法论。很多事情不一定能说得清楚，它都是一些内在的东西。

比如说周红芳，刚才有个人问她到底怎么一步一步走过来的。她怎么走过来的，真的要说，她自己也不一定说得清楚。她可能就是感觉到一路过来，挺好！像她这样的,在我们公司太多了。为什么我现在越做越开心呢?人说当家三年狗也嫌,我在公司当了38年家到现在没有狗嫌,只有人感谢。总的来讲,大家都是一片感谢声。为什么这样呢?因为我们很平等。我不是他们的领导,不是他们的老板,我不是在剥削他们,我们在平等相处。我对他们多少有点帮助,他就很感激我了,我们是这种关系。所以我们公司这个制度非常特别,我们给它定位"中国特色社会主义的群体老板体制"。十几年前,我就在说,这种制度全世界也许只有我们一家。为什么呢?因为只有中国是在走中国特色社会主义道路,我们是按中国特色社会主义这套体制做事,只有中国才有这种产物,在中国没有第二家,在全世界就更没有第二家。

现场嘉宾三(张帏,清华大学经济管理学院副教授):陈老师一直强调中国有很多哲学,但是我们很多时候缺方法论的东西。价值观的东西只有和方法论的东西结合在一块,才能可持续、可复制,变成一种非常独特的领导方法或者管理方法。所以我觉得,廖老师您得多挖掘挖掘他到底用什么方法论,可能方法论他舍不得说出来。

主持人:好,我一会儿总结一下。最后一个问题,我们时间已经超了。

现场嘉宾四:谢谢董事长。我现在有个团队,我认为我们团队阵容也比较强大,有博士、博士后,我对盛隆这个理念很感兴趣。有两个问题,第一个咱们是有上交这个承包费,有6万,有7.5万,有15万,三个层次,每个层次都有一定的所谓的差价,好,下面说问题:如果说这些所谓小老板,他连续2年或者若干年,他的承包费交不起,怎么办?我们作为盛隆的大老板,如何对他负全责?怎么负?这是一个问题。第二个问题刚才也有个学员问了,这些小老板所谓的利益山头或者自立门户、单干,甚至成为咱们这个盛隆的竞争对手之后怎么办?或者说怎么规避,又怎么应对?就这两个问题,谢谢董事长。

主持人:谢董事长回答稍微简洁一点,有时间限制。

谢元德董事长:交不起承包费的就破产。对于老板出去跟我们形成竞争,做我们的同行?多的是。我们培养老板,不仅是为我们自己培养老板,也为社会培养老板，我们感到那是一种贡献。时任省委书记李鸿忠同志听说我们这个之后，认为好得很，要求湖北省政府、武汉市政府都来跟我们合办，办一个老板工厂，盛隆每年专门给武汉培养500位大小老板。政府来拿钱，政府来服务，跟我们合作一起培养老板。实际上，你刚才说的这个问题，我们一点不回避。

主持人：好了，因为讨论比较激烈，我们再加一个问题，刚才那个第二排举手的，请精简一点。

现场嘉宾五：我分享一下我的观察。我觉得林肯电气是蓝领的一个创新，我们盛隆可能是白领的一个创新，这是我观察的第一点。我观察的第二点是，一般的企业利润都是留给企业的，员工拿的是工资，而盛隆是反过来的。第三点我觉得可以分享的是，这种模式跟律师事务所等某些类型的公司有一定的相似性，最后我其实想问一个问题，就是这种模式下的风险在哪里？

主持人：这种风险在哪？（问董事长）您这个有风险吗？

谢元德董事长：企业的风险，我认为重点就是两个：法律风险和经济风险。法律风险我们绝对没有，天天在讲守法。经济风险的话，我们没有债务，没有债务就没有风险。所以在我们公司过去一直提出的就是百年不倒，这个企业绝对不能倒。怎么才能不倒，就这两点，第一不能犯法，第二不能负债。

主持人：好了，由于时间有限，我下边就简单地总结一下。经过一个多小时的讨论，有几点是可以澄清的：第一，这个经营模式是一种激励模式，实际上我们其他企业也都这样做的，这没有什么新东西。第二，它的内部还是有一种监控和竞争机制，实际上我们也都是有的。那么今天讨论，我觉得越讨论到最后越明确的是，盛隆和其他企业真正的最大的差异是老板的心态和价值观，或者是我们陈明哲教授提出的一种企业内部的老板和员工的竞合关系。因为在绝大多数中国企业，特别在当前阶段，内部实际上是一个竞争关系。钱只有那么多，老板多了，员工就少了。老板和员工是管的关系，防的关系，这个我们传统上叫"分饼"。大家都知道这种"分饼"是一种恶性竞争，但是好像没办法。那么后来泰勒开始提出一种竞合关系，叫

"做饼"。就是一个企业离不开老板，也离不开员工，只有双方都盯着"做饼"，而不是"分饼"的时候，企业才可以做好。泰勒这个理论提出 100 多年了，大家也都知道他是对的，但是真正做好的企业非常少。

今天，盛隆给我们提供了一个活生生的案例，而且这个案例还经得起我们今天在座的各位的质疑和检验，我觉得这是最值得我们学习的。当然，一个企业 38 年的经验，管理 5000 人，各种人都有，那么我相信它内部也是不光有理念，也会有些方法的。在这一个半小时的时间内，显然我们是很难将其概括出来的。还好，根据我了解，谢董事长也是个非常开明的人，那么我们可以借这次大会的平台，如果大家对这个问题有进一步的兴趣的话，完全可以在下边进行更深入的、甚至是更深刻的交流。我们这个环节的交流就到此结束了。谢谢各位的参与，谢谢各位嘉宾！

廖建桥教授主持"盛隆群体老板，激活组织新功能研究"主题研讨，周红芳、龚圣德等参加分享

二、【精一结语】知与行：从动态竞争到文化双融到传承行践

——陈明哲教授组织讨论中涉及盛隆的部分发言内容节选

主持人：尊敬的学友们、老师、同学们，大家下午好！我们经过差不多快一天的讨论，有独立演讲、圆桌讨论、案例分享，现在我们进入今天动态竞争国际论坛的最后一个环节，请CDIC的创办人陈明哲教授，来做最后的"精一结语"。他的主题是"知与行：从动态竞争到文化双融到传承行践"。有请陈教授！

陈明哲教授（动态竞争国际论坛创办人、国际管理学会终身院士暨前主席）：刚刚春花老师最后谈到，现在是一个英雄辈出的时代，集合智慧的时代。我对智慧这两个字其实特别有感触，我们所处的这个时代其实是信息和知识爆炸的时代，但是我个人觉得，这个时代其实最缺的是智慧。所以我也想问问，为什么我会有这种想法。大家想想看，为什么我们缺少智慧？

陈明哲教授分享经验

现场嘉宾一（邵敏华博士，光瀚健康咨询管理上海有限公司技术总监）：关于智慧，其实陈老师在问这个问题的时候，我想到了一件事情，我自己的事情。我原来是学技术的，我学的是理科。最近两年以来，我做的很多事情是我要从一个理科生，从一个学技术的人转向去研究人性，之前，我每天做一点事情，去突破一点新的技术，就能感到有成就感，而做管理跟技术它的成就感是不一样的。我技术上有一点突破，拿到一些专利，真的会有成就感。但是做管理，有的时候需要去挖掘人性的东西，可能你抓住的那些东西是很抽象的。就像刚才盛隆的谢总也说了，他说了很多，但是你会发现他没有一个方法的东西，因为价值观的东西要提炼出来其实是很难的，谢谢。

陈明哲教授：好，智慧有没有可能把它转成一种方法论的学习过程？这个问题我先搁在那里，我想先听长青讲，就是智慧有没有可能以方法论的方式转换成一种学习的过程。

现场嘉宾二（林长青，北京热景生物技术有限公司董事长）：谢谢陈老师给我机会，刚才听了谢总的介绍，我非常地敬佩。他身上体现了一种大智慧，这个大智慧可能是与生俱来的，是自然而生的。他是为国为民，舍己为人，成就大事。计利当计天下利，这种胸怀成就了他的事业。但是他自己可能不认为这是一个事业，而是一个很自然发生的过程，就是这种大智慧才成就了他现在的格局。可能人群当中就有一些人，是有这种天生的大智慧。

陈明哲教授：其实以我对谢先生的了解，他的爱或智慧更多地来自于其母亲，来自令堂。

陈明哲教授：谢元德先生他的名字中间还有一个最大的优势，中间的字是"元"。这个"元"可以理解为源本的源，也是源头的源。什么事情，你只要抓到了源，那么智慧自然就会出来。

我想就陈教授刚才讲的挣钱跟花钱之间的关系谈一下我的观点。比方说周红芳，我们每年都有一次出国考察，大概有三年三次考察期间我都连续讲过500万与50人的关系，也是对周红芳工作的指导。我说："周红芳，你拿500万去培养50个年轻人，

现场嘉宾发言

这就是过去挣了钱你该怎么花。你拿出来 500 万去帮助 50 个年轻人，我认为这样做一定是正确的。"周红芳是不是这么做的呢，当然不一定。后来，我又跟她说："我说这个话，你不一定能听得懂，你也不一定有这个本事。"这个本事是指花 500 万，可能一个人都培养不出来，我说我有这个本事，我拿 500 万，我就能帮助 50 个年轻人，把他们培养起来。如果能培养起来 50 个年轻人，我认为周红芳这一辈子什么都不愁了。这就是挣钱怎么花出去，花在什么地方去。

　　近期，我老家有一所学校，1907 年建校，今年正好是 110 周年。我给政府建议，把名字改成原来的"竞智学校"。我又建议学校和当地政府为其办 110 周年校庆，他们也同意了。我就在公司里号召，号召我们公司属于那里的人，都为这个 110 周年花钱去。我在公司想办法引导大家，我认为把钱朝这里花是非常值得的。教育子女怎么教育？现在都是找家教，找这个老师教，找那个老师教，当然那是教知识。我认为榜样和引导也是教育，你这样做，并让你的孩子看到你在这样做。只要你做这些事情，你的子孙后代以后的日子都会过得很好。

陈明哲教授：所以我非常佩服谢元德谢先生。从传统中国人的角度来讲，将来百年以后他其实就是一个"神"，有遗爱、有遗德在民的人其实就是神。所以历史事实上是为这些当时恐怕是一个平凡人所做的记录，然后他其实是会创造历史。

现场嘉宾三：今天的课我听完之后，回去之后最想做的事情有两个方面：一个是早上陈教授说过的组织，我觉得我们组织上还有欠缺，虽然企业方向可能没什么问题，组织上可能还是达不到一定深度。所以我们做企业，除了要把产品做好、企业办好，组织也应该健康，包括今天湖北的企业家谢总，在组织上有很内涵的东西，这一点需要我们更深地去感悟。

现场嘉宾四（罗志鹏，菁英时代基金董事总经理）：明哲老师好，我也分享一下。早上，唐彬同学分享了互联网前沿的一些变化。唐彬跟我是五道口的同学，我们认识比较久。我听他讲了很多遍，而且他今天也一直在重复说，"一群人的浪漫"。他觉得干互联网或者说创业，有同学问他创业的心得，我是觉得他的"一群人的浪漫"这句话一直在耳边重复。我们常常讲到，创业要有激情、有情怀，我中午吃饭的时候跟唐彬交流，我说："彬哥，情怀也好，激情也好，你的这个浪漫好像更高一点啊。"因为激情和情怀，可能可以支撑10年、20年，但浪漫可是一辈子的事情；或者说，我认为这是最接近文化的一个体验。到了下午，盛隆电气的管理层，包括董事长到后来同学们的分享，我印象很深刻的是群体老板。这不就是一群人的浪漫吗？因此，上午跟下午这一整天我就可以贯穿起来了。

现场嘉宾五（王爱民，大成律师事务所律师）：我想分享一下，今天比较有感触的一件事，还是盛隆电气的董事长分享的一个概念。实质上，我看到比较直接的是，陈老师给我们讲了很多理念，我们也自己学习和领悟了很多理念，但盛隆电气是执行得比较好的。他甚至没有讲那么多，他刚刚最后讲了一句，"如果你挣了500万，你要拿这500万再去培养50个创业者"的话，其实这就是从心。当我们去问他方法论的时候，因为哲学解决的就是世界观和方法论的问题，其实是有方法论的。但方法论也存在道的层面的方法论和术的层面的方法论，在道的层面的方法论要在术的层面讲清楚是讲不清楚的，所以这其实就是一个从心的问题。当他有这样一个从心,有这样一个大爱在,实质上他也搞不清楚这个方法是怎么成就的,就是一个福报。第二个,他还讲了教育其实是言传身教,有这样的行为,有这样的从心,就一定能引导出一个教育成果比较好的结果。

谢元德董事长与陈明哲教授在第八届动态竞争国际论坛上合影

8.3 盛隆电气：与电气巨头的世界对话

（摘自《湖北日报》2017年6月27日第15版）

2017年4月20日，法国巴黎，世界500强企业施耐德电气全球总部，施耐德法国总裁艾德曼女士，热情迎接了一群特殊的中国客人。双方握手，互致问候。此时，一个轮廓精瘦、目光矍铄的客人告诉艾德曼："12年前，我曾拜访过施耐德，不过那时候我没有留下合影。如果合影，我一定要以施耐德应邀贵宾的身份，站在这里。"

他是盛隆电气集团董事长谢元德。

盛隆电气集团董事长谢元德与施耐德法国总裁艾德曼女士在施耐德总部

12年前,盛隆电气东进西扩,正式拉开了"五营三角连环阵市场战略"的序幕。如今,盛隆电气已成为智能用电领域的领先企业。

从1979年创立至今,盛隆电气在创业道路上走过了38年,从最初的组装成套电气设备,到实现智能化电气产品的全自主研发;从仰望强者,到成为强者。中国智能用电领域的领军企业盛隆电气,与世界全球能效管理领域的领导者施耐德之间,进行了一场怎样的对话?

观摩特殊工卡缅怀伟人功绩

刚踏进施耐德电气大楼,法方工作人员便将谢元德领到一块电子屏幕前,指着屏上展示的一份全法文历史文件问:"您知道这是什么吗?"

"是邓小平先生的施耐德工卡。"谢元德脱口而出。

现场人员吃惊地问他是怎么知道的。

"我认为只有这张工卡您才会这样问我。"谢元德答道。

1921年,年仅16岁的邓小平,远涉重洋赴法国勤工俭学,并曾在施耐德工厂工作。这张编号为"07396"的工卡,写着他使用的学名邓希贤、出生地、父母姓名,以及工作情况。

工卡显示,邓小平是在1921年4月2日在施耐德工厂正式入职的,共工作了21天。而这张特殊的工卡,在施耐德资料室里被保存了96年。

"那时候的中国,积贫积弱,但这之后的100年间,中国和中国企业早已发生翻天覆地的变迁!"谢元德向施耐德介绍,盛隆电气就是在邓小平同志提出改革开放的第二年创立的。

1978年12月,中国共产党召开十一届三中全会。"忽如一夜春风来",势不可挡的改革大潮很快在中华大地掀起了一段波澜壮阔的历史。5个月后的1979年5月

13 日，在湖北枣阳王城镇，谢元德成立 513 联合公司，进军电气设备行业，与电结下不解之缘。

施耐德研发中心升起五星红旗

当访问团到达施耐德全球研发中心时，广场上升起了五星红旗。

施耐德交易流程副总裁文森勒格朗、能源与数字解决方案高级副总裁若罗母德帕索，以及研发中心主要负责人，向盛隆电气介绍了施耐德研发的最新成果，并开放了各大实验室。

划过法兰西碧空的那一抹中国红，令谢元德百感交集，强大的中国必有强大的企业，"那不仅仅是对盛隆，更是世界对中国和中国企业的尊重。"

"少年富则国富，少年强则国强。"1900 年，梁启超用一篇《少年中国说》寄托了对祖国的热爱和期望。他坚信中国少年必有志士，能使国家富强。

1979 年后，不足而立之年的谢元德，在 513 联合公司旁的水泥板上，写下了"为四化建设出力，为人民造福流汗"两句话。伴随"为国为民"的企业宗旨，盛隆电气坚持"走正道、办良企、育人才"的基本原则，赢得了社会各界的尊重。

谢元德一行还应邀参加了世界排名第一的汉诺威工业博览会，大家刚刚抵达汉诺威施耐德展厅，施耐德负责接待的高管就介绍，为了接待盛隆一行，他们已经收到了近千封工作邮件。施耐德全球营销副总裁安德鲁先生及商业伙伴副总裁佩雷格林先生，热情地接待了盛隆访问团。

作为全球最大的电力、电气设备和服务供应商之一，为了接待一家中国企业的到访，各环节所有高管亲自出马，这在施耐德并不多见。

盛隆电气"智能用电,保证 20 年"

施耐德商业合作伙伴高级副总裁德弗赖斯在与谢元德会谈时说:"我曾在中国做过 6 年总裁,你们如此快速的发展,究竟是怎么做到的?"

"靠人。"谢元德说,盛隆电气的裂变式发展,最大的动力除了"群体老板制",更重要的是盛隆电气有支"接地气"的团队。千人同心,则得千人之力;万人异心,则无一人之用。这支团队,直接面向市场用户,充分了解用户需求,解决用户实际困难,"这是盛隆电气发展最基本的力量"。

6 月 21 日,盛隆电气在西安交通大学举办盛隆电气"智能用电,保证 20 年"新商品发布会,引起了该校电气专业 500 多名师生的关注。这一种特色商品,其交易"标的物"是"盛隆制造"商品:"智能用电,保证 20 年"。用户所花代价不高,就可买 20 年的放心、安心、省心,买一个市场没有先例的"真正保险",可以彻底解决用户用电的后顾之忧。

谢元德介绍,客户购买"智能用电,保证 20 年"这一创新商品,完全可能忘了盛隆这个智造商家。"因为这 20 年间,用户用电智能、安全、节能,包给一支专业、高效的运维队伍,无缝隙全程打理。这就决定了这款独特商品,具有特别人性化的创新性、特别接地气的竞争力。"

"四百战略"引起电气大王注目

谢元德向法国同行介绍,盛隆正在布局"四百战略",即"网通百城、携手百企、链接百校、创建百团"。

"'四百战略'是一个'强国强企强盛隆'的大战略",谢元德表示,盛隆要到一百个城市去,就能为这一百个城市的电力智能化带来进步;通过合作、收购等方式联系一百家企业,能使配用电领域的百家企业强大起来;链接百校,要给学校里的大学生一些引导,为他们提供学习、锻炼的机会,启发、鼓励大学生实现理想抱负;

最后，通过整合一百个城市、企业、学校资源，创建一百个实力强大的团队，"相当于在一百个城市创建一百家全新的企业。"

商之大者，为国为民。面对如此宏大的构想，德弗赖斯饶有兴致地问，施耐德能参与"四百战略"吗？

谢元德笑了笑说："我要的就是你这句话。"

半月后，施耐德电气全球执行副总裁兼中国区总裁尹正，率15名高管回访盛隆电气武汉生产基地，展开深入交流，寻求深度合作。

中国盛隆与法国施耐德等大牌的世界对话还在继续。"强大的中国必有强大的企业"。谢元德表示，"我们期待中国智造、中国电气与世界共赢。"

访问施耐德互送礼物——盛隆电气"盛隆四盛传家宝"

8.4　中国强，盛隆强
——把中国文化输送到巴黎
——湖北资讯广播《城市CEO——智造先行者》第一课

（根据音频文件整理）

时间：2017年10月21日

地点：湖北广播电视台资讯广播直播间

主持人：齐鸣

嘉宾：谢元德、白玉

主持人：本周，举世瞩目的党的第十九次代表大会正在召开，今天我们的节目也将围绕十九大上关于企业家精神、关于创新创业的探讨展开。对于企业家来说，新的方向将带来怎样的机遇和挑战？对于有志于创新创业者，特别是年轻人来说，如何在大势之中找到更明确的道路？今天的节目邀请的都是重量级嘉宾，他们是盛隆电气集团董事长谢元德和著名管理学家白玉教授，他们将从不同的角度分享他们的观点。

（片花）

盛隆电气集团成立于1979年，是智能电网及智慧能源管理领域的领先企业，致力于为用户提供智慧能源系统规划设计、智能输配电设备制造、电力及能源互联网工程总包、运维服务一体化的行业整体解决方案。业务遍布全球50多个国家，拥有5000多名员工，2013年当选亚洲品牌500强。其独创的"群体老板"制，特殊的孵化效应吸引了业内外广泛关注。

白玉，国家科技部火炬创业导师、教育部优秀创业导师、著名管理学家、武汉理工大学教授。先后主持完成国家科技部重大专项及省政府、市政府及企业委托科研项目47项，著有《现代企业管理》等著作。

主持人：刚才的一则短片已经为我们详细介绍了我们今天的两位重量级嘉宾。第一位是我们的谢总，是青桐学院开播第一期的嘉宾，也是我们熟悉的创业导师，参与过我们的多场活动，谢总和各位创业者打个招呼吧。

谢元德：大家好！

主持人：第二位嘉宾是白玉教授，是湖北广电广播创客中心成立的时候我们的特邀嘉宾，在武汉享有盛誉的创业导师。白教授您好！

白　玉：听众朋友们大家好，非常荣幸今天有机会跟大家做交流，谢谢！

主持人：我们今天的节目对于创业者来说是一个盛事，难得请到两位创业导师。谢董事长身经百战，在企业实际运作中对创业者进行指导，而白教授则是从管理的角度给我们很多创业者进行过指导。今天这个日子也是很特殊的一个日子，不仅是在中国，甚至全球的媒体都报道说十九大的召开是举世瞩目的。谢董事长在十九大召开前一天在湖北省委党校为学员上了一堂课。今天，我们的党代表和全国人民都在谈自己的感想，在我们听了十九大的报告之后，也请两位分别以各自不同的身份，站在不同的角度，谈谈你们对十九大报告的理解，谢董事长先来。

谢元德：习总书记的十九大报告使我非常振奋。对其中的两句话，我印象非常深：时代是思想之母，实践是理论之源。习总书记在整个报告过程当中表现出了高度的自信，给了我们无比强大的力量。近期，我们在公司一直提这样的口号：强大的中国必有强大的企业，中国强，盛隆强！听了习总书记的报告后，我们的信心更足了，这是我的第一感受。

主持人：盛隆作为一个享有盛名的企业，谢总的感受就是中国强，盛隆强。其实，中国强就是因为有了无数个像盛隆这样的企业，如果这些企业都强大起来，我们中国自然而然就强大起来了。

白　玉：刚才董事长的体会我也有，但是我的关注点还不一样。习总书记的报告不仅仅用振奋人心来讲，我觉得他是向全世界宣告我们中国正在由一个经济大国向一个经济强国华丽转身，已经非常明显地描绘了未来的前景，那就是我们国家经济发展模式、增长方式将实行彻底性的变革，会给我们全国人民带来实实在在的享受，使人民的生活更加美好。习总书记有一句话我想全国人民都不会忘记，到2050年要把我们国家建设成社会主义现代化的"强国"，不是过去讲的"国家"概念，一字之差，就有质的变化，这是我印象最深的。可以说，这将会引领整个国家经济发展的方向。

主持人：所以您看，十九大报告出来以后，大家都怀着兴奋的心情去收看收听，听完了以后每个人都有各自的感受，有很多的关键词，对其也有很多的解读。但是，今天我们是一个创新、创业节目，结合到我们自身讲，谈到中国经济的态势，我认为有几点是值得我们关注的。第一个，我们国家已经由经济高速增长的阶段转变为高质量发展的阶段。我觉得这句话非常的重要，尤其谢总刚才讲到体会也非常深。谢总，请您给大家介绍一下在十九大召开的前一天在省委党校讲课的内容。

谢元德：很荣幸在十九大召开前一天我在省委党校讲课。前不久，中共中央国务院发布了《中共中央国务院关于营造企业家健康成长环境弘扬优秀企业家精神更好发挥企业家作用的意见》的文件，所以我以这个文件为主题，题目是"企业家精神，供给侧改革与盛隆'群体老板241'"。我怎么理解中央文件精神，我怎么理解供给侧改革，从理论上来讲，我比不上专家、学者和教授们。我只是结合盛隆怎么做，来讲企业家精神和供给侧改革，所以题目后边有"盛隆群体老板241"。

主持人：所以您这个题目与我们今天的节目内容，从创新创业的角度去聆听十九大报告，已经非常吻合了。

谢元德：为什么我说对习总书记的这点我印象特别深刻呢？时代是思想之母，实践是理论之源。我的理解是中国特色社会主义道路通过实践检验，是正确的，是成功的。

白　玉：它不仅是成功的，它对整个世界的发展也是一种贡献。

主持人：整个报告充分体现了我们的文化自信，过去总是说中西方之间有很多文化理念的冲突，现在证明我们走的路很好。

谢元德：事实证明中国的道路是正确的，中国的理论是正确的。

主持人：发展实体经济的道路也是对的。

谢元德：关于年轻人创业这个主题，习总书记在报告中反复强调，人民对美好生活的向往就是我们奋斗的目标。我从两个层面进行理解：党的工作主要任务是提高人民的生活水平，人民对美好生活的向往就是我们奋斗目标，这给我们指明了企业经营的方向。企业经营和年轻人创业是一致的，年轻人创业创什么？企业为年轻人创业提供一些帮助，提供一些平台，指引一个方向。盛隆电气有一个百年工程图，是2015年年底在京西宾馆制定的，指明了我们长期经营的一个方向，概括为三句话：让一度电创造更多的GDP，让智能用电使幸福生活更幸福，让智慧能源使美丽中国更美丽。我们定的这个方向跟习总书记所提出的"人民对美好生活的向往就是我们的奋斗目标"是吻合的。十九大报告更加坚定了我们的信心，我们更要为这个目标而努力奋斗，为年轻人的创新和创业提供更多的帮助，更大的空间和平台。

主持人：我能不能这样理解，努力的方向是让人民过上更幸福的生活，盛隆电气生产的产品用起来更方便，给大家提供很多的便利，让我们的生活更美好。这单纯只是从企业的角度，谢总还从企业内部的平台建设上，帮助依托盛隆平台进行创新创业的年轻人，让他们生活的更加美好。

谢元德：再回到党校讲课的内容，题目是"企业家精神，供给侧改革与盛隆'群体老板241'"。

"群体老板241"就是我们通过三十多年的努力建立了一个企业体制叫群体老板

体制。通常，一个企业只有一个老板，但是在这个企业有一群老板，我们的群体老板体制就体现了中国特色社会主义道路，我们也给它定义为中国特色社会主义群体老板体制。我们的发展就是按照邓小平理论中讲的先富带后富的原则，让一部分人先富起来，之后再带领更多的人富起来。习总书记在报告里讲到，要逐步减小收入差距，人们对美好生活的向往不仅仅是物质上的，还有精神上的。追求公平是人的本性。改革开放以来，在公平和效率方面，我们一直都在努力。习总书记说人民对美好生活的向往就是我们的奋斗目标，其中也有一个公平性的问题，不能因为效率牺牲公平。群体老板就是又讲公平又讲效率，又讲效率又讲公平。

群体老板241，其中"2"就是两个第一。年轻人来我们公司不是打工，都是来创业的，当老板，做企业家。两个第一就是"建设中国电气开关行业现代化的第一车间；打造盛隆大学培养现代企业人才的第一课堂"。在我们公司，年轻人是创业，是不断学习的过程。

"4"代表"四百战略"：网通百城、携手百企、链接百校、创建百团。这个完全就是供给侧改革。前面讲的群体老板是与企业家精神相关，也是我们培养人才的战略；"四百战略"就完全是一个供给侧改革，因为我们的行业产能过剩，甚至比煤炭、钢铁行业还严重。在八年前，我考察了全国的同行企业，我就说同行厂房三十年都用不完，但是这八年来又大量建，现在是大量闲置。我们现在发展势头很好，怎么发展呢？不能再是扩张式地发展。我们发展到哪个城市，发展到哪个地方，我们合资整合当地同行企业。比如说，四川的晟嘉，我们的产品就在那里生产，这就是整合它的资源，这样就是去产能，使同行业厂家转型升级。

"1"，是一个新商品，2017年9月22日，在我们公司举办了盛隆电气（2017）智能用电博览会，来展示我们的新技术和新产品。也不只是我们来展示，我们还邀请了全国的同行业，包括国际品牌ABB、西门子和施耐德。我们号召他们来参展，但是这个也超出了我们的预料。没想到他们真的都来了，在我们同行全球最强的三大品牌都来参展了。我们这个新商品是个什么意思呢？就是互联网智能用电，过去是功能用电，电只要能供就行了，开关能断开就行了。现在就是要智能化，别人在圈地建厂房，我们是一直在投入技术研发，投入互联网智能用电这一领域的技术、产品、服务的研发。所以在这一方面，我们做到可以说是很有成果了。

这次盛博会邀请了很多客户，我们也希望通过技术展示能让客户在现场直接签合同，买我们的新商品，达成合作意向。这次活动有两个没想到：一个是我们同行最厉害的，包括三大品牌，都来参展。第二，来的客户特别高端，比如北京卫星制造厂等。这次活动达成了756亿元人民币的订单合约。

主持人：就一次展会？

谢元德：就当时现场半个小时，客户跟我们签了756个亿。北京卫星制造厂的总经理孔总，他们是制造月球车的。他们的要求非常高，所以他们说只能跟我们公司一起合作，使用我们的技术和产品。

主持人：以后谢总的产品就不是走向全球了，是走向月球了。

谢元德：对，就是要走向月球了。他们马上就要飞到月球上开采了。像这种客户事前我还不知道，当天他们总经理上台致辞介绍了，我听了特别兴奋。我也准备专门找个时间去参观他们的这些产品。我们这个新商品的运用，也就是习总书记讲的，我们要对世界做出贡献。从互联网智能用电来讲，现在不光是在中国，在世界都处于引领地位。

主持人：所以在这次十九大报告里面已经说了，过去中国制造全球都有，但是以后我们不要光提中国制造，要提中国智能制造。

白　玉：对，中国智能制造，中国创造。

主持人：对，中国创造。谢总我认识很久了，带领着这么大的一个企业，一直就是一个很朴实的人。我们谢总每次讲话介绍自己企业都是用特别朴实的一种方式。谢总把自己企业运行的方式，这种群体老板制讲了一下。白教授，您是管理学的专家，创业的指导老师，您以您专家的角度，管理学的角度发表一下自己的观点。

白　玉：刚才通过谢董事长的介绍，他们的成功做法给了我很多启示。我们中国真的要走向强盛，由经济大国向经济强国转化，最重要的是看我们的制造业是否强盛，我们能不能够真正成为一个制造业的强国。那么这里面所谓的强国有几个基本的点，我们要把握住。

一个是刚才讲的中国制造，我们中国的智能制造，中国的绿色制造，中国的质量制造，以及中国的品牌制造能不能在世界经济体当中占有领导地位。如果我们能占有领导地位，这个强国的地位也就确立了。而做到这一点要靠什么？要靠我们实体企业的支撑。如果企业不能强盛，企业做不起来，这个强就做不起来。而盛隆的一个成功做法，一个非常了不起之处在哪里呢？就是他的群体老板制，它抓住了在整个国家由经济大国向经济强国转换当中至关重要的一环，就是人才的问题。如果没有掌握先进科学技术的人才，就不可能实现经济转型的升级换代，不可能智造，打造一个创新的中国。盛隆电气独创的群体老板体制，就是我们现在提到的内部创业模式，这是非常好的。它能够很好地激发员工的创业冲动、创业激情，点燃他们的创业梦想，把他们的人生跟国家和民族的前途紧紧联系起来，这是很了不起的一个做法。我也期待我们更多的企业、企业家们能关注这个问题，期待更多人，像谢总这样有前瞻性。这个转换中必须具备几个基本点，一个就是他必须具有全球视野，眼光要独到，不仅仅要关注中国的发展，更要关注世界的发展；不仅要关注世界的发展，而且是要在全世界中去占领自己的领导地位。这个非常重要。

主持人：谢总特别自信，咱们的盛隆电气，敢把国际三大品牌邀请到我的展会上来。

白 玉：对，这是展示领导地位的一种方式，非常重要。此外，我们期待我们企业家们有这种卓越地推动员工内部创业的情怀，要关注帮助年轻人的成长。一个好的企业实际上就是一个好的创业平台。如果把这个平台奉献给年轻人，那年轻人创业就不是梦想，就会比较现实，而且也会改善他们的生活。这和我们习总书记所提出来的，去实现人民对美好生活的向往一脉相承。再有，就是我们期待企业家一定要关注人才话题。一定要放弃过去人口红利的想法。我们现在是什么时代？人才红利时代。所以这时候我们一定要紧紧抓住如何打造如何培育具有核心能力的人才。

谁拥有人才，谁就拥有明天，所以我们习总书记提了一句很重要的一个话，"青年强，国家强"。

主持人：在十九大报告当中，我们看到我们制造大国向制造强国转换，其实任何概念都是有阶段性的，刚才您提到的不光是企业的人口红利、人才红利的问题，我们中国发展也是这样的。过去，我们中国是叫中国制造遍布全球，虽然我们是赚的，但是是利润链上最低端的。

白　玉：对，很可怜的一点钱。

主持人：可能花了多少工人多长时间，但我们赚的那一点利润还不如人家一家著名企业的一个小零件，或者是人家的一个软件赚得多。现在，应该说是咱们中国科技发展水平、人民素质，包括人才能力，已经达到了某一个阶段，那就会提出一个新的目标。咱们中国把发展经济的这个着力点放在实体经济上，然后把实体经济又与现有的整个世界的发展阶段和最新的科技结合起来。像今天我们的两位嘉宾，谢总是从企业一步一步走过来，是实干型的；白玉白教授是从理论的角度，给我们做了一个分析。那么，接下来，我们回到这样一个话题，就是创业者，我们就是一个创业节目，那么回到这一点。谢总给我们创造的是叫群体老板制，现在很多人喜欢创业，应该说大学生创业的这个热情从某个意义上也超过了就业的热情，白教授是不是有这个感觉？

白　玉：这个感觉太深刻了。我今天上午正好去搞武汉市第六期高创之星训练营的训练。这个青年们的创业激情、创业热情很感染我，但是我也有一点隐忧，就是我们青年的创业究竟方向在哪里，该怎么去把握。这些都很值得我们探讨。谈到创业，实质上它有广义和狭义之分。从广义来讲，我们做任何一个事业都叫创业；从狭义上讲，今天我们更多地关注自主性创办企业的活动，去创办自己的一份事业的活动。在创业中又分为两个大类，一类叫生存型创业，一类叫机会型创业。我们讲生存型创业就是改善人们生活的方式，所以一般将其列为草根型创业。这不是我们当今大学生应当去关注应当去拥有的事业，大学生必须是有情怀的。大学生的创业应该是机会型创业，应该是和民族的发展，祖国的前途命运紧密扣起来的一种行为。

在这种情况下，大学生创业更多的应该是科技型创业，但是大学生创业的局限性是他们现在没有社会资源，没有人脉，也没有经验。

主持人：而且更重要的是，如果在学习阶段就去创业的话，可能把自己的科技性这一块给丢了。

白　玉：对，给丢掉了，成为一个跛脚的先生。像习总书记说的青年强则国家强，首先是要强。这个"强"强哪里呢？要学好科技文化，要练就好本领，打铁还须自身硬。所以我期待大学生在大学里面，首先要把自己的学业搞好，毕业之后，再去思考创业的问题。大学生的创业实际上是在毕业后 5~10 年，才称得上是一个黄金创业期。这个时候先去拥抱社会，去认识社会，去了解社会，并获得社会企业的这个平台，在平台上发现机会，去实现人生抱负。这是最好的创业，这也是谢总所创造的最有效的一种模式。

主持人：请问一下谢总，像今天白教授说的把创业分为两种，一种叫生存型创业时机，一种叫机会型创业，那谢总您当时是属于哪种创业呢？

谢元德：我这样来回答这个问题。刚才白教授讲得太好了，讲得太重要了。2017 年《楚天都市报》举办了创业导师高校行活动，我在武汉大学、华中科技大学，包括西安交大和其他学校，都做了一些演讲。我在演讲当中发现有极少数的学生，思想有一些迷茫。当然，他们中的绝大多数是非常优秀的。当时，我在华中科技大学演讲的时候，有个大学生就向我提问，他是在质疑我，因为我讲我的创业经历，讲为什么我要创业。在他的理解中，我讲的都是情怀，所以他说现在都在说现在创业要多做实事，不要讲什么情怀。

白　玉：没有情怀走不远，这一点非常重要。

谢元德：他说谢总，在你创业初期很困难的时候，你还讲情怀吗？实际上，他的这个问题意思是我创业当中就是很顺，根本没遇到什么困难，光唱高调。当时我是和"创业红娘"刘玉教授一起，跟她同台。她很直接地说，我们刘教授讲了很多她在创业中的故事，讲了很多的困难。我说在我创业的时候遇到的困难，跟刘教授遇到的，都不是一个等级。当时刘教授说您遇到什么困难，那您讲一下。

白　玉：她真不能想象你们创业的艰难。

谢元德：对，我说我们创业那天就不"合法"，当时我这么一说，他们就哗的全笑了。我们从1979年5月13日创业开始一直到1982年12月31日，都在受质疑，当时经济也困难，如果创业仅仅是为了生存，那么很难成功。如果你没有一个理想抱负，想做一番很大的事业，那你创业遇到困难就很难闯过去。

主持人：也就是说当我们的眼睛看向远方的时候，眼前的那个小坎可能迈迈就过去了。

白　玉：对！有理想的人绝对不会为困难折腰。如果说是为了金钱而创业的人，碰到坎坷就会摔倒。

谢元德：你刚刚提出的话题太好了，我认为讲这个东西是对现在的年轻人的正确引导。我再讲一个事情，10月19日我接待了西门子的一个高管，他当时是来拜访我。近期我们举办了盛博会，他们来参展了。正好是十九大期间，那天我跟他谈的第一个话题就是十九大，我说习主席讲得很振奋人心，他对十九大什么都不知道。他走的时候对我说，跟我见面最大的收获就是我改变了他，改变他什么呢？他说他以后一定会关注中国的政治，关注中国的领导人。咱中国人，不管是在外企还是哪，你如果不关心中国的政治，那你是走不远的！你也发挥不了大的作用。再说说2016年年底，当时也是一个国际品牌的高管，我说过去这二三十年国际品牌赚钱太容易了，我们赚钱太难了。但是你们赚到的就是钱，我们赚到的是客户，是人才和技术，这30年看你们的，未来30年，看我们的吧！

白　玉：谢总说得太漂亮啦！

主持人：我们忍不住要在直播间为我们谢总鼓掌，从我们的中国制造走向中国智造，从我们的制造大国变成制造强国，我们应该有这个信心。我相信此刻正在收听我们节目的年轻人和创业者，肯定都有这样的一种情怀，希望学习理论跟实践上的一些知识。接下来，我想来请进一个实践者，我们再来听听他的想法。

（片花）

我是盛隆电气创业者常亮亮，2016年从国际关系学院硕士毕业，同年4月成功拿到第一个智能用电订单，成为公司百名"千万订单英雄"之一，赚到人生第一桶金。

我是盛隆电气创业三公司董事长周明旺，我带领创业团队600人，2016年智能用电销售业绩4.3亿元人民币，2017年已实现6亿，预计全年突破8亿。

我是盛隆电气集团董事长谢元德，盛隆电气能为百万江城学子做些什么是我们一直在想并且积极在做的事情。创业38年，盛隆独创的群体老板制培育了400多位大小老板，得到了两任省委书记的肯定和支持。在这支队伍的基础上，我们又发展到"盛隆群体老板241"的大道、大业、大舞台，为有志创新创业的青年，提供更大的平台。

湖北广播电视台联手盛隆电气集团，推出"城市CEO智造先行者"选拔计划，有梦想，敢拼搏，我们一起做老板。详情请关注"创业小咖"微博、微信公众号和盛隆电气官网。

主持人：欢迎大家继续来收听我们的长江新动力。在青年人、大学生中，梦想创业的不在少数，国家、省、市各级政府也在提出源源不断的政策激励年轻人创新创业。比如，我们湖北省的"我选湖北"计划，武汉市的"百万大学生留汉"计划等。湖北广电广播创客中心在2017年9月，与盛隆电气联手启动了一项"城市CEO智造先行者"计划，目的是为更多的年轻人提供实践梦想、探索拼搏的舞台。这个计划的灵感，源于盛隆电气集团之前尝试的先行领军行动。在当时的行动中，一批优秀的年轻人通过自己的勇敢尝试，通过平台内部创业，为自己开辟出一片全新的事业疆域。26岁的常亮亮就是其中的一员。接下来我们来连线常亮亮。

主持人：常亮亮你好！常亮亮，你现在在什么地方？

常亮亮：我现在正在巴黎培训，在盛隆大学巴黎创业学院。

主持人：啊？你现在是在巴黎啊。今天我们把你们董事长谢总，还有一位大学生创业导师白玉教授请到我们的节目当中，来给我们分析一下大学生创业。你是在盛隆的先行领军中做得非常不错的，也是一个代表。请你来讲讲一下你的创业史吧！

常亮亮：好的，我先跟大家打个招呼。主持人，各位听众朋友们，董事长，白玉教授大家好，我是常亮亮。今天很荣幸可以跟大家一起分享一下我的创业史。我个人觉得创业是很多因素作用的结果，换句话说就是在各种因素的适当结合下才能产生的。就我个人的人生经历来说，在来到盛隆之前，我当过三年"大学生村官"，这样的一种经历培养了我细心和严谨的工作态度。当村官的时候，要求我们做事情细心谨慎，考虑事情要全面，然后又回到学校进行学习深造。在我读研究生的期间，我又对招投标有了系统的学习和认识，对在市场上进行招投标的运作比较有把握和信心，在我打算就业的时候又刚好遇到了盛隆这么好的创业平台。这是一个比较灵活和优越的平台，它的灵活使我们每个人最大化地发挥我们的个人价值。而且盛隆的资质、业绩、产品和服务在国内都是名列前茅的。更重要的是，谢董事长非常重视和关注我们年轻的大学生。所以，在这样的情况下，我才签下了中央中直机关4100万这个在我人生中比较大的订单。通过这个项目，我也得到了人生中的第一桶金，现在发展到今天的多人团队，成为一个小老板，这就是我目前在盛隆的创业情况。

主持人：我想问你一个问题，你有过当"大学生村官"的经历，读了研究生，研究生毕业又到盛隆，可能很多人都会认为你是在就业，为什么你一直在说这是你创业？

常亮亮：我是这样理解的。很多人毕业之后都是在找工作，但是在盛隆不是就业，而是创业。为什么呢？对于我们刚毕业的大学生来说，可能很多时候就只想就业，先找一份工作做一做。但是在盛隆不一样，尤其是在市场中发展，要求我们达到老板的高度，要有老板思维。当我们有老板的意识和思维的时候，我们就在以创业的标准和要求来就业，这也是盛隆的精髓。所以盛隆有一个制度是群体老板制，要求每个盛隆人要有老板的思维和高度。

主持人：谢总一直在旁边听着，您来跟常亮亮打个招呼吧。

谢元德：常亮亮，你们在巴黎怎么样啊？

常亮亮：我们在巴黎学习和了解了很多跟国内不一样的东西，感触比较深。

主持人：好的，常亮亮非常感谢你！今天我们的连线就到这，再见。刚跟常亮亮简单的连线了解到，其实他就是这个群体老板制的受益者。刚才，白教授也讲过，我们创业应该抱有一种就业和创业心态，那么什么是就业？什么又是创业呢？

白　玉：就业是维持生活条件的一个工作。而创业是在追求一种事业，追求一份理想，一份价值，这个完全不一样。

主持人：看这个群体老板制，名称是谢总提出来的？

谢元德：是，那肯定是我提出来的。

主持人：我在想，谢总您为什么要提出这个群体老板制？现在大学生为什么要创业？我也接触过很多大学生创业？他们说我毕业了以后一定要自己当老板，这才是叫创业。

谢元德：十九大召开之后，我在思考，我今天特意找出了1986年公司成立七周年会议上的讲话，1997年在定岗定薪竞争上岗会议上的讲话，明后天会在我们公司公众号上发布。这次听了习总书记的报告，我是非常振奋的。我是坚持了38年走中国特色社会主义道路的。习总书记的报告提出中国特色社会主义新时代，道路自信、理论自信、制度自信、文化自信，我听后感觉这个时候声调比过去更高一些。不光要影响中国，还要去影响世界。公司关于群体老板制正在出一本教材，已交给出版社。这个教材会做成中文版、英文版、法文版在全球范围发行。中国特色社会主义道路自信、理论自信、制度自信、文化自信，我们用实践来证明了它的正确性，从而去影响世界。我们不仅要将智能用电送到全球去，我们还要把我们探索的这些经验理论，这些管理制度输送到国外去，为世界做出贡献。

主持人：过去都说我们要向国际上优秀的企业去学习，以后我们也要全世界向我们中国的企业来学习。

谢元德： 刚刚，常亮亮讲到他在盛隆大学巴黎创业学院学习，我们近期准备在国外办 5 个创业学院，目的是既要引进优秀的西方文化，又要输出中国的传统文化。

白　玉： 我来讲一个点啊！谢总群体老板制度的核心是什么？实质上是盛隆电气长期保持活力，具有创新型企业前景的一种源动力。我期待其他的中国企业也能重视到这一点，要去开发和培养。没有这个源动力所在，那么这个企业也就做不长。

主持人： 我们经济发展也好，还是十九大说的我们走什么道路也好，所有的问题都是人的问题，我们的制造业跟我们的精神状态息息相关。

谢元德： 在省委党校讲完课之后，我把我的讲话稿发给了北大陈春花教授。她当时给我回了一句话："给了我很多的启发。"上次，在北京举办的动态竞争国际论坛，请的有经济学家张维迎教授、管理学家陈春花教授等，也由我介绍了我们的群体老板制。这个国际论坛对我们群体老板制非常感兴趣并给予了高度评价。那次也给了我很大的信心，将我们群体老板制推广到国外去。

主持人： 按照白教授的说法，我们的群体老板制，实际上就是我们鼓励学生创业搭建一个创新创业的平台。好吧，最后有请白教授您用 15~20 秒的时间来给我们做一个总结。

白　玉： 我期待我们中国的企业家们，能够把中国文化根植于企业之中；把创新思想远洋到世界各地；把中国的产品带向全世界。

主持人： 谢谢！

巴黎盛创院一期培训圆满结束

2017 年 10 月 28 日，盛隆大学巴黎创业学院（以下简称"巴黎盛创院"）一期培训圆满结束。

在法期间，47 名学员接受了欧洲及法国历史经济文化培训、西方艺术培训、礼仪培训、生态培训、红酒知识培训、骑术培训等，参观法国电力集团 EDF 下属公司

ENEDIS、伊市数字生态智能用电小区，共话全球智能电网行业的发展。

昂热大学教授、NEOMA 商学院"企业社会责任与道德"课程讲师、巴黎商学院讲师安东尼·戈沙德（Antoine Guichard），在给学员进行企业社会责任感培训时，对盛隆践行"让一度电创造更多 GDP、让智能用电使幸福生活更幸福、让智慧能源使美丽中国更美丽"的三句话战略理念表示高度认可。他认为，盛隆是一个有高度社会责任感的企业，并表示将把中国的盛隆作为案例教材，讲给他的法国学生们听。

巴黎盛创院一期培训结束后全体学员合影留念

8.5　往高处走，往世界走

——一分钟不差、什么是成功、500万帮带50个青年的"五五"理论

第六次出国考察：2011年在英国

考察团全体成员在英国利兹城堡前合影

第一讲　董事长谢元德在盛隆电气第六次出国考察团到达英国伦敦时的讲话

各位同事，大家好！

我们已踏上大英帝国的首都伦敦，大家的心情怎么样？这次出国考察团是我们的第六次出国考察团，有不少老团员，也有一些新团员，我还是把这次的主要任务、目的、要求给大家讲一下。

一、任务

1. 考察学习发达国家的先进经验；
2. 相互交流学习体会和心得；
3. 站在世界最高点，讨论研究盛隆电气的未来之路。

二、目的

1. 提高自己的素质；
2. 提高盛隆集体素质；
3. 提高中华民族素质。

三、团队的要求

1. 时间：一分钟不差。

   不迟到一分钟，反对浪费时间。一个人迟到，会给大家时间带来极大的浪费。

2. 安全：相互关心照顾。

3. 孝道：买东西时不能只想到孩子，更应该想到长辈，尤其是婆婆、岳母。

最后强调，我们是出国考察团，不是出国旅游团。我们前六次的出国考察都收到了很好的效果，为公司的过去、现在和将来起到了不可估量的作用，意义深远、绩效流长。这也是我所讲的"能挣、会花、不缺钱"的成功经验之一。再从另外一个角度来讲，也是对我们的生活方式，生活质量的一种提高，让人生更有意义，生活更光亮一些。再换一种说法，即有利于提升盛隆品牌，有利于实现个人价值。是考察还是旅游，思想如何定位很重要。如果你是完全旅游的思想，你所得到的就是八天的痛快；如果你是带着任务来的，你将会有巨大的收获，将会为你在今后的工作和生活带来预想不到的效果。

第二讲　领路

上一讲讲的是这次出国考察的任务和目的，今天讲领路。我是团队的领路人，我们这个团队是盛隆电气的领路团队，这不是炫耀或骄傲，是一种责任和担当。我们这个团队，一直都起到对盛隆电气的引领作用，关系到公司几千人、上万人的前途和命运。按江泽民同志的"三个代表"来讲，这个团队起到了代表最先进文化、最先进生产力和最广大群众的根本利益的作用。我们每年花这么大代价组织出国考察是很值得的，有很深远意义的，现在大家不一定都能全部认识得到。

盛隆的发展背景值得我们去总结和思考。既要看到我们的长处，去肯定和发扬，同时也要看到我们知识等方面的不足，去学习和提高。要吸引、重用有知识有抱负的青年人，优化我们的队伍。

第三讲　我们应该做什么，不能做什么

盛隆先富起来的人是否在帮后富人员？

盛隆的干部是否在为广大的员工谋福利？

第四讲　学习与自信

古为今用，洋为中用，肯定中否定。我们把盛隆电气定为学习型组织，就应该不断学习，不学习就做不了盛隆电气的干部，已经是干部的如果落后也会下台。干部必须学习、学习、再学习，进步、进步、再进步。不断学习是自信的表现，不学

习就是停止，表现出即将结束的特征。我们要学相互之间的尊重，学孝敬长辈、学尊敬领导、关心同事等。

第五讲　热爱我们的国家，坚决拥护中国共产党

我曾经在梅晶和陈萍婚礼上有一段祝词："希望两位新人和在座的年轻人，在工作上相互支持，在生活上相互照顾，在家庭里孝敬长辈，在单位里尊敬领导、团结同事、帮助下属，在社会上文明礼貌、品格高尚，热爱我们的国家，坚决拥护中国共产党！"这就是我们的基本观念。也可以把这个祝词像"品质信誉升升升，虚华成本降降降，集约经营管管管，用户利益让让让"一样，定为盛隆做人的法则。

一、爱国、爱党

盛隆电气是爱国、拥护共产党的团队，创立了具有中国特色社会主义的盛隆群体老板体制。没有共产党，就没有新中国。没有共产党的改革开放政策，就没有盛隆电气。没有国家的高速发展，就没有盛隆今天的成就，更没有我们今天的条件到英国来考察学习发达国家的先进经验。

我们在讨论盛隆的问题时，自然会讨论我们的大环境。中国现在仍然是一个发展中国家，什么时间能够达到发达国家水平，现在争论很多。如果我们真爱国，就应该去研究国家的弱势。就像如果你真喜欢一个人，真爱护一个人，你才会指出他的缺点，让他更优秀，爱之深，责之切。所以我们的行为是爱国的表现。

二、不断学习

我们考察学习英国，主要是来取经的，不是来帮助他，我们没有这个能力，英国也不需要。所以我们要去看他的长处，不去评价他的短处。温家宝总理在2008年把英国的《左手沉思录，右手道德情操论》推荐给中国人看，他说这是他的床头书。我也在我们公司做了推荐。

三、行胜于言

这是清华做派。该说的要说，说出来一定要做。王昌宝的"看绅士、学绅士、做绅士"很好，他过去是物质文明的带头人，今后是精神文明的带头人。这表明我们这次考察很有成效。

昨天聂伟讲的故事"诸恶莫作、众善奉行"与名言"勿以恶小而为之，勿以善小而不为，恶不积不足以杀身、善不积不足以成名"是一个道理。成为一个绅士要靠一点一滴地做，一点一滴地积累，不是一学就会，一学就成，需要长时间的修养。另外，王昌宝做绅士是需要一个环境的，需要一大批人一起去学，一起去做，一起去修炼才能成正果。当然，今天在会上明确说了的只有王昌宝一个人，但实际上有很多人也是这样想的。大家在提高素质方面达到了共识，这是我们考察取得的重大成果。我相信大家一定会努力去做。

四、盛隆伦理

作为一个领导者、领路人，信任和关爱是我反复总结出来的成功之道，我把它定为盛隆伦理。今天，我正式把这个成功经验告诉各位现在的领导者和未来的领导者。作为一个领导者，总得做出一些值得下属感动的事。关心、爱护不是惊天动地的事情，而是一些非常细微、很容易做的事情，但就是有的人知道做，有的人不知道做，也不会去做。希望盛隆人之间，多一份信任，多一份关爱，这就是盛隆电气百年不倒、百年辉煌的保障。

第六讲　什么是成功

一、拥有一定的知识

走万里路，长见识，六次出国考察的目的就是增长知识。我们发展中的道路如何走下去，需要知识。丘吉尔把他的祖传 13 代的庄园捐给了社会，给了我启发。我们公司在建设过程中把握住了正确的方向，避免了决策的失误。盛隆电气是四海为家，不将自己圈在一个有限的框框之内，不做土地主，而是不断地增长知识，积累实力，让盛隆的空间越来越大，就如盛隆歌词所唱："盛隆是家园，盛隆是天空。"

二、拥有一定的本领

能做正确的事情，所做的事情要经得起历史的检验，是对自己、对别人有好处的事情，不能是危害后人、危害社会的事情；否则，本事越大越糟糕。学到一身好本领，走遍天下都不怕。

三、有帮助别人的欲望和能力

乐于助人。袁道金讲，他把我以前讲的范曾助人为乐的故事听进去了，他也这样做了。我认为他成功的很重要的一点就是去帮助别人获得成功。"真情盛隆，帮你成功"是我们的行动口号，也是我们总结出来的成功经验。盛隆电气的成功并不只是一个人发了财，也不是少数人赚到钱，而是带动了一大批勤奋努力、积极向上、走正道的人，为别人、为国家、为社会做出了榜样，受到了党和政府、社会群众的称赞。

四、自己有成功的感觉

什么是成功？成功是拥有一定的知识和本领，有帮助别人的欲望和能力；自己感觉到自己有用，自己有成就感；别人认为你成功，尊敬你，学习你。成功有团队的成功，成功有个人的成功。成功是别人的评价加上自己的感觉。

第八次出国考察：2013年在欧洲

想干大事，必须听古人的话："人无远虑，必有近忧。"所以昨天我讲，周红芳的500万元投到什么地方？投到人才上。用500万元培养50个年轻人。我一直在讲挣钱要能力，用钱更是智慧。只有能挣会花才不缺钱。

考察团成员在瑞士合影

第九次出国考察：2014年在美国

第一讲　开眼界、长知识、促创新、上台阶

第九次出国考察可以说是盛隆电气高级干部培训班第九期又开课了。第七期的关键词是"高度"，第八期的关键词是"市场"，这一期再提出几个关键词供大家参考：开眼界、长知识、促创新、上台阶。

一、开眼界

我们这次赴美国考察的行程安排，洛杉矶、波士顿、纽约等美国代表性城市的实地考察、参访调研，了解美国这个当今世界头号发达国家的城市面貌、设施建设、

考察团一行在美国耶鲁大学合影

经济科技、教育文化、风土人情，以增加我们对当今世界一流现代化典型国家的感性认识，加深对资本主义世界发展前沿的具体了解，从而帮助我们更好地树立世界眼光，具备全球化观念，培养国际化意识。这对提升我们集团高管人员的素质，提升企业的整体素质，开拓盛隆走向世界的广阔空间至关重要。

二、长知识

这一次考察参访美国的哈佛大学、耶鲁大学、麻省理工学院和波士顿大学，是此次考察活动的一个重点。大学是研究、创造、发展科学知识，以及选拔、培养科技人才的重要基地。当今和未来世界范围的竞争，归根到底是科技和人才的竞争。在美国的经济发展中，科学技术的贡献达到百分之八十。美国是获得诺贝尔奖最多的国家，其中很多出自大学。这些大学占据了当今世界科学技术知识的高峰。通过此次考察，实地感受这些世界著名学府的风范与氛围，一定会给予我们很多启迪。我们公司一直把培养人才放在重要战略地位，在全国率先开办了企业大学——盛隆大学。借鉴世界著名大学的先进经验，一定能够把我们的人才建设大大提高一步，把盛隆大学的创造、建设，提升到一个新的水平。专家、学者认为，与我们的应试教育、灌输式教育、分数挂帅教育不同，美国更注重能力教育、素质教育、创造式教育。这些都很值得我们认真了解，吸收借鉴，坚定我们从实际出发，办好盛隆大学的信心；更加发挥、弘扬我们接地气、为民务实的风格特点；站得更高，看得更远，把我们的盛隆文化建设更加提升到一个新水平。

三、促创新

习近平总书记指出："唯创新者进，唯创新者强，唯创新者胜。"创新是企业超常发展的最大动力。业绩只能说明过去，能力才能证明现在，而学习力则决定未来。我们这样的考察，就是为了开拓眼界，增长知识，提高学习力，努力建设学习型企业，着力激发企业员工干部的创新潜能，全面推动企业创新，包括观念、文化、管理、技术、机制和体制各个方面的创新。只要我们刻苦学习、善于学习、解放思想、开动脑筋、汇聚众长，就能有效提高我们的创新能力，增强企业突破性发展的原动力。比如说，善于把东方和西方文化结合起来，把古为今用和洋为中用结合起来，把科技文化和人文文化结合起来等。这些都是突破传统思维观念，推进创新发展的有效途径。

四、上台阶

把参观访问及考察所得，与个人、部门、企业的发展实际结合起来，对照、比较、思考、分析，寻找薄弱环节，分析瓶颈短板，抓住矛盾关键，集思广益，群策群力，就能够发现我们的潜力和增长优势，明确改革创新的措施目标，使企业和个人获得新的前进动力，开创新的局面。

第二讲　盛隆之翼

一、要选一个能进步的高点，往高点走，往世界走

昨天王堂鑫问我："到美国开公司干什么？开什么样的公司？根据我们公司的发展经验，朝哪个地方去？"我认为，要选一个能进步的高点，朝高点走。现在，我们在国内已经走到最高点了，所以要往世界走。我们生意做到国外已经好几年了，现在我们要往世界高点美国走。

到底怎么走，怎么做，做什么？今天早上吃饭的时候，何彦的一个同学崔红娟过来，我跟她进行了一些交流。我讲，我们到美国来做的第一件事，是寻找有技术含量的、有技术创新能力的同行。美国公司 GE 是我们的同行，但实际上现在大公司在智能化方面并没有什么特别的优势。这是新的技术，需要技术上的开发。美国之所以这么强，就是因为他的人强，人强就可以建设团队。所以现在我们要寻找在智能电气这方面有一定研发能力的公司，寻求与它们合作。我们第一件要做的事，就是合资、合作，甚至是收购一个美国的在这方面技术很牛的公司。

总的来讲，我们是要设窗口。要到这个高点上来，来了解信息，来寻找未来的发展方向，也来展示盛隆独特的理念、机制和文化。干什么是一个方面，另一方面是到底在哪个地方去开展工作，总的说就是到美国怎么去发展。我想大家思考之后，有什么想法，有什么信息，最好用书面的形式形成一个建议。当然，我们也不急着这一天两天就定下来，回国之后也可以思考。比如，今天我和崔红娟见面，我们就可以寻求合作，她要在这里寻求发展，我们也要在这里寻求发展，有共同点，她也可能就是一个合适的人选。

到这里，我们是不是开始该迈这一步了？从我的思想上来讲是该迈这一步了，只是这一步该迈多大的问题。迈这一步并不是说我们一定要有很好的条件，有很强的实力。实际上，我们过去从王城到枣阳，从枣阳到武汉，从武汉到北京，从北京又到全国各大城市，都是没有什么钱的。

我们公司做事情，公司发展的基本经验，靠的是玉琼团队探索和总结的"能信

营创",靠我们的智慧,靠我们的能力,靠我们的信誉,靠得道者多助。我们做的事情是对的,来帮助我们的人是会很多的。我们靠这些东西来呼吁、来号召、来寻找、来吸引和联合跟我们志向一样的人,一起来共同发展。因为我们就是一个开放的平台、创业的平台。比如,崔红娟要是愿意,就一起来创业。我们发展的理念就是群体老板,你来是做老板的,是来创业的,我们合到一起共同创业,所以不需要专门讲钱。

二、"盛隆之翼"两句话,走遍天下有办法

说到这里,我想特别提醒和强调两点:第一点我们叫"盛隆大学",这是我们自己给自己的定位。盛隆集团、盛隆公司也就是盛隆大学,这个价值是无限的。我们是所大学,是所特别的大学。非常有意义。这非常有价值,大家要慢慢去琢磨,仔细去琢磨。第二点是我们的"群体老板"制。我们做得已经很好了。就算我们做得还不怎么样,只凭我们创造、明确一个群体老板的理念和机制,这个价值都无限大。我们公司将来的发展,简单地说,就靠两句话:一个靠盛隆大学;一个靠群体老板!这两句话,就是盛隆前进、跨越和腾飞的两翼。盛隆走遍天下都会有动力,有空间,有办法,会不断地发展。

大学是人们都尊重、都向往的地方。我们的社会正在向学习型社会发展。大家都是不断地在学习,不断地在提升,不断地进学校,更想进大学,所以盛隆大学是符合时代潮流、社会趋势的。群体老板更是满足了谁都想当老板的愿望。我们国家提出大众创业、万众创新,就是要让大众、万众都来做老板、当老板。所以群体老板制也是社会趋势、时代潮流。抓住这两点,并将其做好、做实,就一定能发展、做大,获得成功。这次在美国考察名校,促使我们进一步反思中美教育的差别。美国的教育,不管是耶鲁、哈佛,还是中小学,都是鼓励型的:你很行,你很棒,你了不起,你将来一定非常非常了不起;这一点,我们和国外还是有差距的。使我们感到欣慰的是,在盛隆、盛隆大学,我们的教育是鼓励型的,是帮助型的,是鼓励帮助大家成功、成才的。在我们公司,都是"你了不起""你是个老板""你是个老总""你是个院长"。

办企业首先是要明确你在做什么，你要的是什么。你的企业首先不是在要钱，而是创业平台，吸引人。当然，哈佛还是要钱支撑，耶鲁也是要钱支撑的。它那个钱是怎么来的？不是它本身就有钱，大家一定要明白这一点。它有钱是来自每年 350 亿美金的捐助。你这个学校办好了，有了很优秀的学生，有很大的影响，人们就愿意帮助你。钱的来源是靠这种捐助。我们不怕现在没有钱，我们都是能够挣钱的人，都能够挣很多的钱。我们的发展从来不是完全靠钱，我们也不缺钱。大学也是，虽然不是土豪，也不是财团，但好大学它也不缺钱！

我们公司就是鼓励、帮助大家。一个盛隆大学，一个群体老板制，就是实在的鼓励、实在的帮助。你就是来做老板的，你就是个老板，你就能做老板。你不但能做老板，还能当教授，培养新生老板。我们盛隆大学，培养了这么多的老板，这么成功的老板。一个盛隆大学，一个群体老板，这是盛隆发展前进、跨越起飞的双翼。我们盛隆大学和群体老板制的价值是无限大的。盛隆之翼两句话，走遍天下有办法。盛隆必定会越来越精彩，越来越辉煌。

第十次出国考察：2015 年在法国

董事长表示，第十次考察来到法国南部，研讨行业创新，智慧城市。大家的积极发言表现出了盛隆人的大智慧，表现出了众志成城的力量。这次考察找到两个答案，一个是什么叫智慧城市，一个是如何建设智慧城市？它们都要靠大智慧、启发智慧、汇集智慧，把智慧汇集成力量。

2015年9月22日早晨，董事长在塞纳河畔，总结群体老板体制的特点：
人性化、力量大、持久性；盛隆电气的文化特点：自然、阳光、向上

2015年9月24日，董事长在阿维尼翁教皇宫前讲到好的企业不是管出来的，
是让文化变成一种力量，影响大家

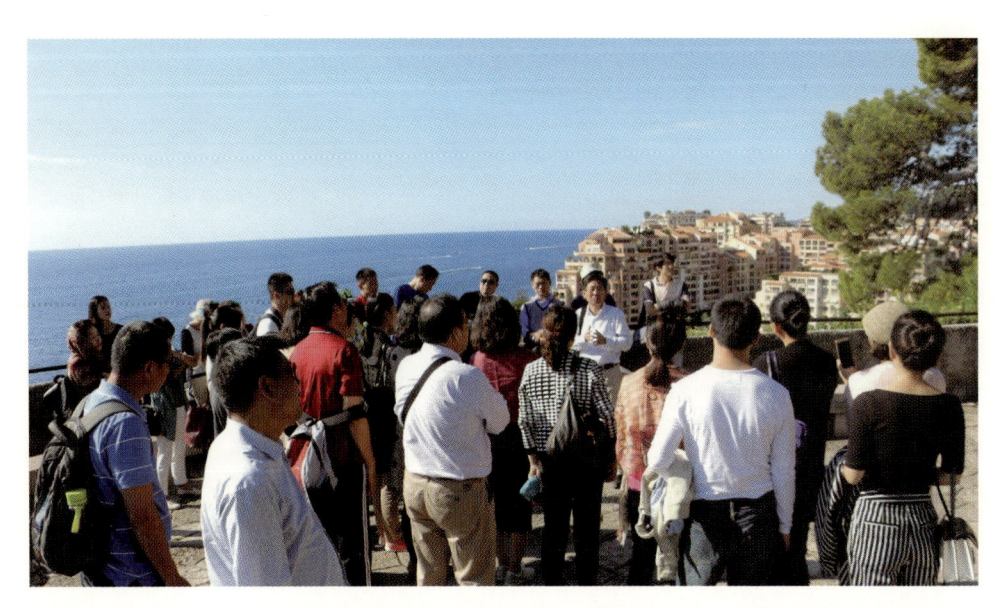

2015年9月26日，考察团一行到达摩纳哥公国参观访问，在蕴含自然美、精致美、厚重美的摩纳哥，董事长将此次出国考察总结为四句话：

十次考察法南行，研讨主题智慧城，发言排队云智慧，传奇盛隆众志城

第九章
走向新时代

9.1 展望百年盛隆工程
聚焦三大项目建设

——董事长谢元德在 2015 年"百年盛隆工程蓝图论证会"上的讲话

各位同事：

大家上午好！

本次会议本来是作为每年的董事会议来召开的，考虑到会议研讨的问题特别重

京西宾馆"百年盛隆工程蓝图论证会议"会议现场

大，要就百年盛隆工程蓝图作出论证，就集团当前和未来的方向、道路、目标、战略和战术，深入思考探讨，尤其是要就2016年三大关键工程进行部署。而这些关乎全体盛隆人的发展根基、前进道路、未来图景，需要让更多的人了解、认知和参与，达到广泛对话交流、集思广益、汇集众智、形成共识，使我们的百年蓝图工程、三大关键工程建立在科学可靠、具有最广泛群众认知、认同、积极投入和参与的雄厚扎实基础上。为此，董事会决定将本次大会命名为"百年盛隆工程蓝图论证会"，并且组织邀请具有广泛群众性的各方代表人物参加。因此，本次大会意义重大、关系重大。

我们知道，不久前，党中央召开了十八届五中全会，对国家第13个国民经济发展五年规划提出了建议。会议提出了创新、协调、绿色、开放和共享的战略理念。我国经济发展进入新常态，既面临大有作为的重大战略机遇，也面临诸多矛盾相互叠加的严峻挑战。前几天，党中央也是在这个会议室召开了经济工作会议，进一步强调要去产能、去杠杆、去库存。在国民经济加快结构调整，深入改革转型的过程中，经济下行压力进一步加大，许多企业遭遇前所未有的困难，甚至成为"僵尸"企业。同时，中央又召开了城市工作会议，提出新型城市、智慧城市建设等举措，大力推动创新、创业，不断开拓发展新空间、新境界。在这样错综复杂的情况下，各种议论见解众说纷纭。我们内部也有不同的想法和看法。在这样一个大环境下，在这样一个发展阶段，集团的负责人究竟在想什么，做什么，想要达到什么，想必是大家所关心的。同时，参加会议的各大营、各单位负责人、同事，怎样想，怎样打算，下一步如何计划和行动，也是我们集团大家所关心和需要了解的。

2015年即将过去，2016年就在门口。"十二五"已经结束，"十三五"就要开始。在这个年头岁尾、辞旧迎新的时空交接点，需要瞻前顾后、总结规划，把我们的思想、思路理一理；把我们的信息、经验、智慧，做一个沟通、交流、汇集和碰撞。这将使我们的能量、资源很好整合、聚集、提升、放大。这对我们迎接新的一年，迎接"十三五"，促进集团持续、稳定、高效发展至关重要。

这次论证会的会址是闻名于世的北京京西宾馆。这是党和国家重大政治会议活动的重要场所。尤其了不起的是，这里是党的十一届三中全会中心会场所在地，这次会议是开创中国改革开放新的历史时期的里程碑，使国家走上了建设中国特色社会主义的康庄大道，开辟了中国现代化的新的历史篇章和胜利航程，造福于十三亿中国人民。我们盛隆有今天，就是得益于党的三中全会。选择这里作为我们2015年年底专题大会会址，就是要学习和重温党的十一届三中全会精神，吸取政治智慧，总结好自己的经验，联系新的实际，提升境界，明确方向，绘好新的蓝图，齐心协力，众志成城，开创盛隆电气更加美好的未来。本着这一指导思想，通过和大家商议，我将本次会议的主题确定为"展望百年盛隆工程，聚焦三大项目建设"。以下，我就这一主题的几个方面，先谈谈我的想法，供大家进一步讨论交流。

第一方面，关于百年盛隆工程的几点思考

一、百年工程有四句话，是一个体系

这四句话是"百年工程、百年建设、百年传承、百年荣光"。百年工程是主体、主件；百年建设是事业、是路径；百年传承是队伍、力量；百年荣光是收获、成果。我这里主要就百年工程主体作一些解读。在公司创建25周年时，我们提出了"百年不倒"，后来又发展为"百年辉煌"，现在我们又提出"百年工程"。它们之间是什么关系？为什么要提出这个口号？对此，我是这样考虑的。百年工程与百年不倒、百年辉煌的本质完全一致，没有质的区别。建设百年工程的过程，就是实现企业百年不倒、百年辉煌的过程。目标、过程、手段和成果密不可分，是一个整体。但是，我们现在突出工程、突出建设有什么意义呢？我觉得很有意义、很必要。

第一，突出工程概念，强调了实践性、建设性、过程性；看得见、摸得着、有抓手，更具执行力和操作性；不空、不玄、不浮。第二，更有可连续性、可持续性、可持久性。我们所做的是一个百年大工程。在一百年期间，需要不停地施工，不停地劳作，不停地建设。第三，更理性、更从容、更平和。这是一个百年大工程，不是三

年五年的突击任务。要理性看待,从长计议,遵循规律,循序渐进。既不能慢慢腾腾,消极应付,也不能心急火燎,急躁毛躁,急功近利,急于求成。应当是咬定青山不放松,锲而不舍,扎扎实实,像愚公移山那样,一代接着一代努力,一步一个脚印,积跬步而至千里,久久为功。

二、 百年工程的内涵是什么?这个内涵就是盛隆电气的百年奋斗目标

这方面,在不同时期,公司都提出过一些目标要求,特别是近年来更为鲜明。例如,"盛隆电气国家级,科技服务举大旗""盛隆电气,中国第一""以智慧城市建设为主业,跨行业、综合型的国家级企业"。这些目标口号是正确的、现实的、必要的,是百年工程的重要内涵。但是,从一个百年工程的长远战略考虑,它的内涵应当更宏观、更全面,更有包容性。同时,它又要有具体的内容指向,不空泛、不抽象。据此,我把百年盛隆工程概括为"四大",即大实体、大实力、大实效,归结起来就是大品牌。实体,是指公司的实际体量、架构,既包括设施、设备、厂房、占地等不动产,也包括人员队伍、管理机构和体制制度。实力,就是实体产生、发挥的能量、能力和作用,包括产量、质量、产能、产效。它既包括硬实力,也包括软实力;既出产品,也出人才;既出企业产品,也出社会产品。实效,是实际的收效、效果。它也是全面的,包括经济的、社会的、现实的、长远的;国家的、集体的、个人的。这"三大",归结并凝聚起来,就是要建设、打造一个大品牌,把盛隆电气打造成中国顶级、世界一流的大品牌。品牌不倒,品牌辉煌,就是盛隆不倒、盛隆辉煌。建设了这样一个百年品牌,就是盛隆为国家、为社会,为子孙后代做的一个大贡献。

三、百年盛隆工程建设的几条原则

首先,要明确我们的主业、业态。这是百年盛隆工程的根基和实体。我们的主业就是 2012 年二妃山庄三委会所提出的"三让",即"让一度电创造更多的 GDP,让智能用电使幸福生活更幸福,让智慧能源使美丽中国更美丽"。这一

定位与中央提出的发展理念完全一致,是我们实现四个百年的主行业、主基地。这"三让"反映在企业的业态定位上,就是 2015 年 9 月我在赴法考察团讲话中明确的:"盛隆的下一步发展思路是抢抓国家创建智慧城市发展机遇,开创集团新的战略升级,把盛隆集团建设成为以智慧城市建设为引领和综合型电气行业国家级重点企业。"

其次,一定要坚持奉行、踏实实践盛隆有代表性的十大文化。在法国考察期间,我总结了群体老板制的特点:人性化、力量大、持久性。盛隆文化的特点:自然、阳光、向上。毛主席说过,"共产党的作用,就是把人民群众组织起来,让大家认识自己的利益,为实现自己的利益去奋斗。"这也正是盛隆制度、盛隆文化的本质。要顺应人性、提高人性、实现人性,自自然然,发自人心内部。只有不是外在强加的,才有力量、能持久。它已经在几十年的实践中得到了验证,是正确的、有效的、有生命力的。我们要珍惜盛隆人几十年艰苦奋斗的心血和智慧结晶,真正把它当成我们的镇山之宝、传家之宝。

最后,我们要有实现百年大计的信心、意志、毅力和恒心。党中央一直强调,要有理论自信、制度自信、道路自信。盛隆的制度、文化和道路,是经过实践考验和检验的。我们抱定信心,积极而不急躁,平和而不懈怠。我们既有高端追求、顶层设计,又有施工蓝图,分期计划,分步实施。只要一步一个脚印,扎扎实实地向前推进,我们就一定能稳步地达到目标。

第二方面,聚焦三大项目建设

描绘和论证 2016 年施工蓝图,是本次会议主题的第二方面。2016 年是我国"十三五"的开局之年,对我们国家,对盛隆都十分重要。通过对国家宏观大环境和盛隆发展实际情况的具体分析,我认为在新的一年,开展三大项目建设,对百年盛隆工程具有关键意义,对盛隆创新发展至关重要。三大工程具体包括以下内容。

第一个大项目是盛隆大学武汉创业学院建设

群体老板体制与盛隆大学是盛隆集团实现突破式、跨越式发展的两翼。"盛隆之翼两句话，走遍天下有办法"。有了这两只强健的翅膀，盛隆就没有越不过的坎，就能克服前进中的困难，创造出发展奇迹。这两只翅膀互为有机联系，彼此互相给力，可以互相转化，形成了推动盛隆创新发展的强大发动机。随着社会发展前进，盛隆的独特体制和机制，其先进性、特色性、优越性，越来越突出，越来越有力量。

现在，我们对盛隆大学武汉创业学院的建设，进行了科学的顶层设计，软硬件同步施工，加强整体化、系统化建设，将使一体两翼的体制和机制进一步完善，更加富有生机和活力；从外部形象到体制和机制，再到各项硬件软件设施，相关各环节操作、运作、功能，更加"大学化"，更加方便大学生创业、实习和体验，与盛隆无缝对接，有机融合；使我们的工厂、企业、群体老板，成为一方活水，源源不断，生生不息；使"促就业，帮创业，十万大军建大业"的盛隆理念和重大事业，进一步升规格、上档次、体制化、规范化，落到实处；使一代代新人，在这里学到实干本领，顺利成长、成才、创业建功；为群体老板体制提供源源不绝的优秀后备军队伍，推动百年盛隆工程建设薪火相传，持续发展。

第二个大项目是北京科技中心建设

拥有领先一步、高人一等、具有自主知识产权专利的高科技产品，始终是市场竞争的核心竞争力。这几年，集团在研发具有自主知识产权专利的新技术、新产品方面有很大的进展，发挥了重大作用。建设百年盛隆工程，高新技术是一根不可缺少的重要柱基。对此，我们2016年的建设目标是，进一步加强思想重视，明确蓝图设计规划，加强基础设施和软硬件建设及相关投入，尤其是千方百计吸引高端专家型人才，打造人才高地，努力建设好北京科技中心；同时，把它打造成为集团的高端制造基地，智能电气高新科技研发基地，电气工艺标准检测基地，使之成为盛隆全面创新升级的强大科技后盾。

第三个大项目是北京绿地中心的中国锦商务空间

北京绿地中心为国门轴心第一高楼,世界级城市商务综合体,世界五百强聚集地,并有施耐德、ABB、西门子三大国际品牌环绕。我们集团的"中国锦商务空间",就在这样一个举世瞩目、具有卓越中国优势、世界优势的高端核心区域,可说是得天独厚、得地独厚、得人独厚。正如杨斌所说:"与世界五百强为伍,同国际三大巨头比肩。淘宝'主子'在眼前,马云天天在见面,我们一样是老板。"这是我们开展各种商务交易谈判活动,进行国内外交流合作,获取国内外重大信息,打造"中国盛隆"品牌、"世界盛隆"品牌,展示盛隆的中国形象、世界形象,开拓国内外市场新空间的最好舞台和平台。

第三方面,百年盛隆工程的基本架构和坚实桩基

百年盛隆是一项百年工程,但我们现在不是白手起家,而是已经具备了很好的基础。这个基础包括"两基",即整体的基本架构和坚实牢固的桩基。基本架构包括两个基本点:第一,盛隆的基本制度文化体系;第二,群体老板制。它们决定了盛隆的理念、宗旨、思想、作风和精神;决定了盛隆的制度、机制和道路;决定了盛隆的法则、伦理、哲学和文化。一句话,它们决定了盛隆立企、立业、立身、立世的根基、根本。它们是身体与灵魂的统一,软件与硬件的融合。摩天大厦需要钢柱铁梁,这些基本制度文化,就是钢柱铁梁,钢铁骨架,是不能随意改变和动摇的。把这些归纳起来可以简称为"群体老板架构"。

与百年盛隆钢铁架构相匹配的,是我们已经形成和正在继续建设的坚固桩基。树大根深,根深叶茂。大厦要高大、牢固,桩基必须坚固,打得深,立得牢。百年盛隆工程的基本桩基,概括说就是"五一三桩基"。

所谓"五",就是"五大营"。五大营是集团现在的战略布局,是未来长远发展的战略基地。所谓"一",是指一条基本原则,即"走正道、办良企、育人才"。所谓"三",是三大项目建设。其中,武汉创业学院是人才基地工程;北京科技中心是

科技建设工程；北京中国锦商务空间是国家级市场平台、盛隆品牌建设、展示工程。有了人才、科技和市场，企业就如同一支好的军队，兵精粮足、武器高强、士气旺盛，这样才能勇往直前、攻无不克、战无不胜，在市场竞争中，乘风破浪，赢得主动，从胜利走向胜利。百年盛隆工程一定能达到预定的目标。

关于以"五一三"作为百年盛隆工程桩基，我想特别强调地是，从一定意义上讲，这是为了让大家充分认识我们自己的家底；充分认识、了解我们所拥有的宝贝。看看我们的武器库到底有些什么秘密尖端的好东西；让每个盛隆人了解、认识、思考，看看哪一桩、哪一件适合自己，能够在新的一年及未来帮自己创新升级、创业发展、追梦圆梦。必须明确，"五一三"，尤其是"三大件"，是为盛隆的每一个单位、每一个盛隆人准备的，是属于盛隆的每一个单位、每一位盛隆人的。俗话说，"红粉送佳人，宝剑赠壮士"。武器也好、宝贝也好，需要有人识、有人爱、有人用，才有价值。我希望盛隆的每个单位、每个人都来关心、参与"三大件"建设，积极认宝、知宝、用宝。要把它和本部门、本人的发展规划、工作实际、各项业务紧密联系、结合起来；充分依靠、运用这三大件提供的人才、科技、商务等高端平台保障，强大的后盾支持；充分发挥人才基地、科技中心、市场平台的巨大作用。我们的营销团队、企业的负责人、管理者，以及身怀梦想的年轻人、创业者，你们所要做的重点工作，就是发现、创造、引导、跟踪市场、社会和消费者的各种需要。只要有了需求，我们就能提供人才、科技、市场，提供所需要的平台，各种保障和后盾。这样，不论集团内部或外部，我们的"三大件"都是充分开放的。只有如此，供方和需方，建设者和使用者，才能积极互动、相互转化、相互给力，实现双赢和多赢。刀不用会生锈，常用的钥匙亮闪闪。关心者越多，参与者越多，运用者越多，宝贝就越有活力、越有魅力、越有法力、越强壮、越强大，我们的"五一三""三大件"，才会源源不断，生机蓬勃，活水长流，我们的企业才会长久兴旺发达。

第四方面，本次会议的目标与开法

本次会议的口号标语都明确表达并回答了本次会议的目标和方法："集思广益，共绘蓝图，人人都有好建议；群策群力，同创共享，个个都有好收成。"从目标说，有局部目标与根本目标的区别。我们的重点是着眼根本目标，让盛隆每一位员工都有好收成，把这个目标、目的，贯穿到会议目的、开法、蓝图、措施之中。要让会议作出的决策，绘制的蓝图，提出的计划、方案、措施，每一个项目，每一个环节，每一项工作，都从惠及全公司每一位员工的根本利益、切身利益考虑。但其前提是，要集思广益、群策群力。大家重视、关注，大家关心、热心，大家参与、投入，人人有建议，个个都发声。要聚集、凝结全体盛隆人的智慧力量。会议的形式方法，要为达到这些要求提供平台，提供方便条件，让大家充分表达所思所想，所欲所求，充分贡献自己的聪明才智。

我相信这次专题论证会对百年盛隆工程的展望与设计，尤其是对"三大件"的精心设计与施工，会使我们百年盛隆的发展路线图更清晰，让2016年的重大项目蓝图设计更加科学合理，切实可行。这次会议必将使"三大件"的建设取得突破性、关键性的进展，全面推进新一年的各项工作，并为百年盛隆工程进一步奠定雄厚坚实基础，迈开承上启下、继往开来的新步伐，给所有盛隆人带来丰硕的好收成。

各位同事，我们盛隆电气集团是在党的十一届三中全会吹来的春风中诞生成长的。盛隆的发展壮大是与党的十一届三中全会路线息息相关的。对于盛隆人来说，党的十一届三中全会不但开辟了中国现代化的新篇章，也开启了中国盛隆的新航程。作为这次会议的中心会场，京西宾馆是一个给全中国人民，也是给盛隆人带来幸福吉祥的地方，它既是一个值得我们纪念、回顾和感恩的地方，更是一个能够让我们总结历史经验、增加思想智慧、吸取力量、提振精神、看准方向、阔步前进的地方。我希望我们能够充分汲取这块吉祥宝地的智慧和灵气，共同努力把大会开得热气腾腾，红红火火，达到预期目标，取得圆满成功。让我们一起从京西宾馆出发，开辟百年盛隆工程的新阶段！

最后,我将一首七言诗赠送大家,作为这个讲话的结束。

> 羊年冬月热气腾,
> 京西宾馆聚群英。
> 集思广益商大计,
> 群策群力定乾坤。
> 宏伟蓝图圆梦想,
> 三大项目开新程。
> 架构坚牢根基稳,
> 世纪盛隆百年春!

9.2 精心实施百年蓝图　迈向电气智能时代

——董事长谢元德在 2016 年武汉庆功会上的讲话

各位同事！大家好！

2016 年在我们的团结拼搏、创新奋斗中过去了。我们在捷报频传、凯歌欢笑声中，迎来了 2017 年。今天，我们大家欢聚一堂，回顾昨日，展望明天，满怀信心，辞旧迎新。

在希尔顿酒店举行的 2016 年武汉年终总结会会议现场

首先，我要对我们在 2016 年所取得的业绩，表达热烈祝贺。据市场办统计，今年订单过千万的整整一百人。三公司订单比去年增长 57%，实现 4 亿多人民币；四公司一年分出两个公司，今年订单还排第二名。北京地区多个部门订单翻番。我们大家知道，现在经济和市场下行压力很大，大环境处于调整和转型期，竞争是很严峻而激烈的。我们在这样的大形势下，取得这样的业绩，确实来之不易，这再次证明了盛隆抗压应变、迎难而上、顽强进取的生命活力，内外功力，软硬实力，证明了"三军"团队的强大，为我们 2017 年的大发展奠定了坚实基础，创造了坚定信心。

2016 年年底，我们连续召开了各种会议。会议开得很有质量，很有价值。我的许多意见的观点，在与董事们、同事们对话交流中，都作了表达。在今天这个会上，我想主要讲这样几点意思。第一，谈谈百年工程蓝图。第二，关于"百年传承"的理解与实践。第三，讲讲从"功能时代"向"智能时代"的提升及盛隆的机遇和措施。

一、百年工程蓝图

2015 年这个时候，我们在北京的京西宾馆召开了"百年盛隆工程蓝图论证会"，发扬民主、广泛讨论，论证了百年盛隆工程蓝图的构成、内涵和原则，三大工程建设，基本架构和坚实桩基。一年来，我们认真贯彻京西宾馆会议精神，响应大会号召，实践"从京西宾馆出发，开辟百年盛隆工程新阶段"的诺言，取得了显著成绩。对这个涵盖百年发展的战略蓝图，我们既要以一贯之地坚持其纲领性地位，又要随着形势、实践的发展，不断丰富、完善，达到蓝图常新，工程延伸，百年传承，事业长青。

在京西宾馆会议和今年的一些会议上，我都说过，"百年蓝图""三大件"，是我们的宝贝。要让大家都能知宝、懂宝、用宝，才能让宝充分发挥活力和法力。百年蓝图有四句话，四个一百年。每一句话，都是一篇大文章，都有很多内涵，需要充实、细化和丰富,需要大家深入钻研,仔细领悟。经过一年来的实践,以下几点,还需要我们进一步深入思考,以便更好地领会精神实质,达成更多共识。在这里,讲讲我的心得,与大家分享。关于百年蓝图基本精神的几个特点,我理解包含以下这几点。

第一,百年蓝图工程是物质建设与精神建设两者的结合与统一。

世界是物质的。一个人、一个家庭、一个企业、一个社会,生存的基础都是物质。不讲物质是虚无主义、唯心主义。但只讲物质不讲精神,那就没有灵魂,不会提升,不能前进,物质也保不住(厚德载物说的就是这个道理)。蓝图的大项目中,"三大件""五大营",看起来都是讲物质建设,其实都包含着精神建设。至于盛隆制度文化,办良企、走正道、育人才,更是一个精神文化、精神文明体系建设。可以说,蓝图的每一个项目和环节,都是物质文明和精神文明两个建设的结合统一。

第二,盛隆百年蓝图工程既是经济蓝图,也是综合、整体的蓝图。要实现经济效益、文化及综合效益、整体效益的统一,实现企业效益与社会效益的统一。

我们的每一个项目和环节,既要有经济价值、经济意义,又要有文化意义、社会价值。就拿盛创院来说,它既为企业培训员工,为群体老板培养后备军,又解决了青年大学生社会实践、培训就业,紧密配合全社会双创大业,将企业效益、社会效益结合得很自然。又比如,我们的携手百企、网通百城、链接百校,盛隆配用电互联网监测中心,其建设功能同样如此,都是要实现双赢、多赢和共赢。

第三,百年蓝图工程建设是事业性平台建设与家园性乐园生活建设的统一。

一个人来到世间追求的只有两点,那就是有事业、有家园、事业旺、家园美。百年蓝图把这两点结合得非常好,非常人性化。蓝图是事业大平台这一点很明显,但它同时又是每个人的美好家园建设蓝图,可能并非人人都明白。其实,盛隆之歌唱得很对:"盛隆是家园,盛隆是天空……百年辉煌,我的盛隆!"盛隆是全体盛隆人的盛隆。如果你相信盛隆,热爱盛隆,全身心投入盛隆,那么盛隆的三大工程平台,盛隆的所有资源、宝贝就都向你敞开大门,展开双臂,为你服务。甚至可以说,它直接就是属于你的。盛隆百年工程具有高度开放性、公益性，面向全体盛隆员工，甚至全社会。参与投入其中，既是大的事业平台建设，又是美好家园建设。众多盛隆人的成功经历都是活生生的证明。

第四，百年蓝图工程建设是科学性与艺术性的有机结合与统一。

科学是客观规律、自然法则。我们的一切工程建设、项目，各部门的工作、管理，必须遵循规律、合乎科学。遵守规章，严守标准，这一点不能含糊，这是一个方面。另一方面，我们还要讲究艺术性。所谓艺术，就是有感情、有人性、有温度、有真善美。一种工作、一个项目、一项任务、一个产品，不但要符合科学标准，保质保量，还应当给人以美感、温情，使人喜爱、留恋。设计要讲美，施工要讲美，接人待物要讲美，议事谈话要讲美；环境有艺术，行为有艺术，方法有艺术，语言有艺术。这一点，在我们的日常管理中，在内外交际来往活动中，在厂风、厂貌中，以及在我们大的工程建设项目中、百年建设中，都要体现出来。现在，武汉盛创院、北京盛创院，特别是北京绿地中国锦商务空间，艺术宫殿般的内外形象展示，显示智慧匠心的装饰布局，赢得了许多行家、专家、高端客户的点赞和佳评。将来，北京盛隆科技创新城还要锦上添花，更上一层楼。在这种环境里，人的心情好、眼界宽、思路开、精神足，办什么事情都会加分。同样，如果我们的文化，我们的人际关系，我们的厂风、团风、队风，既有规章纪律、人情温暖，又有人文之美、艺术之美，那么我们的企业就必定是更温馨、更加能吸引人、凝聚人，更有生气活力，更有动力和效率。

历史的经验和人类社会实践证明，一件事、一个人、一家企业，要成功，不但要靠力气，还要靠灵气。而这种灵气，很大程度要靠文化艺术的熏陶、培育。文化艺术可以突破惯性思维的束缚，开拓人们的眼界，启迪人们的思维，使人温暖，使人振奋，让世界有美好的形象和创新的内容，提升我们的精神与灵魂。我们的企业文化艺术氛围增加后，文明程度、现代化程度和国际化程度都会得到提高。

第五，百年蓝图工程是现实性和久远性、战略性和战术性的结合与统一。

通俗地讲，它既是百年大计，又是一日三餐。每一个项目、环节和任务，既是为了今天，也是为了明天、后天和未来；既是为了自己，也是为了子孙后代。百年工程需要一砖一瓦、一寸一寸、一步一步的坚持不懈和日积月累，它同时又要经得起他年后世、子孙后人、岁月历史的检验。百年工程要求我们，既要着眼现实，关注今日，抓住现在，又要胸怀远大，有大愿景、大宏图。没有现实，将来无从谈起；没有将来，只能做井底之蛙。做大事业，实现大目标，建设百年工程，必须学会这样的两点论，培养辩证思维方法，掌握把现实和长远结合起来的工作艺术。

为什么要重点讲这些看起来有点虚的东西呢？因为这是一项百年工程、大工程。夸张一点说，我们现在所做的，就要达到盛隆创建百年的要求。也就是说，60多年后，我们今天所做的还是先进的、不过时的，所以要把这个蓝图，当成经典来做。我们在国外看到很多大教堂，前前后后施工百年以上。历经数百年后的今天，它们依旧充满魅力。这种创造经典的大工匠精神，非常值得我们学习和借鉴。创造经典必须着眼长远，要有大眼光、大气魄。从现在起、眼前起，要高标准，严要求，高屋建瓴。我们的百年工程建设蓝图，确实凝聚了盛隆近四十年的宝贵经验，融入了全体盛隆人的心血智慧，吸收了时代的科学思想理论。我们需要边学习，边实践，边思考领悟，边深化完善，使它真正成为我们百年建设传承、创造百年经典的传家宝。

二、关于"百年传承"的理解与实践

古人讲，人事有代谢，往来成古今。在这个岁月交替、辞旧迎新的时刻，讲讲我们的百年传承特别有必要。

首先，百年传承是百年蓝图的根本目标。工程、建设和蓝图都是方法，是为目的服务的。只有目的正确，方法有遵循，才会正确。所以，必须把传承的内涵理解得很清楚。

其次，从工程、建设的内容看，其主体关系和基本面是人与物、人与机械的关系；

而传承，主体是人与人之间、上一代与下一代之间的关系。内容更复杂，关系更密切、更重大。

最后，从社会和企业现状看，这个问题很现实、很迫切。因为事关我们的生存发展和切身利害，所以值得我们特别重视。

重视传承、重视家风家教，一直是中华民族的传统美德。传承是事业和家庭继承、发展的根本，也是国家和社会继往开来、永续发展的根本。自古以来，就有耕读传家、诗书继世、忠厚百年的民风社俗。传承，有传才有承。承什么，决定于传什么。我们要做好的家风、厂风、团风和队风的传承者。对此，我也讲几点想法。

第一，既要讲物质传承，又要讲精神传承。

作为百年蓝图基本构架和桩基的"五一三"，每一项都是精神与物质的统一，硬件与软件的统一。而其灵魂核心是走正道、办良企、育人才。我们应当以精神传承来引领物质传承。但是从人们的习惯看，物质看得见，摸得到，精神则是虚的，似有若无，往往容易被忽视。而这样去传承，是难以达到理想效果的。我们的先辈、圣贤一直强调，传承的根本是教人、育人、立人和树人。民族英雄林则徐说过一段发人深省的话："子孙若如我，留钱做什么？贤而多财，则损其志；子孙不如我，留钱做什么？愚而多财，益增其过。"它意思是，子孙后代的教育、素质、为人，是根本，最重要。没有这一条，留钱越多，越起副作用，越增加负能量（我承接的家教：妈妈讲的帮人的故事；父亲讲的守法原则，讲的和为贵的信念；哥哥讲政治。家教"三宝"，受用一生）。

第二，传承要以人为本，既要传如何做事，更要传怎样做人。

做事是具体的。成与不成，好与不好，如果有标准、可衡量，就比较容易教、容易传。做人更复杂、更困难、更长远，又更重要。做人是每天每日、时时刻刻、一辈子的事情。事情做好了，不一定就是做人也成功了。做人做不好，事情一定做不大，走不远。

第三，传承育人要以德为根本。

古人说，道者，德之舍；也有人说，德者，道之舍。总之，各种说法都强调，道与德是一体的。所谓道，就是道路、道理。所谓德，就是向正道、正路走，按真理、道理行事。从理论讲，这是大篇文章。对我们大家而言，体现德最基本、最简单、最能做、也最有实际意义的，是要能关心和帮助他人。也就是我们说的，帮人是做人的本分，助人是做事的前提。对盛隆来说，盛隆文化的核心就是重视、关心、帮助、提携、培养青年人。这是最符合道德、最正确、最有意义、最有价值的事情，也是企业传承、社会传承最有意义、最有价值的事情。

2015年，我在洪山礼堂向大家授赠传家宝时，有这样几句话："乡村起步沃土丰，一无所有身不空。四盛四保通大道，为国为民力无穷。三十五年修正果，群体老板建奇功。传承弘扬传家宝，中国盛隆百年红！"实际上，这已经概括了百年传承的基本内涵。在1986年的时候，我就一直强调，我们的努力奋斗目标是要把盛隆建成大家干事创业最好的天地，享受生活最美好的快乐家园。实际上，人来到世间，其意义不就是为了干事、创业、立功，并享受美好生活吗？如果还要增加一条，那就是把我们的这个平台、家园，一代代地传承下去，并使它锦上添花，发扬光大。

总之，我们理解百年工程蓝图，把它实施好、建设好、传承下去，是有充分历史和现实基础的。它完全从盛隆实际出发，既是对新的目标的展望，也是我们近四十年发展历史经验的总结和延伸。

三、关于从"功能时代"向"智能时代"的提升，以及盛隆的机遇和措施

关于智能时代，我们早就有明确的意识和实际行动。百年工程蓝图提出的"三个让"（智能配电用电）；2014年提出的"以智能电气为核心"的战略目标："建设以智慧城市为引领、综合性电气行业国家级企业"；对我们的研发机构更明确地提出，"要从功能性产品时代向智能性产品时代迈进。"随着国家提出经济新常态，全面展开转方式、调结构、提质量、补短板、开展供给侧结构改革，从我的认识看，这就

是从功能时代向智能时代转变的过程。

所谓功能产品，就是产品能帮人做工，有一定的功能和功效。其特点是共同性、标准性和被动性。只要是正规生产的产品都可以达到。现在国家提出去库存、去产能，其中绝大多数还都是有功能的。但从智能性的角度，它达不到。质量差、效能低、成本高、污染重、负能超过正能的产品，应该被淘汰。就电气行业说，大多数配用电产品还停留在功能性时代。如果有问题、有危险，马上可以断，保障用电安全，这是基本功能。但它是否绿色、高效、人性，能否为用户创造价值最大化？功能性产品达不到，只有依靠智能化。我们现在的研发，就是在朝着这个方向创造、出新和提升。只有开创产品、管理和企业整体的智能化，才是国家经济新常态的要求。

智能化与功能化的基本区别，就是功能化产品只是物理性、机械性的作用；而智能化产品，则要求体现以人为本，具有人性化、个性化、定制化、锁钥化的特点。如同人们常说的"真正懂你"，能够从使用者、用户的利益最大化、长远化出发考虑。可以说，无论产品还是服务，都是有感情、有温度、有爱心的。它们就应该像你的良师益友、至爱亲朋。我认为，这是我们科技研发、设计创新的发展方向，也是我们的文化建设、企业管理、营销团队、市场战略的发展方向；扩大一点，也是我们适应、引领经济新常态的方向。

如果用一个公式表达来说明智能化，我认为是：智能化产品＝创新科技＋人性道德。现在，社会对于科技创新的认同度很高，但对于人性化、对于道德在企业、产品、服务中的作用、应用，在认识、实践上都还有欠缺。从几个要素的比较看，人性道德的珍贵性、稀缺性更突出。高新科技不是对每个人都必不可少的，但道德人性如同空气和水，时时都不能少。客户、消费者，可以理解并谅解产品的某些瑕疵，但不能接受居心不良、为人不端的行为态度。随着科技社会发展，功能性产品的差别会越来越小，人们将会越来越看重软实力，看重企业、产品和服务提供者的道德、声誉、品位、素养和形象。实际上，这些也就是为人、为企的人性化、道德化水平。我们做企业，做生产、营销服务，就要力争与客户、与市场，建立和达到这样一种具有道德化、人性化的关系。这样，我们不仅能做出好产品、好服务、好市场，而且整个生产管理交易的成本都会下降，企业效益、社会效益都会得到提升，并且能实现良性互动、良性循环，推动经济可持续、永续发展。（这就是我常说前十年并不是我们发展的好时期，后十年才是我们发展的好时期的原因。）

根据以上思考，这次在董事会上，我分析了由功能化向智能化时代转型，盛隆的十大利好和措施。

第一，中国制造、中国产品、中国品牌，名声越来越大，越来越响亮，越来越被世界认可。华为、格力是开路先锋，做了好榜样。格力有一句广告词很好："格力强，国货强"。我们盛隆完全能跟上去。我们可以努力做到"盛隆强，民企强；盛隆强，电气强"。

第二，主流价值上升，爱国主义弘扬。卖国货、买国货、爱国货、用国货，正在成为时尚。

第三，国货与洋货的博弈、较量，已经开始出现国长洋消、国进洋退的大趋势，十分有利民族工业的发展。

第四，政府大力支持、扶植实体经济。专家、学者批评说，许多企业炒期货，炒股票，炒房产地皮，炒来炒去，一地鸡毛。盛隆作为经济大实体，一定会得到更多、更好的政府支持、政策支持和发展环境。

第五，盛隆产品、技术、服务全面创新升级，许多指标优于国际大牌。我们的竞争力优势上升，敢于也能够争上风。

第六，盛隆有特别接地气、接人气、能战斗的强力营销团队。

第七，盛隆今年将在武汉举办大型新产品发布会，将让客户、市场、社会面对面地了解盛隆的新成就、新面貌、新实力，并向大众传递"盛隆每天不一样"的强烈和新鲜的信息。

第八，盛隆"携手百企、网通百城、链接百校、创建百团"的新市场战略将要全面发力，发挥重大作用。通过盛隆百个团队与百个城市的百家企业、百所院校对接，在全国范围创造、汇集、整合资源，聚集和辐射盛隆"两个第一、动车双轨"的强大正能量。造就"盛隆产品好看、好听、好用、好卖"的利好环境。

第九，发挥盛隆"配用电互联网监测中心"的创新科技优势，完善营销、设计、生产、产品、技术、运维一体的行业产业链和一条龙服务体系。推出"买产品、送运维、送服务"的营销策略，使盛隆竞争力加油晋档，锦上添花。

第十，即将投入建设的北京盛隆科技创新城，不仅会成为百年盛隆工程的辉煌纪念碑，而且会成为首都科技创新中心的地标式重要建筑，成为民营经济践行发展的新理念，把握经济新方位，成为引领经济新常态的一大亮点，极大地提升盛隆实力、盛隆形象、盛隆品牌。科技城与盛创院、中国锦一起，必将成为强力支撑盛隆百年辉煌的金三角，给盛隆动车注入源源不绝的巨大能量和活力。

马云近期对浙商说："告诉你们一个坏消息，近三五年你们会很困难，我再告诉一个好消息，大家都会很困难。"对我们来说呢，这三五年将是盛隆发展的大好时机。这是因为我们准备了很多年。可以说，我们时时刻刻都在筑牢具有盛隆特色的"防火墙"，一直在锻炼自己的应变、抗压、防风险能力。公司这几年将会加大投入，大力支持具备条件的部门加快发展。这是赌眼光、赌胆量、赌气魄的时候。谁在这个时期大力发展，谁就必将大受益，受大益。有的挣到钱的老板现在陷入了困惑，怕投入、怕失去，但这样往往会错失很多收获的机会，实际上会失去更多，慢慢地落后于时代。经济学家说，错过了发展机遇的最佳窗口期，就只有接受痛苦漫长的被动折腾期。面对这么好的机会和前景，我们应该怎么做？我在几个不同地区选了六个案例，可供各种不同情况的团队或个人参考和借鉴。

第一个是周帅举旗案例。

周帅举旗西大营，盛隆之歌响重庆。

通联百城第一炮，借力晟嘉建川军。

链接百校文华院，双创学子明日星。

立人己立创大业，盛隆高速迈新程。

第二个是罗曼丽夺城案例。

改革创新拍市场，曼丽虎胆夺襄阳。

三十伙伴齐亮剑，凯歌奏响新篇章。

第三个是兆龙感恩案例。

李平公司大发展，兆龙带军扎西安。

招兵买马高举旗，盛隆美名丝路传。

第四个是洪英传承案例。

洪英案例出盛隆，沃土英雄两相逢。

上士闻道勤行之，兵升将起帅旗红。

第五个是刘齐追梦案例。

刘齐梦想六百军，脚踏实地万里行。

天时地利京津冀，盛隆圆梦功必成。

第六个是柯老师和夏威"高师高徒"案例。

高师高徒出国门，李涛建超领群英。

盛隆文化传四海，双创双升赞刚银。

曾氏三徒无止境，代代传承百年春。

各位同事，回顾昨天，展望明天，尤其是面临一系列国内外环境新的利好，在新的形势下，推出具有盛隆独具特色的创新、跨越发展的重大举措，以及我们贯彻百年工程蓝图的基本精神与党中央经济工作会议精神，与适应、引领经济新常态是非常切合的。我曾说笑话，中央的政策好像是为盛隆定制的一样。这一再证明，我们一直走在正确的道路上，一直在做正确的事情。我们对新的一年，对未来更加充满信心。上述利好和举措，为团结一心，共同推进百年工程蓝图建设实施，创造2017年新的辉煌，积累了正能量，奠定了坚实和强有力的基础。

我们这次新年讲话，没有讲更多的具体工作，更多的是务虚。有学者说，如果只用眼睛不用心灵，即使行万里路，也并不能有所收获。当人们习惯不去深思的时候，生活就只剩下为物质的奔走征逐，而难得有性灵上的光辉了。俗话说，"深谋远虑""人无远虑，必有近忧"。深思是为了想远、看远、行远。古人说："不谋万世，不足以谋一时；不谋全局，不足以谋一隅。"我们在国外考察期间，提出要有经营四十三代的思想，就是希望大家想得深，看得远。只有这样，才会有未来，也才能正确地把握现在。过去大家都没挣到钱时，我说只有挣到钱才算老板，这是市场的初级阶段，老板的初级阶段。现在，我们不仅要当老板，更要做企业家，不能仅仅有钱，还得有更大的本事，更高的思想境界，更大的责任担当。这就要多学习、会思考。否则，你就只是个有钱人。适应智能型时代，必须自身有智慧，而要做智能型时代的引领者，还要具有能够开启他人、带领团队、影响社会的智慧。

放眼国内外电气行业的发展状况，盛隆正站在一个非常主动、非常有利的制高点上。盛隆现在所做的事情，所具有的特色和优势，一些大牌企业的高管十分关注，从走近盛隆直到走进盛隆。"千万英雄"前十名的韩文，就是前施耐德智慧城市总监。这一新的发展趋势，我们曾有过预计，但未想到会来得这么快。我们的综合实力、影响力、吸引力还在提升。2017年，我们的主题词还是发展、大发展，创新地发展、智能地发展。我们一定能做得更好。

以上讲的三个部分用简单的语言归纳：第一，百年蓝图是什么；第二，百年传承传什么；第三，我们当下怎么做。希望大家要真懂盛隆，千万不要错传盛隆，一定要把握好今天盛隆的大好机遇，团结一致、齐心协力，共同建设一个更加强大、更加美好、受人尊敬的盛隆。

新年将至，祝大家鸡年大吉大利，阖家欢乐幸福，新年更有新气象、新成就！现在，我与大家一起，唱一首《走进新时代》，结束这个讲话，谢谢！

9.3 盛隆电气：做一家受人尊敬的百年企业

李蒋（摘自《湖北日报》2017年1月21日第10版）

    2016年跻身湖北百强企业的盛隆电气集团，19日在光谷希尔顿酒店召开庆功大会，制定新一轮发展规划。2016年，仅该集团100名"千万订单英雄"，就实现销售收入20多亿元人民币，完成了逆市攻坚，实现新突破。这样一个高速发展的企业，现在更加信心百倍地提出：一定要把握好今天盛隆的大好机遇，团结一致、齐心协力，共同建设一个更加强大，更加美好，受人尊敬的盛隆！

2016年度集团100名千万订单英雄大合影

在盛隆工作有劲头

"在外企工作很舒服,在盛隆工作有劲头!"盛隆电气旗下武汉智慧能源研究院总经理韩文坦陈自己的感受。

韩文曾在一家世界500强公司工作多年。过去,他的生活状态可以用"安逸"形容:收入稳定增长,不用坐班,电话就能解决大部分工作问题。但韩文骨子里是个"爱折腾"的人,这种一成不变的生活模式,让他觉得没有成就感。2015年年初,韩文偶然接触到盛隆电气。企业独创的"群体老板制",鼓励人人创业当老板,能最大程度激发人的潜能。他毅然选择加入盛隆。目前,韩文和他的团队已完成订单5000多万元人民币。

靠产品和服务打动客户

做企业,若要赢得客户的尊重,一靠产品,二靠服务。年仅26岁的常亮亮,就是靠服务拿到了中央直属机关单位4100万元人民币的订单。

2015年,常亮亮从国际关系学院政府采购专业硕士研究生毕业,加入盛隆电气。常亮亮说:"当时有两家企业跟盛隆竞争,且这两家企业此前跟该单位有过合作,盛隆要想拿下订单实在不易。"常亮亮强调了盛隆电气的四大优势:其一,我们有电力工程施工总承包二级资质,优于竞争者;其二,我们的业绩更为耀眼,4000万元人民币以上的大项目运作经验更为丰富;其三,我们承诺质保10年,而竞争者最多质保4年;其四,盛隆的负债率最低,37年没有负过债。谁也不敢拿那么大的工程开玩笑,合作方和参评专家一致认为盛隆电气综合实力更强,更有保障,最终盛隆拿下了这个订单。"这可不是一个简单的订单,该工程所用的产品和系统是盛隆新近研发的新一代互联网智能低压柜iPanel及互联网智能配电管理系统iOVE2000。"常亮亮向笔者介绍,"该套产品配置更高,价格更低,是国内市场推出的首款互联网智能低压柜,整体品质超越了外资品牌柜。"

技术协同体制征服市场

当前,配用电领域正在经历从"功能化时代"向"智能化时代"转变。这种技术变革,也给盛隆电气带来了巨大机遇。"在过去20年的电力功能化时代,和外资品牌相比,我们处在技术链条低端,但靠体制创新、商业模式创新弥补了这一不足,最终靠高性价比的产品、更贴心的服务获得了用户和市场。如果我们在技术领域获得了优势,再加上体制和销售优势,那我们会怎样?"盛隆电气总裁谢洪潮如是说。谢洪潮透露,为了塑造技术优势,盛隆电气已联合清华大学智中能源互联网研究院合作成立北京国网光谷科技有限公司,共同致力于能源互联网研发、设计和建设。目前,盛隆的创新技术和产品已成功应用于数千个海内外项目中。此外,盛隆电气还在积极对接国际标准。

2015年11月,盛隆电气广州公司在参加东南亚某国项目招投标过程中,因对方执行英国标准,需要盛隆电气提交自主品牌断路器的ASTA(短路检测联合会)实验认证。ASTA成立于1938年,为英国本土第三方认证实体,为电力输配电设备及电气零部件等产品提供安全认证和服务。ASTA证书、报告拥有国际认可,在亚洲和中东地区有很高的影响力。经过严苛的试验流程,盛隆电气顺利获得ASTA认证证书,成为国内第一家自主品牌断路器通过ASTA认证的电气厂商。

"三大法宝"助基业长青

有抽样调查显示,中国民营企业的平均寿命只有3.7年,而盛隆电气已有37年的发展历史。虽然盛隆电气现在还谈不上是百年老店,但该集团董事长谢元德却有一个百年企业梦。谢元德在国外看到的很多大教堂,前前后后施工百年以上。历经数百年,其建筑今天依旧充满魅力,"这种创造经典的大工匠精神,非常值得我们学习借鉴"。工匠精神的内核就是专心专注。谢元德说:"我们专注做好三件事:一是技术研发和产品创新,二是群体老板体制,三是办好盛隆大学。"谢元德将之视为建设百年企业的三个必要条件。这三个条件其实也呼应了盛隆电气过去37年发展所凭借的三大"法宝"——科技、体制和人才。"先进的技术是打开市场之门的钥匙和前提条件。需求不断在升级，技术必须跟上去，这个不必多言。"谢元德说，"对面向市场的技术研发，我们从不吝啬投入。""至于群体老板体制，这是盛隆电气的独特优势，也是我们37年摸索实践出来的经验。很多人想学却学不会，不是因为这个制度有多难学，而在于这个体制背后有一套'立人己立、达人己达'的帮助哲学，按照这套哲学延伸出来的组织架构既灵活又极富激励性。"谢元德说。企无人则止。没有人才的更新和培育，企业的发展就会止步。谢元德表示，盛隆大学创业学院既为企业培训员工，为群体老板培养后备军，同时还是青年大学生的社会实践基地，为社会培养创新创业人才。人事有代谢，往来成古今。企业的成长总有一个方向和目的，这个目的决定了企业在市场上的行为和作为，决定了企业家如何管理和培育自己的员工，并最终决定了企业的寿命长短。

我们相信，一个怀揣着良善愿望的企业，其寿命不可能是短暂的。

9.4 中国民营经济的生动独特样本

裴道彰（摘自《长江日报》2014年5月13日第10版）

1979年5月13日，谢元德在湖北枣阳王城镇西门外一块空地里，与几位伙伴一起，搭建起一个简陋的工棚，并在工棚旁边竖起的水泥板上写下了两句话，"为四化建设出力，为人民造福流汗"，既像是标语，又像是招牌，开始了从事小型农机具维修、水泥瓦制作等简单业务。从那时起到现在，35个春秋过去了。当年的"513工棚"，现在已成为一个销售业务分布国内外、年销售额四十多亿元的现代大型高新企业。谢元德荣获"湖北省优秀企业家""湖北省优秀党员""湖北经济风云人物""中国十大商业领袖"等多种荣誉称号。

谢元德的经历、盛隆的发展，是与中国改革开放的巨大进展完全同步的。他切身地见证了风云激荡的中国改革开放历史；生动地证明了改革开放的巨大力量；深刻地体验了中国特色社会主义道路、理论、制度的科学正确。

回顾盛隆的发展历史，人们会引起诸多感慨。在20世纪70年代末至20世纪80年代初中期，中国掀起了风起云涌的改革风暴。千百万人们开始做买卖，闯事业。个体户、专业户、联合体，如雨后春笋，遍地开花，开始了个人身份、职业、生产方式、生活方式的大转变。当时有民谣唱道：十亿人民九亿商，还有一亿在观望。可是经过35年的岁月洗礼，这些改革者、创业者、探索者、市场经济、商潮大海的弄潮儿。当年第一批吃螃蟹的人，到今天还有多少呢，他们的状况如何呢？他们经历了什么，成功了，还是失败了？有什么样的经验和教训？

仅在家乡枣阳和湖北，与谢元德一起打拼、彼此相熟的老乡、朋友、同行人数就不少，可在今天环顾左右，已经很难找到几位这样的当年兄弟了。令不少人记忆深刻的，当年的改革闯将、创业英雄、商海高手，有的名满天下，有的红遍中国，曾几何时，他们的事业人生急剧变化，曾经如雷贯耳的大名淡出江湖，引起阵阵唏嘘。当然，今天事业有成、宏图大展的改革者、创业者也有不少。他们在今天的经济大潮中仍然光彩照人，出类拔萃。可是从创业经历看，他们中间不少或因国企转制，或因集体经济打底，具有较好的先天后天因素。像谢元德这样完全出于"草根"一族，不懈打拼到今天，由乡而县、而省、而首都，一直到全国和海外，企业呈几何级数扩张，恐怕是少之又少。

谢元德认为，"我们一直都在做正确的事，走着正确的路。"那么盛隆35年，迅速发展扩张的秘诀何在？盛隆的宗旨理念是什么？盛隆的体制机制的生命力何在？盛隆法则、盛隆伦理、盛隆哲学有哪些精义妙道？它们与中国特色社会主义是何关系？他们中间所包含的中国民企健康、持久、跨越发展的基因密码是什么？对这样一个中国民企生动独特样本的追寻、解读，一定能有助于我们推进新一轮中国社会经济的全面深化改革，有助于我们建设完善中国社会主义市场经济体系，有助于中国民企走向更加光辉美好的未来。

9.5　定义美好，走向未来
——外界闻名起敬，内部深感荣幸，退休不愿离开，青年梦寐急进

"513"公司年终总结大会

谢元德　1984年12月24日

盛隆电气前身：五一三联合公司

同志们：

今天是我们公司年度表彰大会，将有一百多名同志得奖，这些同志在1984年为我们公司的发展做出了自己的贡献。我代表公司的全体同志向他们表示热烈的祝贺和崇高的敬意。

同志们，我们之所以有今天的大喜之日，都是在党的正确政策指引下，在各级领导的关怀和群众的大力支持下，经过同志们一年的努力奋斗，取得了可喜的成绩。现在，我将1984年的成绩向同志们汇报。

一、打出了局面

由于同志们的共同努力，我们不光在王城站稳了脚，而且进城以后也小有名气。在王城和县城都征用了土地，还与武汉长江航运管理局电控设备制造厂签订了合办《枣阳513鄂北电气遥控设备厂》的协议，过了年就投产。城里盖了房子，安了电话，王城有了办公室，下了单元楼基础，修建了大门和橱窗，正在安装电话。公司还购买了三台大车，一台小车，新办了食品加工厂等，大大超出了年初的发展计划。

二、在生产技术方面有了很大的提高

今年我们战斗在县政府工程的同志都知道，这个工程从质量、进度、安全和纪律等方面都取得了优异的成绩。我们目前这样的队伍，能干出这样的成绩，确实使人不敢相信。不敢相信的是战斗在这个工程上的同志平均年龄在20岁以下，最高指挥员25岁。就是这帮平均工龄不到八个月的毛小伙子，完成了这样艰巨的任务。这使我深深感到，在"五一三"大有希望，一代更比一代强。

已过去的1984年，对我们来说是不平凡的一年，它给我们造就了一批识管理、懂技术、年轻有为的专业人才，为1985年及以后的发展，打开了局面，奠定了基础。

以上两点，我认为是大家努力奋战的结果，是用金钱买不来的无价之宝。这里面蕴藏着取之不完，用之不尽的物质财富。

三、经济效益突出

我们不光站稳了市场，培养了人才，增加了设备，而且在经济效益上也有突出成绩。我们完成产值43万元人民币，比去年的19.6万元又翻了一番多。上交税收2万多元，是去年的六倍。个人收入我们初步统计了一下，分了三个等级：一等月均工资50元，二等150元，三等250元。我们基本实现了国家、集体、个人三者同步上升的大好形势。

四、获得表扬和肯定

我们日夜奋战的结果，获得了上级政府的表扬和肯定，具体收获有以下几个方面：我当选为县十届人大代表；县政治协商委员会第二届委员；襄樊市第六次党代会代表；出席了省专业户代表表彰大会。

这些成绩的取得不是我个人的，是大家的，是同志们辛勤劳动的结晶。在此，我将出席这次会议的盛况简单地向同志们做以汇报：住在洪山宾馆，会场设在洪山礼堂，入场时乐队高奏，鞭炮齐鸣，少先队员列队欢迎。省委、省政府、省人大、省政协、省顾问委员会、省军区、空军负责人都出席了这次大会，省委书记关广富同志做了大会报告。关书记在报告中肯定了专业户的重大贡献，宣布了党对专业户的新政策，对专业户提出了新希望和新要求。（宣读了十个服务和十个不准。）

五、新一年的规划

新老同志团结一致，互教互学，顺利地完成了八五年领导班子的配备，新划分了四个公司，成立了联合公司理事会，对公司的巩固和发展起到了保障作用。

我们尽管取得了一些成绩，创造了一些条件，但我们还是面临很多挑战。我们的人员素质，我们的技术力量，我们的设备工具，我们的管理水平，我们的资金实力与其他企业还相差很远。我们若满足现在各方面的水平，认为创业成功、自为功臣、不思进取、坐享清福，那我们将会得来的是"天公不作美，付之东流水"。我明确地告诫大家，我们的艰苦创业只是开端，不是成功。希望每个同志，都要振奋精神，八仙过海，各显神通，认清形势，互相帮助，积极快步奔向 2000 年。

怎样才能完成我们的使命呢？我想和同志们谈以下几个要求：

第一，努力学习中央文件，认真领会中央精神。同志们清楚的知道，事情的成败与天时有很大的关系。我们所说的天时，就是中央政策，八五年中央又发了一个一号文件，文件的十项政策对我们是非常有利的。我们一定要抽出时间学习，认真领会精神，按中央的指引，有目标的前进。

第二，深刻分析当前形势，明确前进方向道路。我们要充分利用当前的大好形势，决不能错失良机。党的政策对我们有利，社会的发展对我们有利，给我们创造了很多有利条件，政策保护了我们的合法权益，所以，我们要有战略眼光，为公司，为社会，为人民做出最大的贡献。在用人方面，我们不光要启用人才，还要大胆启用人才，不拘一格的启用人才。中国有句古语道："内举不避亲，外举不避仇"。现在中央领导人又倡导了一个现代用人之道：不讲过去，不包将来，只看现在。从一定意义上讲，人才是个关键，只要有了人才，发挥好人才的作用，现在的问题都不难解决。

第三，提倡精神文明，丰富文化生活。我们不光要搞好物质文明建设，也要搞好精神文明建设。省委希望我们能够带头振奋起来，发扬积极向上的进取的精神，逐步建立起文明的、健康的、科学的生活方式，克服农村中的封建残余思想影响和陈规陋俗、移风易俗，为建设文明、富裕的社会主义新农村作出积极的贡献。

可是，我们又怎样去带好这个头呢？我认为我们公司买了七十多套西服，就是一种进取的精神表现。但是，我们的同志有没有胆量去穿？我看这主要是个认识问题。一个国家的变革，在现象上都有一种反应。穿西服是一种健康的生活方式，表现出新时期的新面貌。只要同志们有了正确的认识，我相信大家是会穿的。西服穿上以后，可能会遇到社会上的闲言碎语，我们一定要经得起别人的讽刺。吃饭穿衣不犯条例，在王城地区内穿西服这个头我们不带谁带？总之，两个文明建设是相辅相成、缺一不可的，我们一定要当两个文明建设的带头人。

同志们，在党的十一届三中全会精神的鼓舞下，我们不过用了五年多的时间，已使公司初具规模，取得了巨大的成就。随着经济体制改革的全面展开，随着中央文件的贯彻落实，借经济发展的大好形势，我代表理事会向全体同志提出新的目标，就是努力把"五一三"建成一个"外界闻名起敬，内部深感荣幸，退休不愿离开，青年梦寐急进"的先进企业。望大家为之奋斗。

最后，希望大家在新的一年里，在四化途中，做出自己能够做到的新的贡献！

祝大家新年愉快，万事如意。

1984 年 12 月 24 日（农历）

一九八四年年终总结大会的报告

同志们：

今天是我们公司年度表彰大会，今天将有一百多名同志得奖，这些同志在八四年中为我公司的发展都作出了自己的贡献，我代表公司的全体同志，向他们致以热烈的祝贺，并表示崇高的敬意。

同志们，我们之所以有今天的大喜之日，都是在党的正确政策指引下，在各级领导的关怀和群众的大力支持下，经同志们的一年的努力奋斗，取得了可喜的成绩。现在，我将八四年的成绩向同志们作出汇报。

一、打出了局面，超额地完成了公司的发展计划。由于同志们的共同努力，我们不光在王城站稳了脚步，而且退城以后也享有声誉，受到了一些单位的欢迎；在王城和县城都征用了土地，还与武江关江服务局电控设备制造厂签订了合办《枣阳列鄂北电气遥控设备厂》的协议，过了年就投产。城里盖了房子，安了电话。王城办了办公室，下了单元楼基础，修建了大门楼和厨房，正在安装电话，（现已安装好）。并购了三台大车，一台小车，新办了食品加工厂等等，大大地超过完成了原来发展的计划。

二、在生产技术方面有了很大的提高。今年我们战斗在县政府办公大楼工程的同志都知道，这个工程从质量、进度、安全、纪律等方面都取得了优异成绩。在我们目前这样的队伍、这样的水平、这样的条件，做出这样的成绩，确实令人惊奇，使人不敢相信，不敢相信的是战斗在这个工程上的同志平均年龄在20岁以下，最高指挥员25岁，就是这班平均工龄不到八个月的毛小伙子，完成了这样艰苦巨大的任务，我们应该自豪。使我深了足列，五一三大有希望，后继有人，一代更比一代强。

同志们，已去的八四年，对我们来说是不平凡的一年，他给我们造就了伟大的、中坚的、勤劳的等一批知识管理、懂技术、年轻有为的专业人才，更为主要的是为八五年及以后的发展，打开了局面，奠定了基础。

以上两点，我认为是大家努力奋战的结果，比金奖给的宝贵，是用金钱买不来的无价之宝，里面蕴藏着取之不尽，用之不尽的物质财富。

三、我们不光站稳了市场，培养了人才，增加了设备；而且在经济效益上也取出了成绩，我们完成产值63万，比去年的15.6万又翻了一番多（为什么说又翻了一番呢？因为我们年年是以一翻的速度向前发展着）；上交现款二万多元，是去年的六倍，个人收入我初步统计了一下，除了二千军奖，一甘月均工资五十元。二节一百五十元，三节二百五十元。另外公司还有积累，我们基本实现了国家、集体、个人三者同步上升的大好形势。

四、我们日夜奋战的结果，获得了上级政府的表扬和肯定，具体感受有以下几个方面：

1. 我代表大家当选为县十届人大代表。

们的才干，为公司、为社会、为人民作出最大的贡献。在用人方面，我们的不光要启用人才，还要大胆启用人才，不拘一格的启用人才，中国有句古话道："内举不避亲，外举不避仇"，这是古时的用人之道，就是谁有本事用谁，现在中央领导人又总结了一个现代用人之道：不翻过去，不包将来，只看现在。

从一定意义上讲，人才是个关键，只要有了人才，足够好的人才，以上几个问题都不难解决。

三、提倡精神文明，丰富文化生活：

我们不光要搞好物质文明建设，也要搞好精神文明建设，省委希望我们能够带头振奋起积极的、向上的进取的精神，还要建立起文明的、健康的、科学的生活方式，走破农村中的封建残余思想影响和束缚陋俗，移风易俗，为建设文明、富裕的社会主义新农村作出我们的贡献。

可是，我们又怎样去带起这个头呢？我认为我们公司买了X十多套西服，就是一种进取的精神表现，但是，我们的同志有没有胆男去穿？我看主要是个认识问题，一个国家的变革，在表现上都有一种反应。穿西服是一种健康的生活方式，表现出新时期的新农民的象征，只要同志们有了正确的认识，我相信大家是会穿的，西服穿出以后，可能会遇到社会上的闲言碎语，我们一定要经得起别人的讽刺，吃饱穿衰万家笑倒，主主城地已们穿西服臣个头我们不哥谁带。总之，两个文明建设是相辅相依的，缺一不可，我们一定要作两个文明建设的带头人。

同志们，在党的十一届三中全会的精神指导下，我们不过五年多的时间，已将我们这个公司办成初具规模，取得了巨大的成就。随着经济体制改革的逐面展开，随着中央文件的贯彻落实，借农村经济起飞，内部课忌穿幸，恩待不医病行，青年夕敏意生；望大家努力之各斗。

最后，希望大家在新的一年里，在四化途中，作出自己新的、储创作刊的贡献。
祝大家新年愉快，万事如意。

农历：1984年12月24日。

1984年总结讲话的原稿，是用现在已消失的蜡纸钢板刻印的这是本书中时间最早的一篇文稿，现在将其作为全书结尾。之所以如此安排，是因为1984年是盛隆发展历程中具有里程碑和开端意义的一年。这篇文章也表明，从1984年的讲话，到30多年后的百年工程图，作为对盛隆电气起引领和保障作用的发展方向、道路、理念、思想、文化，是一根红线贯穿到底的。

这篇工作讲话有如下特点。

其一，这是公司在王城时期发展到欣欣向荣的一个代表性的文件。公司在1982年前还没有正式户口，1983年落实政策后，解除了枷锁禁锢，可以甩开膀子大干社会主义，激发起了所有员工从没有过的活力和劲头，短时间取得了突出成绩，充分见证了党的十一届三中全会路线、方针、政策的正确和力量。

其二，这是公司由王城转向县城枣阳的一个节点，由此开启枣阳时期。这是公司成长发展中的一大步。

其三，这份材料反映了改革开放初期，企业虽然幼小，但是它情绪高涨，眼界开阔，抱负远大，追求理想，向往美好未来，敢于创新领先，拥有生龙活虎、朝气蓬勃的良好精神面貌。

其四，讲话强调的学习贯彻中央精神，重视人才队伍建设，实行分公司管理，注重精神文明建设和企业文化建设，已经显现公司其后发展的大方向和基本脉络，此后一直坚持并不断完善。这说明我们一直在走正确的路，做正确的事。

现在来看，这一篇文稿所记载和代表的时空含义是，生活在穷乡僻壤的一群中国"草根"，在党的新时期改革开放政策春风吹拂下，开始真正站起来，并且走向富起来、强起来，是具有时代转换意义的一个关键性起点和节点，是十分值得记忆、珍惜和留存的。

1984年距今已经33年过去了，盛隆和我们的国家一起发生了巨大变化，得到跨越式的长足发展。但是不论企业规模和实力如何变大、变强，不论我们的业务开展到世界何地，我们"为四化建设出力，为人民造福流汗"的初心不改，在党的带领指引下，走中国特色社会主义道路的决心不变。正是有了这个根本，我们的目标才越来越明确,道路才越走越宽阔,信心才越来越坚定,获得感、成就感、幸福感才越来越多。33年前,作为奋斗目标提出的"外界闻名起敬,内部深感荣幸,退休不愿离开,青年梦寐急进"这一愿景,已经基本成为现实。

《盛隆群体老板之路:盛隆文化读本》的公开出版发行,是对盛隆电气近四十年艰苦奋斗、创新创业,走有中国特色的社会主义企业发展道路的一个初步回顾总结。它标志着盛隆无论是硬实力还是软实力,都在健全发展,日益走向强盛。它见证了盛隆的道路、思想、制度和文化,与党和国家人民的要求,有高度的契合,有血浓于水的联系,是科学的,正确的,有持久不衰的强大的生命活力。我们对自己的未来充满信心和期待。盛隆百年辉煌的蓝图一定会变为壮丽现实,盛隆的未来无限美好!